Franz W. Seidler

Blitzmädchen

Die Geschichte der Helferinnen
der deutschen Wehrmacht im Zweiten Weltkrieg

mit 216 Fotos, 13 Skizzen und 6 Karten

wehr & wissen

Das Foto des Schutzumschlages zeigt ein Plakat zur Anwerbung von Luftwaffenhelferinnen aus dem Jahr 1941 und drei Wehrmachthelferinnen bei der Gefangennahme 1945.

Lithos: Repro GmbH, Landshut
Satz, Druck und Bindung: Wiener Verlag, Himberg
Printed in Austria

ISBN 3-8033-0288-9

Inhalt

Einleitung

Alle größeren kriegführenden Nationen haben im Zweiten Weltkrieg Frauen an die Plätze von Soldaten gestellt. Bei den Amerikanern, Briten und Franzosen übernahmen sie vor allem Funktionen im Nachrichtenverbindungsdienst, in der Luftabwehr und im Geschäftszimmerdienst. Sie gehörten zum Hilfskorps der Streitkräfte. Die Russen schickten Frauen, ihrer Rollenzuweisung im sozialistischen System entsprechend, mit der Waffe an die Front. Es gab weibliche Infanteristen, Scharfschützen, Panzerfahrer, Kanoniere, Matrosen und Piloten. Auch in den Widerstandsbewegungen gegen die deutsche Besatzungsmacht, besonders in Jugoslawien und Frankreich, kämpften Frauen mit Schußwaffen.

Ideologische Barrieren hinderten die nationalsozialistische Führung, bereits zu Beginn des Zweiten Weltkriegs auf das weibliche Potential des Deutschen Reiches zurückzugreifen. Zu einer vollen Ausschöpfung der weiblichen Arbeitskraftreserven kam es bis zum Kriegsende nicht. Aber die personellen Engpässe der Wehrmacht als Folge der zunehmenden Besatzungsaufgaben, wegen der Heranziehung von Facharbeitern aus den Streitkräften für die Rüstungsindustrie, aufgrund der hohen Verluste in den Winterkämpfen 1941/42 in Rußland und unter dem Zwang, die Reichsluftverteidigung bei gleichzeitiger Aufstellung von Luftwaffenfelddivisionen zu organisieren, bewirkten, daß ab 1940 in immer stärkerem Maße auf Helferinnen zurückgegriffen wurde. Die überwiegende Zahl von ihnen kam freiwillig. Die anderen wurden notdienstverpflichtet. Am Ende des Krieges war es fast eine halbe Million.

Das vorliegende Buch stellt sich die Aufgabe, das Leben der Frauen im Dienst der Wehrmacht in Wort und Bild nachzuzeichnen. Den ehemaligen Angehörigen der Helferinnenkorps gibt es die Möglichkeit zur Rückbesinnung auf eine einschneidende Phase ihres Lebens. Diejenigen, die heute die gleichberechtigte Verwendung von Frauen als Soldatinnen in den Streitkräften propagieren, können erkennen, welche Probleme in einer Armee entstehen, wenn Frauen in diese traditionell männliche Domäne eindringen. Das wissenschaftliche Anliegen der Studie ist es, den Widerspruch von nationalsozialistischem Dogmatismus und militärischen Sachzwängen in dieser Frage darzulegen, die Rolle der Frauen in der Kategorie des Behelfspersonals – zu dem auch die hilfswilligen Kriegsgefangenen gehörten – zu skizzieren und zu analysieren, wieweit die Helferinnen durch ihre Funktion im Ablauf militärischer Prozesse bereits damals de facto Kombattanten der Wehrmacht waren.

München, März 1979 — Der Autor

Textteil

Das nationalsozialistische Frauenbild und die Erfassung der Frauen für hoheitliche Aufgaben

Die nationalsozialistische Ideologie wies dem weiblichen Geschlecht die Familie als Lebensaufgabe zu. Wenn der Welt demonstriert werden sollte, wie nötig Deutschland Lebensraum benötigte, mußte die Zahl der Geburten drastisch steigen. Im Gebären und Erziehen von Kindern lag deshalb die eine Seite des Wirkens der Frau für Staat und Nation. Die andere Aufgabe der Frau war, für den Mann die häuslichen Voraussetzungen zu schaffen, damit er in Beruf und Politik erfolgreich zu wirken imstande war. In dieser doppelten Funktion sah der Nationalsozialismus die völkische Sendung der deutschen Frau.
In einer Rede vor der NS-Frauenschaft führte Hitler 1936 folgendes aus:

Solange wir ein gesundes männliches Geschlecht besitzen – und dafür werden wir Nationalsozialisten sorgen –, wird in Deutschland keine weibliche Handgranatenwerferinnen-Abteilung gebildet und kein weibliches Scharfschützenkorps. Denn das ist nicht Gleichberechtigung, sondern Minderberechtigung der Frau.
Eine unermeßliche Weite von Arbeitsmöglichkeiten ist für die Frau da. Für uns ist die Frau zu allen Zeiten der treueste Arbeits- und Lebensgenosse des Mannes gewesen. Man sagt mir oft: Sie wollen die Frau aus den Berufen drücken. Nein, ich will ihr nur in weitestem Ausmaß die Möglichkeit verschaffen, eine eigene Familie mitgründen und Kinder bekommen zu können, weil sie dann unserem Volke am allermeisten nutzt!
Wenn heute eine weibliche Juristin noch soviel leistet und nebenan eine Mutter wohnt mit fünf, sechs, sieben Kindern, die alle gesund und gut erzogen sind, dann möchte ich sagen: Vom Standpunkt des ewigen Wertes unseres Volkes hat die Frau, die Kinder bekommen und erzogen hat und die unserem Volke damit das Leben in die Zukunft wiedergeschenkt hat, mehr geleistet, mehr getan! (1)

Damit jedes deutsche Mädchen im heiratsfähigen Alter hinreichend für seine Aufgaben vorbereitet war, hatten der Bund Deutscher Mädel und der Reichsarbeitsdienst der weiblichen Jugend den Auftrag, eine gezielte ideologische Schulung vorzunehmen, die erforderlichen praktischen Kenntnisse zu vermitteln und die Verantwortung der Mädchen gegenüber Volk und Staat zu kräftigen.
In der Weimarer Republik wurde die Idee des Arbeitsdienstes anders begründet. Die Parteien der Rechten forderten die Arbeitsdienstverpflichtung nach 1919, um die arbeitslosen Jugendlichen von der Straße zu holen und ihnen in den Lagern des Arbeitsdienstes die nationale Schulung vermitteln zu können, die nach ihrer Ansicht die Voraussetzung für staatsbürgerliches Verhalten war. Die Reichsregierung interessierte sich jedoch erst 1931 angesichts der steigenden Arbeitslosenziffern für diese Beschäftigungsform auf freiwilliger Basis und finanzierte von dieser Zeit an die Arbeitsdienstlager der Körperschaften des öffentlichen Rechts oder der gemeinnützigen Vereinigungen, unter anderem die der Parteien. Ende 1932 waren bereits 200.000 Männer und Frauen im freiwilligen Arbeitsdienst organisiert. Auch die NSDAP errichtete einzelne Lager. Hitlers Bevollmächtigter hierfür war Konstantin Hierl.
Da die Nationalsozialisten seit dem Bestehen ihrer Partei für den obligatorischen Reichsarbeitsdienst eingetreten waren, erwartete man nach der Machtergreifung Hitlers die schnelle Einführung der Arbeitsdienstpflicht. Es kam jedoch 1933 nur zu einer Zentralisierung der bestehenden Arbeitsdienstlager – der für Frauen unter der Bezeichnung „Deutscher Frauenarbeitsdienst" –, jedoch nicht zu einem allgemeinen Pflichtarbeitsdienst. Aber die nationalsozialistische Ideologie hielt bereits Einzug. Die körperliche Ertüchtigung der Mädchen stand unter dem Gesichtspunkt der nationalsozialistischen Rassen- und Erblehre, und die geistig-ethische Schulung der Arbeitsdienstlerinnen hatte von ihren Pflichten als zukünftige Ehefrauen und Mütter auszugehen.
Der Reichsarbeitsdienst für die männliche Jugend wurde schließlich im Juni 1935 eingeführt. Der Arbeitsdienstpflicht der weiblichen Jugend blieb einer besonderen gesetzlichen Regelung vorbehalten. Deshalb existierte der RADwJ bis 1939 nur auf der Basis

der Freiwilligkeit. Die 40.000 Maiden, die sich jährlich zum RAD meldeten, arbeiteten hauptsächlich auf dem Lande. Unter dem Motto „Wo ihr seid, da soll die Sonne scheinen" unterstützten sie Siedlerfamilien, Bäuerinnen und kinderreiche Mütter. Die Aufgabe des RAD, als Bindeglied zwischen Volk, Staat und Partei zu fungieren, hatte eine zentralistische quasimilitärische Organisation zur Folge. Der RAD besaß eine eigene Dienststrafordnung, insbesondere eigene Arbeitsdienstgerichte. Sie ahndeten Verstöße von RAD-Maiden, die „die Ehre der Gemeinschaft oder das öffentliche Ansehen des Reichsarbeitsdienstes oder die Kameradschaft verletzt oder gefährdet oder gegen Zucht und Ordnung" verstoßen hatten.
Für die weibliche Jugend wurde die Arbeitsdienstpflicht erst zu Kriegsbeginn eingeführt. Praktisch verwirklicht wurde sie nie. Denn von den 600.000 Mädchen eines Musterungsjahrgangs wurden höchstens 150.000 in die Lager des RAD eingezogen.
Fast zugleich mit dem Reichsarbeitsdienstgesetz wurde am 2. 6. 1935 das neue Luftschutzgesetz verabschiedet. Es gab dem Reichsminister der Luftfahrt das Recht, durch polizeiliche Verfügung Frauen und Männer zum Luftschutzdienst heranzuziehen. Zum Selbstschutz waren alle Deutschen verpflichtet. Im Zweiten Weltkrieg übernahm mehr als eine halbe Million Frauen aktive Funktionen im Luftschutz, z. B. als Warte oder Helferinnen. Weitere gesetzliche Möglichkeiten zur Heranziehung des weiblichen Geschlechts für Aufgaben der Kriegsführung erhielt Göring mit der „Verordnung zur Sicherstellung des Kräftebedarfs für Aufgaben von besonderer staatspolitischer Bedeutung" vom 22. 6. 1938, mit der Dienstpflichtdurchführungs-Verordnung vom 2. 3. 1939 und mit der Notdienstverordnung vom 15. 10. 1938, mit der die Bedürfnisse der öffentlich-rechtlichen Körperschaften zur Erfüllung hoheitlicher Aufgaben und zur „Bekämpfung öffentlicher Notstände sowie zur Vorbereitung ihrer Bekämpfung" gestillt werden sollten.
Trotz der Möglichkeiten, die die Reichsregierung aufgrund der vorhandenen Gesetze, Verwaltungsbestimmungen und Erlasse hatte, dachte zu Beginn des Krieges niemand an eine Ausschöpfung des weiblichen Arbeitskräftepotentials. Die Besetzung Österreichs und der CSR ohne Komplikationen hatte Hitler in dem Glauben bestärkt, daß ein Krieg von kurzer Dauer sein würde. Erst zum Beginn des 3. Kriegsjahres zwang der wachsende Kräftebedarf der Wehrmacht und der Rüstungsindustrie, verstärkt auf Frauen zurückzugreifen. Die erste Maßnahme war, daß ab Oktober 1941 die Dienstzeit der für sechs Monate zum Reichsarbeitsdienst eingezogenen Mädchen und Frauen um weitere sechs Monate verlängert wurde. Dieses zusätzliche halbe Jahr war der sogenannte „Kriegshilfsdienst". Er konnte bei Behörden des öffentlichen Dienstes, in Krankenhäusern und anderen sozialen Einrichtungen oder in kinderreichen Familien abgeleistet werden. Während des Kriegshilfsdienstes blieben die Mädchen unter der Aufsicht und Betreuung des Reichsarbeitsführers. Die Mehrzahl der Maiden ging in Dienststellen der Wehrmacht. Sie lösten z. B. Männer von ihren Arbeitsplätzen ab, die der Reichsminister für Bewaffnung und Munition als technische Spezialisten zur Ankurbelung der Rüstungsforschung und -industrie für den Rußlandfeldzug benötigte.
Wirklich ernsthaft wurde die Arbeitskräftemobilisierung ein Jahr später betrieben. Die militärischen Rückschläge der Wehrmacht im Winter 1942/43 veranlaßten die Reichsregierung im Januar 1943, den umfassenden Einsatz von Männern und Frauen für Aufgaben der Reichsverteidigung zu organisieren. Für die „größtmögliche Freistellung von Kräften, in erster Linie für die Kriegführung, sodann für die Kriegswirtschaft, für die Sicherung des lebenswichtigsten Bedarfs und für sonstige Aufgaben der Reichsverteidigung" waren die Reichsverteidigungskommissare (Gauleiter) verantwortlich. Alle Männer vom 16. bis 65. Lebensjahr und alle Frauen ohne Kinder vom 17. bis zum 45. Lebensjahr hatten sich bei ihren Arbeitsämtern zum Arbeitseinsatz zu melden. Bereits Ende Juni 1943 waren von den 3,5 Millionen meldepflichtigen Männern und Frauen 1,5 Millionen im Einsatz. Der Frauenanteil an der arbeitenden Bevölkerung stieg von 27% auf 32%. Ende 1943 waren insgesamt 7,85 Millionen Frauen in der Rüstungswirtschaft beschäftigt. Da viele Betriebe ausländische Zwangsarbeiter den deutschen Frauen vorzogen, weil diese weniger Schwierigkeiten am Arbeitsplatz machten, gelang es jedoch vielen Frauen, sich der Arbeitsdienstpflicht zu entziehen. Besonders viele Drückeberger gab es in den sogenannten besseren Kreisen.

Der breite Ermessensspielraum der Behörden machte das möglich. Auf der einen Seite forderte Hitler zwar, daß die Angehörigen der NSDAP – auch die weiblichen PG – eine vorbildliche Haltung beim Kriegseinsatz zu zeigen hätten, auf der anderen Seite stand die Mutterideologie des Nationalsozialismus der „Verwendung von Rassestuten zum Pflügen" im Wege.

Da die Maßnahmen des Jahres 1943 den Kräftebedarf von Wehrmacht und Industrie nicht deckten, ernannte Hitler zwei Tage nach dem erfolglosen Attentat gegen ihn, am 22. 7. 1944, den Reichsminister Goebbels zum „Sonderbevollmächtigten für den totalen Kriegseinsatz“ und erteilte ihm den Auftrag, „durch einen restlosen rationellen Einsatz von Menschen und Mitteln das Höchstmaß von Kräften für Wehrmacht und Rüstung freizumachen“. Frauen sollten nun sogar bis zum 50. Lebensjahr eingesetzt werden. Aber auch jetzt entzogen sich viele Ehefrauen von Parteifunktionären, Offizieren, Ingenieuren und höheren Beamten der Erfassung, z. B. durch freiwillige Meldung zu sporadischen Diensten bei der NSV, im Werkehrendienst oder bei den Organisationen der NSDAP. Da bei der damaligen Kriegslage auch Fremdarbeiter (Zwangsarbeiter) in größerer Zahl ausblieben, mußte Goebbels die wöchentliche Arbeitszeit auf 60 Stunden erhöhen. Die Leidtragenden waren die, die ohnedies im Einsatz standen. Die berufstätigen Frauen trugen die Hauptlast des Krieges. Mit der Solidarität aller Volksgenossen war es nicht so weit her, wie die Propaganda glaubhaft machte.

Der letzte Versuch zur Erfassung der Frauen wurde ein halbes Jahr vor Kriegsende unternommen. Mit der Zweiten Anordnung zur Durchführung des totalen Kriegseinsatzes vom 29. 11. 1944 sollten 150.000 Mädchen und Frauen zur Freimachung von kriegsverwendungsfähigen Soldaten aus militärischen Dienststellen des Ersatzheeres und der bodenständigen Organisation von Luftwaffe und Kriegsmarine bereitgestellt werden. Für sie wurde das Wehrmachthelferinnenkorps gegründet, das alle im Bereich der Streitkräfte tätigen Frauen umfassen sollte. Den einzelnen Gauleitern wurden die Quoten mitgeteilt, die sie abzudecken hatten. Da wegen der Bombardierungen zu dieser Zeit zahlreiche Firmen ihr Personal nicht mehr beschäftigen konnten, wurde der Bedarf der Wehrmacht im wesentlichen aus diesem Personenkreis gedeckt. Wer sich bisher dem „Dienst fürs Vaterland“ entzogen hatte, konnte das auch jetzt tun.

Der Helferinnenbedarf der Wehrmacht

Die Wehrmachtteile meldeten erstmals einen vermehrten Bedarf an weiblichen Hilfspersonal nach der Besetzung Polens, Dänemarks, Norwegens, Hollands, Belgiens und Frankreichs im Sommer 1940 an, als in den besetzten Gebieten die Militärverwaltungen aufgebaut wurden. Für die Bedarfsdeckung waren die Wehrkreisverwaltungen zuständig. Soweit sie nicht Frauen aus den militärischen Dienststellen des Reiches an die Stellen des Bedarfs abordnen konnten, ließen sie sich durch die Arbeitsämter interessierte Frauen vermitteln. Vom Heer wurden in erster Linie Bürohilfskräfte (Stabshelferinnen) und Fernmeldepersonal (Nachrichtenhelferinnen) benötigt. Mit Zustimmung des Reichsministers des Inneren stellte auch das Deutsche Rote Kreuz mehrere hundert junge Frauen zur Verfügung, die dort als Schwesternhelferinnen der Freiwilligen Krankenpflege ausgebildet waren, aber zu dieser Zeit nicht benötigt wurden. Die Erwähnung, daß sich Nachrichtenhelferinnen aus den Reihen des Deutschen Roten Kreuzes rekrutierten, war verboten.

Die Luftwaffe beschaffte sich zur Erweiterung ihres Aktionsradius in den besetzten Gebieten weibliches Personal bis zum Frühling 1941 vorwiegend aus den Zivilangestellten der Luftwaffendienststellen des Reichsgebietes. Der Drang der Frauen ins Ausland war groß. Zum Aufbau des Flugwachdienstes gegen feindliche Flugzeuge und für die Aufgaben des Luftschutzwarndienstes auf dem Boden des Reichsgebietes bedienten sich die Luftgaukommandos jedoch der Arbeitsvermittlungen. Ende 1941 verfügte die Luftwaffe im Reichsgebiet bereits über 34.600 Helferinnen.

Die Marinedienststellen außerhalb des Reichsgebietes forderten ihren Bedarf an Marinehelferinnen bei den Stationskommandos an. Er konnte 1940/41 im wesentlichen aus den Reihen der Zivilangestellten bei der Marine gedeckt werden.

Anfang 1941, als Hitler den Rußlandfeldzug vorbereitete, war es offenbar, daß die deutsche Wehrmachtrüstung zwar für einen Blitzkrieg ausreichte, aber nicht für langwierige Auseinandersetzungen gegen das „unbeugsame Albion". Der Rüstungsminister erhielt den Auftrag, die Rüstungsindustrie anzukurbeln. Dazu waren u. a. Facharbeiter erforderlich, die zur Wehrmacht eingezogen worden waren. Fritz Todt forderte ihre umgehende Rückkehr in die Betriebe und schlug vor, an ihrer Stelle Frauen in allen Wehrmachtfunktionen einzusetzen, die von Frauen ausgefüllt werden konnten. Hitler sah diese Argumentation ein und befahl die Heranziehung von Frauen in den Tätigkeitsfeldern Nachrichtendienst, Nachrichtenvermittlungsdienst und Geschäftszimmerdienst.

Nach dem Beginn des Rußlandkrieges, als die Personaldecke der Wehrmacht knapp wurde, erwog erstmals die Wehrmacht selbst, Soldaten durch Frauen für den Fronteinsatz frei zu machen. Die Luftwaffe sah vor, jeweils zwei Planstellen für Soldaten in drei Planstellen für Luftwaffenhelferinnen umzuwandeln. Im Oktober 1941 rückten zahlreiche Maiden des Kriegshilfsdienstes des Reichsarbeitsdienstes der weiblichen Jugend, die am 1. 10. 1941 nicht entlassen wurden, in die Arbeitsplätze von Soldaten ein. Alle Heeresdienststellen mußten 10% der bei ihnen beschäftigten weiblichen Hilfskräfte als Helferinnen freistellen. Während die Kriegshilfsdienstmaiden nur im Reichsgebiet eingesetzt werden durften, wurden die Helferinnen in die besetzten Gebiete kommandiert, auch in die bereits im folgenden Jahr von Partisanen bedrohten russischen Standorte.

Die vierte Aktion zum Einsatz von Frauen in der Wehrmacht fand 1943 statt. Nach der Katastrophe von Stalingrad befahl der Heeresführungsstab, alle Soldaten in den Stäben des Ersatzheeres für den Frontdienst freizumachen, deren Funktionen auch von Frauen wahrgenommen werden konnten. Anstelle von drei Soldaten sollten jeweils vier Helferinnen treten. Die freiwerdenden Soldaten mußten spätestens 14 Tage nach Eintreffen der als Ersatz bestimmten Gefolgschaftsmitglieder abkommandiert sein. Dementsprechend verließen in der ersten Hälfte des Jahres 1943 die meisten Schreibstubensoldaten, Rechnungsführer, Sachbearbeiter, Dolmetscher usw.

ihren Dienstplatz. Auch die Bereiter bei den Remontenschulen wurden bei dieser Aktion durch Helferinnen ausgewechselt. Am Umfang der Wehrmachtteile gemessen, fanden Frauen in der Luftwaffe prozentual die meisten Arbeitsplätze. Der Fernmeldedienst, der Funkhorchdienst, der Flugmeldedienst und ähnliche Tätigkeiten wurden ihnen in großen Teilen übertragen. Im Herbst 1943 arbeiteten z. B. im XII. Fliegerkorps bereits 16.611 Luftwaffenhelferinnen und 9.000 RAD-Maiden des Kriegshilfsdienstes. (2)
Während sich die Auswechslung von Soldaten durch Frauen im ersten Halbjahr 1943 vorwiegend auf die Wehrmachtverwaltung und die Nachrichtentruppen bezogen hatte, befahl Hitler am 17. 7. 1943, Frauen auch in den Flakabteilungen des Reiches an den Kommandogeräten, Scheinwerfern und Luftsperrmitteln einzusetzen, um Tausende von Flaksoldaten zur Aufstellung von Luftwaffenfelddivisionen frei zu bekommen. Die erforderlichen Kontingente an Luftwaffenflakhelferinnen sollten vom RADwJ, von der NS-Frauenschaft und aus den Reihen des Luftwaffenhelferinnenkorps kommen. Die NS-Frauenschaft brachte bis zum 1. 10. 1943 jedoch nur 5.000 Frauen und Mädchen für den Flakwaffendienst auf. Eine Arbeitsplatzüberprüfung der Luftwaffenhelferinnen in den Luftwaffendienststellen erbrachte etwa 10.000 Flakwaffenhelferinnen. Die Hauptlast der Rekrutierung für die Heimatflak trug bis zum Kriegsende der RAD. Im März 1944 gab es bereits 350 RAD-Scheinwerferbatterien. Ende 1944 standen etwa 50.000 Arbeitsmaiden in der Luftverteidigung des Heimatkriegsgebietes.
Die fünfte und letzte Phase der Verwendung von Frauen in der Wehrmacht lief Mitte 1944 als eine Aktion zur Durchführung des totalen Krieges ab. Zu diesem Zeitpunkt dienten bereits 300.000 Helferinnen in der deutschen Wehrmacht. Jetzt sollten noch einmal 150.000 Frauen und Mädchen in Arbeitsplätze von Soldaten eingewiesen werden. Die Mehrzahl von ihnen war für die Luftwaffe bestimmt. Besonders der Prozentsatz der Frauen in der Luftabwehr sollte erhöht werden. Die Scheinwerferbatterien sollten fast ausschließlich in die Hände von Frauen kommen. In den Flugmeßabteilungen sollte der Anteil der Frauen ebenso vergrößert werden wie in den Flugwachkommandos der Luftgaue bzw. den Flugmeldezentralen der Jagddivisionen. Alle Hilfsfunktionen im Wetterdienst waren Frauen vorbehalten. Dem General der Fliegerausbildung standen 22.000 Frauen aus der Totalen-Kriegs-Aktion als Werfthelferinnen und fliegertechnische Helferinnen zur Verfügung. In den Schulgeschwadern und Fliegerschulen sollten auf diese Weise 50% der Flugzeugmechaniker und 30% der Flugzeugmotorenschlosser durch Frauen abgelöst werden. Auch die männlichen Kraftfahrer sollten soweit wie möglich durch Helferinnen ausgetauscht werden. Die dafür vorgesehenen Frauen wurden zuerst als Kraftfahrzeugbegleiterinnen eingestellt. Die Kraftfahrerausbildung sollten sie später erhalten. Für diese Funktion kamen auch ortsgebundene Kräfte der TK-Aktion in Frage. (3)
Um den Einsatz einer halben Million Frauen in der Wehrmacht verwaltungsmäßig und rechtlich koordinieren zu können, wurde für den 1. 2. 1945 die Errichtung eines einheitlichen Wehrmachthelferinnenkorps geplant. In ihm sollten die Helferinnen aller Wehrmachtteile, die weiblichen Angehörigen des Kriegshilfsdienstes des RAD und die zivilen Angestellten in den militärischen Dienststellen zusammengefaßt werden. Die Wehrmachtteile wurden autorisiert, Soldatenplanstellen in Planstellen für weibliche Gefolgschaftsmitglieder nach eigenem Gutdünken umzuwandeln und umgekehrt. Aufgrund dieser Ermächtigung und angesichts der in großer Zahl zur Verfügung stehenden Helferinnen befahl das Oberkommando des Heeres, alle Soldaten der Jahrgänge 1900 und jünger der Kategorien „kriegsverwendungsfähig" und „bedingt kriegsverwendungsfähig" aus dem Ersatzheer herauszulösen und zur Verfügung des Feldheeres zu stellen. Von den bodenständigen Kommandobehörden, Stäben und Einheiten des Feldheeres wurde erwartet, daß 85% des Schreiber- und Registraturpersonals, der Rechnungsführer, Dolmetscher, Zeichner, Laboranten, technischen Assistenten und im allgemeinen Verwaltungs- und Wirtschaftsdienst eingesetzten Soldaten von Wehrmachthelferinnen ersetzt würden und bei allen anderen Kommandobehörden, Stäben, Dienststellen und Einheiten des Feldheeres 50% des männlichen Personals dieser Funktionen.
Die im Februar/März 1945 an die Einsatzdienststellen kommandierten Wehrmachthelferinnen gerieten in fast allen Fällen unmittelbar nach ihrer Ankunft in den Strudel der Rückzüge bzw. vernichtender Luftangriffe. Obwohl zahlreiche Helferinnen aus den ehemals besetzten Gebieten ins Reichsgebiet zurückfluteten, liefen im Reich die Werbeaktionen für das Wehrmachthelferinnenkorps auf vollen Touren. Bei einer Personalstärke der Wehrmacht von rund zehn Millionen Soldaten gab es zu dieser Zeit etwa 500.000 Wehrmachthelferinnen.

Der Einsatz der Helferinnen bei Heer, Luftwaffe und Kriegsmarine

Das Heer benötigte Frauen besonders dringend für den Nachrichtenvermittlungsdienst. Zu den Nachrichtenhelferinnen, die erstmals im März 1941 eine Dienstanweisung erhielten, gehörten alle in den Funktionen Fernsprecherinnen, Fernschreiberinnen und Funkerinnen bei höheren Kommandostellen in uniformierten und geschlossenen Einheiten eingesetzten weiblichen Dienstkräfte.

Die Stabshelferinnenschaft des Heeres wurde ein Jahr später geschaffen. Die Frauen waren je nach Ausbildung und Eignung als Stenotypistinnen, Maschinenschreiberinnen, Dolmetscherinnen, Zeichnerinnen, Rechnungsführerinnen, Karteiführerinnen, Botinnen usw. tätig. Ein weiteres Betätigungsfeld der Stabshelferinnen mit hohem Geheimhaltungsgrad lag bei den Abwehrstellen und Auslandsbriefprüfstellen. Eine besondere Gruppe unter den Helferinnen bildeten die Bereiterinnen des Heeres an den Reit- und Fahrschulen der Wehrkreise, wo das OKH ab Sommer 1943 fast alle männlichen Remontenreiter ablöste. In den Reit- und Fahrschulen wurden die von den Remontierungskommissionen aufgekauften Wehrmachtpferde im Alter von vier Jahren für die Zwecke des Heeres ausgebildet. Ziel der Fahrausbildung war, die als Zugpferde in Aussicht genommenen Tiere an den Zug zu gewöhnen und für Bedürfnisse der einzelnen Waffengattungen auszubilden. Die „reiterliche Durchbildung" der Pferde lief parallel dazu.

Ende 1944 entschloß sich die Heeresführung, Frauen auch für den Ordonnanzdienst, als Aufwarterinnen und als Reinigungs- und Küchenhilfen heranzuziehen. Die in diesen Bereichen eingesetzten Frauen nannten sich Truppenhelferinnen. Obwohl sie nur den Tariflohn für Arbeiterinnen bekamen, waren sie den Stabshelferinnenschaften angeschlossen, zumal sie bei denselben Stäben und Dienststellen dienten wie diese.

Ende 1941 schlossen sich unter Aufhebung ihrer Zugehörigkeit zur Freiwilligen Krankenpflege die bisher in Verpflegungseinheiten, Soldatenheimen, Front-, Sammel- und Leitstellen und in anderen Betreuungseinrichtungen als Personal der Freiwilligen Krankenpflege verwendeten Schwesternhelferinnen und Helferinnen zur Betreuungshelferinnenschaft zusammen. Die Unterstellung unter das DRK wurde gelöst. Das OKH übernahm die Einsatzregelung dieses Personenkreises.

Die Bezeichnung Luftwaffenhelferinnen war ab Februar 1942 der Sammelbegriff für vier verschiedene Gruppen von Helferinnen dieses Wehrmachtteils, nämlich die im Flugmeldedienst tätigen Frauen, die in den Fernsprechvermittlungen arbeitenden Frauen, die Fernschreiberinnen und die Angehörigen des Funkbetriebs-, Funkhorch- und Wetterdienstes. Luftwaffenhelferinnen, die als Schreib- und Bürohilfskräfte eingesetzt waren, führten in der Luftwaffe die Bezeichnung Betriebshelferinnen.

Die größte Gruppe von Frauen in der Luftwaffe waren die Flugmeldehelferinnen. Jede Jagddivision verfügte am Kriegsende über etwa 6.000 weibliche Hilfskräfte dieser Art. Sie arbeiteten in den Flugwachen und Flugmeldezentralen, in den Gerätestellungen der Fernmeldetruppe, im Flugmeßdienst und Flugmeldewarndienst und in den Gefechtsständen der Jagdwaffe. Sie bedienten die Horchgeräte und Fernrohre, die Meß- und Peilgeräte, die Fernsprechvermittlungen und die Lichtpunktwerfer für die Lagekarten und übernahmen sogar die Funktion von Jägerleitoffizieren. Die Luftflotte Reich verfügte im Frühjahr 1944 über 111.000 Frauen, Angehörige der Luftwaffenhelferinnenschaft oder des RADwJ.

Die Luftschutzwarndiensthelferinnen gehörten zur Luftschutzorganisation. Sie arbeiteten in den Luftschutzwarnzentralen und den Luftschutzwarnwachen. Die Aufgabe des Luftschutzwarndienstes war, die angeschlossenen Betriebe und Behörden bei Fliegerangriffen mit Warnhinweisen zu versorgen, die akustischen Warnsignale auszulösen und die Verdunkelungsbefehle an die Verkehrs- und Energiebetriebe herauszugeben. Die Luftlagemeldungen und Warnbefehle erreichten die LS-Warnkommandos bzw. -zen-

tralen bis 1944 aus den Flugwachkommandos, später aus den Flugmeldezentralen der Jagddivisionen.
Die Flakwaffenhelferinnen in den ortsfesten Scheinwerfer- oder Sperrbatterien nahmen unter den Luftwaffenhelferinnen insofern eine Sonderstellung ein, weil sie im unmittelbaren Waffeneinsatz standen. Obwohl ihnen die Bedienung von Maschinenwaffen und Geschützen verboten war, stand ihre Tätigkeit an Hilfsgeräten wie Meß-, Funk-, Horch- und Kommandoinstrumenten, Ballonsperren und Scheinwerfern in unmittelbarer Verbindung zum Kampfeinsatz. Zusammen mit Luftwaffenhelfern im Alter von 15 bis 16 Jahren und russischen Kriegsgefangenen hatten sie die Stellung von Flakbehelfspersonal. Im August 1944 dienten in der Flakartillerie der Luftwaffe neben 662.000 deutschen Soldaten 448.700 Angehörige des Behelfspersonals, darunter 128.710 Flakwaffenhelferinnen des RAD. (4)
Neuland beschritt die Luftwaffe, als im November 1944 Frauen als Ersatz für fliegertechnisches Personal und Werftpersonal ausgebildet wurden. Am Kriegsende arbeiteten 15.000 fliegertechnische Helferinnen und 7.000 Werfthelferinnen in der Bodenorganisation der Luftwaffe. Als fliegendes Personal wurden Frauen nur zur Überführung von Flugzeugen verwendet.

Bei der Kriegsmarine arbeiteten die Marinehelferinnen vorwiegend in den Geschäftszimmern, Büros und Schreibstuben. Es gab aber auch Flugmeldehelferinnen. Die Marineflakhelferinnen waren ab 1943 analog den Luftwaffenflakhelferinnen bei der Küstenartillerie eingesetzt.

Verwendungsabzeichen bei Heer und Luftwaffe

Nachrichten-
personal
(Heer)

Nachrichten-
personal
(Flak)

Flugmelde-
dienst
(Luftwaffe)

Fernsprech-
personal
(Luftwaffe)

Fernschreib-
personal
(Luftwaffe)

Funkpersonal
(Heer)

Funkpersonal
(Luftwaffe)

Horchfunk-
personal
(Luftwaffe)

Peilfunk-
personal
(Luftwaffe)

Dienst- und Rechtsstellung

Die Helferinnen gehörten als Gefolgschaftsmitglieder der Wehrmacht zum sogenannten Wehrmachtgefolge. Während der Ausdruck Gefolgschaft ein Terminus des Arbeitsrechts war und Arbeiter und Angestellte eines Betriebes oder einer Dienststelle in ihrem arbeitsrechtlichen Verhältnis zum Unternehmer als Gefolgschaftsführer kennzeichnete, bezog sich der Ausdruck Gefolge auf die Unmittelbarkeit des Dienstes der Frauen für die Wehrmacht. Sie fand ihren besonderen Ausdruck in der Unterstellung der Helferinnen unter das Militärstrafgesetzbuch, die Wehrdisziplinarstrafordnung und die Kriegsstrafverfahrensordnung. § 155 MStGB ermächtigte die Oberbefehlshaber der Wehrmachtteile oder den Chef des Oberkommandos der Wehrmacht, während eines gegen das Deutsche Reich ausgebrochenen Krieges „alle Personen, die sich in irgendeinem Dienst- oder Vertragsverhältnis bei der Wehrmacht befinden oder sich sonst bei ihr aufhalten oder ihr folgen", den Kriegsgesetzen zu unterwerfen. Dazu gehörte auch das Unterstützungspersonal, u. a. die Helferinnen. Bei der Anwendung der Vorschriften dieser Gesetze sollte jedoch beachtet werden, daß alle Regelungen auf Soldaten zugeschnitten waren und nicht auf Frauen.

Auch Ausländer konnten zum Gefolge der Wehrmacht gehören. Es zählte nicht dazu, wer organisatorisch unabhängig von der Wehrmacht, aber im Rahmen der Wehrmacht eigene Hoheitsaufgaben erfüllte wie die Polizei, die Reichsbahn oder die NSDAP. Die Mitglieder des Wehrmachtgefolges galten zwar als Angehörige der Wehrmacht im Sinne des § 21 des Wehrgesetzes, hatten jedoch nicht die Eigenschaft von Soldaten, weil sie keinen aktiven Wehrdienst gemäß § 7 Abs. 1 des Wehrgesetzes leisteten. In der Regel hatten die Arbeits- und Dienstrechtbestimmungen für sie Vorrang vor dem MStGB und der WDStO. Die schärferen militärischen Vorschriften sollten auf sie nur angewendet werden, wenn die allgemeinen Bestimmungen des Dienstrechts nicht genügten. Das war z. B. bei Verletzungen der Dienstverschwiegenheit der Fall. In solchen Fällen mußten die Helferinnen mit einer Bestrafung nach § 92 MStGB rechnen.

Bei der Aufstellung der Helferinnenschaften hoffte man, daß die sich in großer Zahl freiwillig meldenden Frauen weniger straffällig würden als die wehrpflichtigen Männer. Das war jedoch nicht der Fall. Ab 1943 stieg die Zahl der disziplinaren Verstöße ebenso wie bei den Soldaten an. Moralische Appelle wie folgender blieben wirkungslos:

„*Die Luftwaffenbetriebshelferin setzt ihren Stolz darein, alle anderen zu übertreffen. Nicht die Furcht vor Bestrafung veranlaßt sie, die durch die Kriegsnotwendigkeiten bedingten Verbote und Gebote zu beachten. Die die Frau auszeichnende Fähigkeit größter, aufopferungsfähiger Liebe zu Führer und Volk, zum Vaterlande und den in der Heimat zurückgelassenen Lieben, ist der Ln.-Betr.-Helferin Leitstern bei allem Tun und Lassen und zwingt sie zu dienstlicher Pünktlichkeit, Zuverlässigkeit und Verschwiegenheit und zu körperlicher und seelischer Sauberkeit.*" (5)

Als Teil des Gefolges wurden die Helferinnen in die Wehrmachtteile durch ein feierliches Gelöbnis übernommen. Mit Handschlag gegenüber dem militärischen Dienststellenleiter hatten sie Treue und Gehorsam gegenüber Hitler und gewissenhafte und uneigennützige Erfüllung ihrer Dienstobliegenheiten zu geloben. Sie mußten folgende Worte nachsprechen: „Ich gelobe: Ich werde dem Führer des Deutschen Reiches und Volkes, Adolf Hitler, treu und gehorsam sein und meine Dienstobliegenheiten gewissenhaft und uneigennützig erfüllen."

Zwischen den Angehörigen des militärischen Gefolges und zwischen Wehrmacht und Gefolge gab es kein allgemeines Vorgesetztenverhältnis. Den Helferinnen gegenüber hatten nur diejenigen Soldaten die Stellung eines militärischen Vorgesetzten, die kraft ihrer Dienststellung und auf ausdrückliche Anordnung des zuständigen Disziplinarvorgesetzten Weisungsbefugnis besaßen. Die Funktion eines Gefolgschaftsführers in den Einsatzdienststellen konnte für die Helferinnen von Luftwaffe, Heer und Kriegsmarine nur in Händen eines Offiziers, nicht eines Unter-

offiziers liegen. Disziplinarvorgesetzter durfte nur ein Offizier mit Disziplinarstrafbefugnissen werden. Er wurde von den zuständigen Kommandobehörden namentlich festgelegt.
Die Aushändigung von Soldbüchern an Mitglieder des Gefolges war verboten. Zur Eintragung ihrer Verwendungen und Einsatzorte erhielten sie ein Dienstbuch.
Anfang 1944 wurden alle Helferinnen abweichend von der bisherigen Auffassung zum „Behelfspersonal" der Wehrmacht gezählt. In diese Gruppe wurden alle einbezogen, die „im Zuge der Kriegsmaßnahmen behelfsmäßig an die Stelle von Soldaten" traten. Dabei war ohne Bedeutung, ob sie auf Soldatenplanstellen besoldet wurden oder nicht. Eine Sonderrolle spielten nach wie vor nur die Flakwaffenhelferinnen aus dem RAD. (6)
Die Wehrmachthelferinnen, die zum 1. 2. 1945 in einem eigenen Korps zusammengeschlossen wurden, standen nicht mehr in einem privatrechtlichem, sondern in einem hoheitsrechtlichem Verhältnis zu den Wehrmachtteilen. Sie gaben den Status des Gefolgschaftsmitgliedes auf. Sie wurden militärähnlicher. Die Formel des Gelöbnisses änderte sich. Jetzt wurde der Bezug zum Oberbefehlshaber der Wehrmacht hergestellt: „Ich gelobe: Ich werde als Wehrmachthelferin dem Führer und Obersten Befehlshaber der Wehrmacht, Adolf Hitler, treu und gehorsam sein und meine Aufgaben mit ganzer Kraft gewissenhaft und uneigennützig erfüllen."
Die Helferinnen der Wehrmachtteile und die Wehrmachthelferinnen wurden mit dem Namen unter Hinzufügung von „Frau" bzw. „Fräulein" angeredet. Offiziere und Beamte im Offizierrang wurden von den Helferinnen mit „Herr" und dem Dienstgrad angesprochen.
Die Arbeitszeit der Helferinnen richtete sich nach den tarifrechtlichen Bestimmungen des öffentlichen Dienstes und betrug im Durchschnitt wöchentlich 51 Stunden. Bei dringenden dienstlichen Bedürfnissen mußten die Helferinnen ohne Anspruch auf besondere Vergütung über den vorbezeichneten Rahmen hinaus Dienst tun; die Gesamtarbeitszeit sollte jedoch 56 Stunden in der Woche nicht übersteigen. Für die Angehörigen des Wehrmachthelferinnenkorps fanden die tariflichen Bestimmungen über die Arbeitszeit der Gefolgschaftsmitglieder keine Anwendung mehr. Die Länge des Dienstes ergab sich wie bei den Soldaten aus der Einsatznotwendigkeit.
Die völkerrechtliche Stellung der Helferinnen wurde durch Art. 3 der Anlage zum IV. Haager Abkommen betreffend die Gesetze und Gebräuche des Landkrieges vom 18. 10. 1907 und nach Art. 3 des Genfer Abkommens über die Behandlung der Kriegsgefangenen vom 27. 7. 1929 bestimmt. Im Falle der Gefangennahme hatten sie das Recht auf Behandlung als Kriegsgefangene und den „Anspruch auf Achtung ihrer Person und ihrer Ehre". Als Frauen waren sie „mit aller ihrem Geschlecht schuldigen Rücksicht" zu behandeln. Soweit sie nicht am Kampf teilnahmen, war es für die Frage der Behandlung als Kriegsgefangene gemäß Art. 13 des Anhangs zum IV. Haager Abkommen von 1907 ohne Bedeutung, ob sie uniformiert oder nicht uniformiert waren. Sie brauchten jedoch einen gültigen Dienstausweis einer militärischen Dienststelle, aus dem die Zugehörigkeit zum Gefolge der deutschen Wehrmacht hervorging. Helferinnen, die Kampfbefehle übermittelten oder Waffen und Geräte bei der Truppe bedienten wie die Flugmeldehelferinnen und Flakwaffenhelferinnen, nahmen am Kampf teil und waren als Kombattanten zu betrachten. Sofern sie nicht uniformiert waren, mußten sie eine gelbe Armbinde mit der Aufschrift „Deutsche Wehrmacht" tragen und einen Kombattantenausweis besitzen. Trotz dieser völkerrechtlichen Sicherungen befahl das OKW für die Rückführung der Frauen im Falle feindlicher Vorstöße rechtzeitig Sorge zu tragen. Man war sich nicht klar, ob die Alliierten die fließenden Übergänge zwischen Nichtkombattant und Kombattant bei den Helferinnen in gleicher Weise interpretieren würden wie das Oberkommando der Wehrmacht.

Versorgung

Im Unterschied zu den bei der Wehrmacht eingesetzten Schwestern, Schwesternhelferinnen und technischen Assistentinnen der Freiwilligen Krankenpflege durften die Helferinnen der Wehrmachtteile im Reichsgebiet bis 1944 nicht an der Truppenverpflegung teilnehmen, weil ihnen lediglich die Sätze der Lebensmittelkarten ihrer Altersstufe zustanden. Nur die Helferinnen in den besetzten Gebieten bekamen Truppenverpflegung. Erst im April 1944 bestimmte die Wehrmachtverwaltung, daß die Gefolgschaftsmitglieder der Wehrmacht überall nach dem Wehrmachtverpflegungssatz IV aus Wehrmachtbeständen beköstigt werden konnten. Nur die Flakwaffenhelferinnen der Luftwaffe hatten Anspruch auf den Wehrmachtverpflegungssatz III: täglich 700 g Brot, 30 g Zucker, ½ l entrahmte Milch und 680 g Frischfleisch in der Woche. Erst nach der Aufstellung des Wehrmachthelferinnenkorps erhielten alle Angehörigen einheitlich Truppenverpflegung nach dem gleichen Satz wie die Einheit, der sie angehörten. Damit deckten sich die Verpflegungsrichtlinien für die Helferinnen endlich mit den Bestimmungen für das weibliche Personal im Krankenpflegedienst der Feld- und Kriegslazarette.

Als Gefolgschaftsmitglieder der Wehrmacht wurden die Helferinnen nach den tariflichen Bestimmungen des öffentlichen Dienstes abgefunden, wenn sie zur Wahrnehmung hoheitlicher Aufgaben nach der Notdienstverordnung verpflichtet waren oder aus einem zivilen Beschäftigungsverhältnis bei der Wehrmacht oder anderer öffentlich-rechtlicher Dienststellen kamen. Frauen, die ohne Begründung eines einem Arbeitsvertrag entsprechenden Beschäftigungsverhältnisses dienstverpflichtet worden waren, erhielten lediglich eine Vergütung als Entschädigung für die persönlichen Aufwendungen, deren Höhe vom Reichsinnenminister festgelegt war, die aber unter den tariflichen Sätzen lag. Erst 1942 kam es zur Vereinheitlichung der Besoldung der Helferinnen. Das Oberkommando der Wehrmacht verfügte, daß in den Gebieten außerhalb der Reichsgrenze grundsätzlich die Tarifordnungen des öffentlichen Dienstes zu gelten hätten. Die Luftwaffe erhielt die Möglichkeit, die dienstverpflichteten Luftschutzwarnhelferinnen und Flugmeldehelferinnen nunmehr nach der Notdienstverordnung umzuverpflichten. Neben freier Verpflegung und freier Unterbringung konnten Helferinnen in den besetzten Gebieten jetzt eine Einsatzzulage beantragen. Die Einweisung in die verschiedenen Vergütungsgruppen wurde von den Kommandeuren und Dienststellenleitern für ihre Gefolgschaftsmitglieder veranlaßt. Wenn weibliche Gefolgschaftsmitglieder auf Planstellen von Soldaten im Rahmen der Kriegsstärkenachweisungen beschäftigt waren, durften sie nach dem für die freigemachten Stellengruppen geltenden Entlohnungssätzen abgefunden werden. Die Stellengruppe M (Mannschaften) entsprach den Vergütungsgruppen X, IX und VIII TO. A. Die Stellengruppe G (Gruppenführer) den Vergütungsgruppen VIII und VII TO. A und die Stellengruppe O/Z (Oberfeldwebel) den Vergütungsgruppen VII und VI b TO. A.

Bei der Gründung des Wehrmachthelferinnenkorps wurden alle Helferinnen ab 1. 2. 1945 neu eingestuft. Ihren Vergütungsgruppen wurden die vergleichbaren militärischen Dienstgrade zugrunde gelegt. Die Vereinheitlichung der Gebührnisse kam jedoch wegen des Kriegsendes nicht mehr zustande.

Helferinnen im Reichsgebiet waren auf zivilärztliche Behandlung angewiesen, während den Helferinnen im Ausland die Truppenärzte zur Verfügung standen. Der dienstliche Ausfall von Helferinnen durch Krankheit, Urlaub und Abkommandierung war im Verhältnis zum männlichen Personal sehr hoch. Er betrug zwischen 14 und 25% der Iststärke. Wegen Krankheit oder Schwangerschaft schieden monatlich bis zu 3% der Frauen aus der Helferinnenschaft aus. 1944 verließen 12.000 Helferinnen die Luftwaffe aus gesundheitlichen Gründen. Nach der Gründung des Wehrmachthelferinnenkorps wurde die ärztliche Versorgung aller Mitglieder des weiblichen Gefolges vereinheitlicht. Alle erhielten im Krankheitsfalle Heilfürsorge im Rahmen der Wehrmacht-Heilfürsorgebestimmungen.

Führungsfragen

Bei den Helferinnen versagten viele im Soldatenleben erprobte Führungsmethoden. Die meisten Offiziere, die die Helferinnen ihrer Dienststelle ebenso behandelten wie ihre Soldaten, scheiterten. Die Frauen wehrten sich mit Tränen und hysterischen Anfällen gegen Gebrüll, Anpfiffe und Drillmethoden. Andere Vorgesetzte wurden mit den „Waffen der Frau" ausmanövriert. Aufgrund der schlechten Erfahrungen mit jungen Offizieren bevorzugte man in der zweiten Hälfte des Krieges als Führer von Helferinneneinheiten soweit wie möglich „ältere, im praktischen Leben gereifte Männer in geordneten Familien- und Eheverhältnissen, und unter diesen wieder besonders solche, die es im Zivilleben, im heimatlichen Betrieb, in Schulen usw. beruflich mit Frauen zu tun hatten". Ihnen traute man zu, daß sie die ihnen unterstellten Helferinnen nach Persönlichkeitswert und Leistung und nicht nach äußerem Aussehen und erotischer Wirkung beurteilten. Eine psychologische Führungshilfe aus dem Jahre 1943 doziert:

„Verhältnisse von Offizieren mit weiblichen Untergebenen spalten die Einheit innerhalb kurzer Zeit vollkommen auf. Frauen können nicht immer schweigen! Schon eine an sich völlig harmlose Einladung zum Nachmittagskaffee in der Privatwohnung kann Helferinnen den Anlaß geben, sich damit zu brüsten, wenn nicht gar etwas hinzuzuphantasieren, was gar nicht vorgefallen ist. Wenn ein Vorgesetzter sich auf einem Kameradschaftsabend seinen Soldaten gegenüber einmal gehen lassen sollte, so wird das seine Autorität nicht wesentlich schmälern. Er ist für den Soldaten am nächsten Tag trotzdem wieder der militärische Vorgesetzte. Das ist bei der Frau grundlegend anders. Wird er ihr gegenüber irgendwie vertraut oder intim, so nimmt sie sich in der Folgezeit sofort sehr viel mehr heraus, wird auch im Dienst persönlich, wenn nicht sogar anzüglich oder frech. Der Vorgesetzte, der sich bei solchen Gelegenheiten gehen läßt, untergräbt seine eigene Autorität." (7)

Neben den männlichen Dienst- und Disziplinarvorgesetzten hatten die Helferinnen auch weibliche Vorgesetzte, denen sie außerhalb der Arbeitszeit unterstanden. Es handelte sich um Heimleiterinnen, Lehrerinnen, Gruppenführerinnen und Betreuerinnen, die sich entsprechend der nationalsozialistischen Gesellschafts- und Verbandstruktur „Führerinnen" nannten.

Die Führerinnen der Luftwaffenhelferinnenschaft wurden z. B. in der Luftwaffen-Führerinnenschule in Bad Kreuznach ausgebildet. Diese Schule unterstand bis 1943 der Luftwaffenschule Halle und bis zur Evakuierung 1944 der Luftwaffen-Ausbildungs-Division in Nancy. Vor den Alliierten verlegte sie zur Luftwaffenschule 7 (Flum) nach Dresden und von dort Anfang 1945 nach Heinrichsgrün im Sudetenland, wo sie dem Luftwaffen-Ausbildungs-Regiment 5 in Pocking bei Passau unterstand. An die Schule wurden nur solche Helferinnen, die den Unterführerinnen-Lehrgang in einem Luftgau bestanden hatten, kommandiert. Die Lehrgänge dauerten für Führerinnenanwärterinnen acht Wochen. Insgesamt wurden an der Schule zwischen 1941 und 1945 19 Führerinnenlehrgänge, vier Führerinnen-Fortbildungslehrgänge, fünf Sportlehrgänge, drei Heimführerinnenlehrgänge und zwei Wirtschaftslehrgänge durchgeführt. Bei einer durchschnittlichen Lehrgangsstärke zwischen 60 und 110 Frauen durchliefen also etwa 2.600 Führerinnen die Schule.

Der Schwerpunkt des Unterrichts lag nicht in den technischen Fächern, sondern in den Disziplinen, die zur Bewältigung der späteren Betreuungsaufgaben erforderlich waren. Der Stoffplan umfaßte zwei Schwerpunkte: Luftwaffenfragen (Verwaltungskunde, Dienstordnung, Fachausbildung) und Allgemeinbildung (Staatsbürgerkunde, Musik, Werkunterricht, Sport, Ordnungsdienst). Dazu traten Referate von Ärzten, Juristen und Pädagogen zu den einzelnen Problemen. Eine positive Abschlußbeurteilung war eine Voraussetzung für die Beförderung zur Führerin. Die Absolventinnen der Schule waren vorgesehen als Gruppenführerinnen in den Betriebsgruppen, als Kameradschaftsführerinnen in den Einheiten, als Sachbearbeiterinnen bei höheren Kommandostellen und als Stabsleiterinnen und Lehrkräfte bei den Ausbildungsabteilungen. (8)

Bei den Nachrichtenhelferinnen des Heeres existierten folgende Dienstgrade: Helferin, Oberhelferin, Unterführerin, Führerin, Oberführerin, Hauptführerin. Bei Kriegsmarine und Luftwaffe hießen die Dienstgrade für Nachrichtenhelferinnen im Flugmeldedienst: Fluganwärterin, Helferin, Oberhelferin, Haupthelferin, Führerin, Oberführerin, Hauptführerin, Stabsführerin; und im Fernsprech- und Fernschreibbetriebsdienst: Luftwaffenanwärterin, Helferin, Oberhelferin, Haupthelferin, Führerin, Oberführerin.

Im Heer gliederten sich die Einheiten der Nachrichtenhelferinnen in Kameradschaften (bestehend aus einer Oberhelferin und etwa zehn Helferinnen), Zügen (bestehend aus zwei bis fünf Kameradschaften) und Bereitschaften (bestehend aus zwei bis vier Zügen). Die Oberhelferinnen als Kameradschaftsälteste führten die technische Aufsicht im Betriebsdienst. Die Züge wurden von Nachrichtenhelferinnen-Führerinnen geleitet, die Bereitschaften von Oberführerinnen. Die bei den Dienststellen der Luftwaffe und Kriegsmarine eingesetzten Helferinnen gliederten sich in Betriebsgruppen, bestehend aus einer Haupthelferin und bis zu acht Helferinnen, Betriebszügen, bestehend aus einer Führerin und zwei bis vier Betriebsgruppen, und Betriebskameradschaften, bestehend aus einer Oberführerin und zwei bis vier Betriebszügen. Die Führerinnen erhielten ihre Anweisungen von den Leitern der militärischen Dienststellen, in denen sie arbeiteten. Sie waren für die Einsatzbereitschaft ihrer Untergebenen verantwortlich. Ihnen oblag die Betreuung der Frauen. Von ihnen wurde ein besonderer erzieherischer Einfluß auf die Helferinnen erwartet. Am geeignetsten erschienen Persönlichkeiten, die aus Lehrberufen kamen. Auf alle Fälle sollten die Helferinnen-Führerinnen schon in weiblichen Gemeinschaften tätig gewesen sein, z. B. im RAD, DRK oder BDM. Höhere Schulbildung oder Studium war eine prinzipielle Voraussetzung. Der Auslese der Führerinnen legte man eine besondere Bedeutung bei, weil sie „durch ihr Vorbild einwandfreier Lebensführung, durch ihren Persönlichkeitswert und ihre Charaktereigenschaften, durch Kameradschaftlichkeit und Lebenserfahrung die Fähigkeit besitzen müssen, auch schwieriger zu behandelnde Frauen und Mädchen in den Gemeinschaftskreis der Helferinnen einzuführen“. (9)

In einem Führerinnenbrief der Luftwaffe wurden die Aufgaben der Kameradschaftsführerin 1942 folgendermaßen umschrieben:

„Eine sehr wichtige Aufgabe der Kafü ist die stimmungsmäßige Beeinflussung der Helferinnen. Vor allem im Ausland muß sie, gestützt auf ihre Führerinnen, für ständig gute Stimmung sorgen. Es darf nicht vorkommen, daß durch Ereignisse, die die Helferinnen seelisch bedrücken, die Arbeit leidet. Gerade die Beschwerden des Krieges, die allmählich steigen, können anfänglich gut gestimmte Helferinnen belasten. Die Kafü muß daher das Vertrauen der Helferinnen erringen, damit diese sich in jeder Lage an sie wenden und sie ihnen den richtigen Weg zeigen kann. Von der sorgfältigen Überwachung und klugen Beeinflussung hängt die gewissenhafte und sichere Arbeit der Helferinnen ab. Die weltanschauliche Schulung muß dahin zielen, die Stimmung unter den Helferinnen zu heben. Auch hier gilt es, den Gefolgschaftsführer zu entlasten. Das Arbeitsgebiet ist sehr umfangreich und kann unmöglich von ihr allein durchgeführt werden. Es ist daher ihre Aufgabe, sich geeignete Kräfte zu suchen, sie anzuleiten und den Plan für diese Arbeiten aufzustellen. Je besser sie diese Kräfte schult, umso bessere Arbeitsleistungen der Helferinnen wird sie erzielen. Gute Stimmung wird immer derjenige haben, der eine richtige und vernünftige Weltanschauung hat. Es ist also die Aufgabe der Kafü, den Helferinnen die Routine zu vermitteln, die zur Erreichung dieses Zieles notwendig ist. Aber nur, wenn diese Schulung interessant gestaltet wird, kann sie Erfolg haben, denn die Kafü muß damit rechnen, daß die Helferinnen aus den verschiedensten Berufen kommen und die Vorbildung jeder Einzelnen eine andere ist. Durch die weltanschauliche Schulung und Freizeitgestaltung muß weiterhin ein Ausgleich für die eintönige und gleichförmige Arbeit der Helferinnen geschaffen werden. Gerade im Krieg müssen ihr Verständnis für die innen- und außenpolitische Lage, ihr vaterländisches Empfinden, ihre Opferfreudigkeit und Dienstbereitschaft geweckt und rege gehalten werden. Besonderer Wert muß im besetzten Gebiet auf die Freizeitgestaltung, z. B. in Form von Heim- und Kameradschaftsabenden gelegt werden. Im Auslandseinsatz muß die Kafü ständig dienstbereit sein, auch in ihrer Freizeit. Die Arbeit kann nur erfolgreich durchgeführt werden, wenn sich auch der Gefolgschaftsführer dafür einsetzt und sie unterstützt. Eine dankbare Aufgabe der Kafü ist die Fürsorge für die Helferinnen. Durch unermüdliche Arbeit auf diesem Gebiet kann sie

sich das Vertrauen der Helferinnen erringen. Dies gelingt ihr aber nur, wenn sie in allen Dingen, die ihre Helferinnen angehen, gerecht und unparteiisch entscheidet. Den meisten Helferinnen fehlt die Lebenserfahrung. Darum ist es ein sehr aufgabenreiches Arbeitsfeld für die Kafü, den Helferinnen durch Einrichtung von Aus- und Fortbildungskursen beim Lösen der Zukunftsfragen beratend und helfend zur Seite zu stehen." (10)

Die disziplinarischen Möglichkeiten der Führerinnen waren beschränkt. Als einzige Strafmaßnahme stand ihnen die Erteilung von Ausgehbeschränkungen bis zu drei Tagen zu. Für alle anderen Maßregelungen war der Dienststellenleiter zuständig. Er hatte jedoch die zuständige Führerin bei der Strafmaßfestlegung hinzuziehen.

Die Wehrdisziplinarstrafordnung sah für Angehörige des Wehrmachtgefolges folgende Disziplinarstrafen vor: Verweis, strenger Verweis, Soldverwaltung, Ausgehbeschränkung, Arrest, Dienstgradherabsetzung, Geldstrafe. Für die Helferinnen der Wehrmachtteile wurden diese Möglichkeiten auf folgende fünf Strafen beschränkt: Ausgehbeschränkung bis zu drei Tagen, Verwarnung, Verweis, Geldbuße bis zur Höhe von 1/6 der Barvergütung, Ausgehbeschränkung von vier bis sieben Tagen. Gegen die verhängten Disziplinarmaßnahmen stand den Helferinnen die Beschwerde innerhalb von sieben Tagen zu: über die Führerin beim Dienststellenleiter, über den Dienststellenleiter bei der nächsthöheren Dienststelle. Die Beschwerde hatte aufschiebende Wirkung. Die Entscheidung der angerufenen Dienststelle war dann jedoch endgültig. Nach der Gründung des Wehrmachthelferinnenkorps ab Februar 1945 traten zu den bisher in den Wehrmachtteilen üblichen Disziplinarstrafen für Frauen die Möglichkeiten des Stuben- bzw. Unterkunftarrests bis zu vier Wochen und des gelinden Arrests bis zu vier Wochen. Geschärfter Arrest war gemäß § 10 Abs. 5 WDStO bei Frauen unzulässig. Insgesamt war bei der Verhängung von Disziplinarstrafen „das Ansehen der deutschen Frau zu wahren und auf die fraulichen Belange Rücksicht zu nehmen".

Für Kriegsstrafverfahren gegen Wehrmachthelferinnen sollten gesonderte Anordnungen ergehen. Sie wurden vor Kriegsende nicht mehr erlassen.

Während die Helferinnen-Führerinnen in den Wehrmachtteilen vor 1945 recht wenig Befugnisse gegenüber den ihnen unterstellten Helferinnen hatten und ohne Rückendeckung der Einsatzstellenleiter ziemlich ohnmächtig waren, wurde im Wehrmachthelferinnenkorps ab Februar 1945 das Vorgesetztenverhältnis zwischen den Führerinnen und den Helferinnen gestrafft. Innerhalb der Einheiten und Stäbe waren die Führerinnen jetzt Vorgesetzte gegenüber allen im Dienstgrad niedrigeren Führerinnen, Unterführerinnen und den Helferinnen. Die Führerin bei einem Stab war Vorgesetzte aller Angehörigen des Helferinnenkorps in ihrem Bereich. Helferinnen, denen eine besondere Dienststellung, z. B. als Stubenälteste, übertragen wurde, waren für den Umfang der damit verbundenen Diensthandlungen ebenfalls Vorgesetzte. Bezüglich des Innendienstes und der politischen Führung waren die Leiterinnen der Helferinnenkorps bei den Luftflotten, Luftgaukommandos bzw. Luftkorps ebenso wie die Führerinnen des Helferinnenkorps bei den Regimentern Vorgesetzte aller Helferinnen ihres Bereichs. Ein allgemeines Vorgesetztenverhältnis, wie es die Luftwaffe anstrebte, gab es zwischen Führerinnen und Helferinnen jedoch nicht. Der Dienstposten einer Inspizientin der Nachrichtenhelferinnenschaft des Heeres wurde lediglich zu dem Zweck eingerichtet, damit dem Generalquartiermeister für alle fraulichen Belange ein Ansprechpartner zur Verfügung stand. Die Dienstposteninhaberin sollte über die Unterkunftsordnungen, die Fürsorgemaßnahmen und das außerdienstliche Verhalten der Helferinnen Informationen sammeln und den Spitzen des Heeres zur Verfügung stellen. Für die in der Luftwaffe dienenden Wehrmachthelferinnen wurde erst 1945 die Stelle einer Generalführerin eingerichtet. Ihre Verantwortlichkeit erstreckte sich insbesondere auf die politische, weltanschauliche und kulturelle Führung, die Gestaltung des Innendienstes, Kommandierungen und Versetzungen von Führerinnen, auf die Führerinnenschulung und auf Sport, Werkarbeit und Freizeitgestaltung. Unmittelbare Weisungsbefugnisse hatte sie nicht.

Selbst was die Betreuung der Helferinnen angeht, waren die Führerinnen in ihren Befugnissen eingeschränkt. Bei der Betreuung am Arbeitsplatz hatte die Deutsche Arbeitsfront ein Mitspracherecht und bei der außerdienstlichen Betreuung, insbesondere der Freizeitgestaltung und der weltanschaulichen Schulung die NS-Frauenschaft. Auch die Richtlinien für die Führung der Frauenheime, z. B. für die Gestaltung der Heimordnungen, sollten mit den Gebietsbeauftragten der Reichsfrauenführerin abgestimmt werden. Heimleiterinnen durften nur noch mit ihrem Einvernehmen eingesetzt werden.

Unterbringung und Betreuung

Bereits nach dem Polenfeldzug an der Jahreswende 1939/40 hielt es die Luftwaffe für erforderlich, weibliche Arbeitskräfte in unmittelbarer Nähe der militärischen Dienststellen geschlossen unterzubringen. Im Frühling 1940 entstanden im Reichsgebiet die ersten Barackenlager für weibliche Gefolgschaftsmitglieder. Dabei griff das Luftfahrtministerium auf die Erfahrungen zurück, die bei der Einrichtung und Betreuung von Bauarbeiterlagern 1938 am Westwall gesammelt worden waren. Der Befehl über die Einrichtung von Frauenlagern vom 3. Januar 1940 legte folgende Normen fest:

- ☐ In analoger Anwendung der „Vorläufigen Zusammenstellung der Raumgebühr zur G. G. I." vom 1. 1. 1939 stehen jeder Frau 6 m² Raumgebühr zu.
- ☐ In einer Stube werden höchstens vier Frauen untergebracht.
- ☐ Von einer zweigeschossigen Bettenanordnung ist abzusehen.
- ☐ Je vier Frauen bekommen einen Waschplatz mit Wasseranschluß.
- ☐ Für je zehn Frauen gibt es einen Abortsitz.
- ☐ Je 15–20 Frauen haben Anspruch auf eine Dusche oder eine Badewanne.
- ☐ In jeder Baracke befindet sich ein Aufenthalts- und Frühstücksraum mit 1 m² Nutzfläche pro Kopf und ein kleiner Raum für Zeugwäsche.
- ☐ Jede Baracke wird mit einem Volksempfänger und mit Tageszeitungen ausgestattet.

In den Lagern für die weiblichen Gefolgschaftsmitglieder der Luftwaffe durften nur Frauen als Hilfspersonal beschäftigt werden. Die Leitung hatte eine Lagerführerin, die zu ihrer Unterstützung eine Unterlagerführerin zur Seite hatte, wenn das Lager mit mehr als 200 Frauen belegt war. „Barackenwärterinnen" übernahmen die Reinigung, Heizung usw. Die Speisen wurden von einer Köchin zubereitet, der für mehr als 100 Frauen eine Hilfskraft zugeordnet war. Lagerführerin, Barackenwärterin und Köchin gehörten zu den nichtbeamteten Gefolgschaftsmitgliedern der Luftwaffe. (11)

Als in den kommenden Jahren die Zahl der im Inland beschäftigten Helferinnen der Wehrmachtteile zunahm, erhielten die Ortskommandanturen das Recht, geeignete Gebäude als Unterkunft für die Helferinnen anzumieten, wenn keine Lager zur Verfügung standen. Die vollständige „Kasernierung" der Helferinnen wurde im Inland jedoch nicht erreicht, weil es an ausreichenden Unterkünften mangelte und weil sehr viele Helferinnen ihren eigenen Haushalt beibehielten. Ende 1941 waren von den für die Luftwaffe tätigen 34.600 Helferinnen nur 6.500 in Gemeinschaftsunterkünften untergebracht. In den besetzten Gebieten war dagegen die gemeinsame Unterbringung der Frauen die Regel. Dazu wurden geeignete Gebäude beschlagnahmt. Was die Hausordnungen angeht, verfuhr jede Dienststelle nach eigenem Gutdünken. Um die Unterschiede in der Frauenunterbringung bei den Wehrmachtteilen zu vereinheitlichen, gab das Oberkommando der Wehrmacht am 22. 6. 1942 „Zentrale Richtlinien für die Unterbringung der Frauen, insbesondere in den Gebieten außerhalb der Reichsgrenze" heraus. Heime mit mehr als 40 Frauen erhielten eine Heimleiterin. Sie sollte bei aller Strenge das Haus so leiten, „daß die Unterbringung dort nicht zur Kasernierung" würde. Die Frage, welchen Spielraum die Helferinnen bei der Ausgestaltung der Wohnräume haben sollten, blieb strittig. Man war sich lediglich darüber klar, daß „eine schematische Kasernierung . . . dem ganzen Wesen der Frau widerspräche" und daß die Heime dazu da seien, „den weiblichen Gefolgschaftsmitgliedern . . . die Familiengemeinschaft der Heimat" zu ersetzen.

Die Heimleiterinnen wurden beauftragt, „die Freizeit nach fraulichen Gesichtspunkten" zu gestalten. Dafür standen Unterkünften bis zu 400 Frauen 1,– RM pro Kopf und für jede weitere Helferin 0,50 RM monatlich zur Verfügung. Mit diesen Geldern konnten Film- und Theatervorstellungen besucht oder organisiert und Sportgeräte gekauft werden. (12)

Die Luftflotte 3 im besetzten Frankreich machte den Heimleiterinnen ihres Bereichs u. a. folgende pädagogisch relevanten Freizeitvorschläge: Bei den wöchentlichen Heimabenden sollten die Helferinnen Sagen und Bräuche ihrer Heimat vorstellen. Dadurch würden die Frauen mehr Selbstvertrauen bekommen und bei den Zuhörern werde die „Liebe zur Heimat" verstärkt werden. „Durch kurze, wiederholte Darlegungen über den totalen Krieg, seine eigentlichen wirtschaftlichen und soziologischen Ursachen, seine Bedeutung für die Weltgeschichte sind sie in allgemeinfaßlicher Form in die Probleme der Gegenwart einzuweihen und in diesem Zusammenhang auf die Wichtigkeit ihrer Tätigkeit, auf ihre Pflichten als Angehörige der deutschen Wehrmacht, auf die Notwendigkeit der absoluten Geheimhaltung und auf die Gefahren, die ein unvorsichtiges Wort von ihnen der Allgemeinheit zufügen kann, hinzuweisen." Erwünscht war auch die Abhaltung von Kursen, in denen sich die Helferinnen „im Hinblick auf ihre eigentliche Berufung als Frau und als Mutter" betätigen konnten, d. h. Nähen, Plätten, Handarbeiten, Kinderpflege, Krankenpflege und Kleingartenbau. Jedes Heim sollte „dem Bildungsniveau der Mädchen angepaßte Bücher" haben. Empfohlen wurden historische Darstellungen, leicht geschriebene kulturelle Werke, „die dem natürlichen Bildungsdrang der Helferinnen entgegenkommen und das geistige Niveau derer heben" sollten, die bisher keine Gelegenheit hatten, sich mit solchen Dingen zu beschäftigen. Großer Wert wurde auf gemeinsame Lesestunden gelegt: „Das Lesen von Schauspielen mit verteilten Rollen, der Vortrag von Balladen und Gedichten kann auch bei geistig uninteressierten Mädchen die Liebe zur deutschen Sprache und zur deutschen Dichtung erwecken und wird sie dahin bringen, sich dann selbst mit den Werken unserer Literatur zu beschäftigen." Zum Ausgleich für die sitzende Lebensweise der meisten Helferinnen sollte viel Sport getrieben werden. (13)

Die Uniformierung des weiblichen Wehrmachtgefolges

Als 1940 die ersten Frauen in den besetzten Gebieten beschäftigt wurden, war noch nicht entschieden, ob sie eine Uniform tragen würden. Die Uniformierung der Helferinnen erwies sich jedoch bald aus vielerlei Gründen als opportun. Als erste Gruppe wurde das weibliche Flugmeldedienstpersonal zur Sicherung seines Kombattantenstatus uniformiert. Die Einkleidung erfolgte durch die Luftflotte bzw. die zuständigen Marinestationen. Im Luftfahrtministerium plädierte man für die Uniformierung auch der anderen Helferinnen, damit die Frauen als Gefolge der Wehrmacht und als Repräsentanten des deutschen Volkes und der deutschen Frau im Ausland kenntlich seien. Die Einschränkungen ihrer persönlichen Freiheit während des Helferinnendienstes würden ihnen dadurch verständlicher. Außerdem lasse sich ein uniformiertes Korps leichter in Zucht und Ordnung halten – im Inland und im Ausland. Im OKH dachte man ähnlich. Deshalb griff die Uniformierung bald auf die anderen Helferinnengruppen über. Auch die im Reichsgebiet angestellten Frauen und Mädchen erhielten Uniformen.

Die Einkleidung der Nachrichtenhelferinnen, die für die besetzten Gebiete bestimmt waren, erfolgte bereits während der Ausbildung an den Nachrichtenschulen der Wehrmachtteile.

Als das Heer im Sommer 1942 auch die Stabshelferinnen uniformieren wollte, platzte in die Vorbereitungen die Anweisung Hitlers, daß zur Einsparung von Spinnstoffen „eine Uniformierung aller im Deutschen Reich eingesetzten weiblichen Hilfskräfte weder beim Heer, noch bei der Marine, noch bei der Luftwaffe, noch bei anderen Organisationen möglich“ sei. Die im Reichsgebiet eingesetzten weiblichen Hilfskräfte sollten Arbeitsschürzen (Schutzkleidung) erhalten und im übrigen ihre Zivilkleidung weiter tragen. In den folgenden Monaten wurde die Dienstkleidung der meisten Helferinnen, die im Reichsgebiet tätig waren, eingezogen. Der Widerstand war groß. Sogar auf die Werbung neuer Helferinnen wirkte er sich aus. Der Drang zur Uniform war unübersehbar. Lediglich die in Führerinnenstellen eingesetzten Helferinnen durften ihre Uniformen behalten. Die Stabshelferinnen im Reichsgebiet mußten sich mit einem 2,5 cm breiten dunkelgrünem Ärmelstreifen mit der silbergrauen Aufschrift „Stabshelferin des Heeres“ begnügen. Die einzigen Frauen innerhalb der Wehrmacht, die auch im Inland ohne Einschränkung Uniform tragen durften, waren die im Flakwaffendienst eingesetzten RAD-Maiden. Sie behielten die Trachten des Reichsarbeitsdienstes. Außerdem hatten sie Anspruch auf eine funktionsgerechte Sonderbekleidung, z. B. Gesichtsmasken und Fausthandschuhe für Helferinnen am Sperrballon und Arbeitsstiefel für das Bedienungspersonal der Scheinwerfer.

Die Uniformfrage erhielt erneut Auftrieb, als zum 1. 2. 1945 das Wehrmachthelferinnenkorps geschaffen wurde. Das OKW glaubte zu diesem Zeitpunkt, aus völkerrechtlichen Gründen alle Wehrmachthelferinnen einheitlich mit Uniformen ausstatten zu müssen. Disziplinarische Gründe kamen dazu. Am 4. 3. 1945 ging der Befehl hinaus, daß allen Wehrmachthelferinnen unentgeltlich Dienstkleidung auszuhändigen sei. Schutzbekleidung galt nicht als Dienstkleidung. Die Kriegslage machte die Durchführung dieses Befehls jedoch unmöglich. Nicht einmal die Hälfte der Wehrmachthelferinnen hatte eine Uniform, als der Krieg zu Ende ging.

Disziplin und Moral

Weder bei der Bevölkerung des Reichsgebietes noch bei den Einwohnern der besetzten Gebiete hatten die Helferinnen einen besonders guten Ruf. Viele sahen in ihnen Soldatenflittchen. Einzelne Fälle schlechten Benehmens wurden generalisiert. Es machte Spaß, von den lockeren Sitten in den Helferinnenkorps zu erzählen. Am schlimmsten wurde am Ruf der Luftwaffenhelferinnen gezaust. Göring mußte Mitte 1943 zugeben, „daß die Luftwaffenhelferinnen in einen Ruf geraten seien, der für die Helferinnenschaft selbst wie auch für die gesamte Luftwaffe außerordentlich abträglich“ sei. Die Arbeitseinsatzbehörden berichteten, „daß die zunehmende Minderung des Ansehens der Luftwaffenhelferinnen in der Bevölkerung mancherorts bereits zu Schwierigkeiten in der Vermittlung“ neuer Kräfte geführt habe (14). Gegensteuerungen von seiten der Wehrmachtteile waren also durchaus am Platz. Sie wurden auch vorgenommen. Aber alle Bemühungen der Wehrmacht um den guten Ruf der Helferinnen fruchteten insgesamt wenig. Man lächelte über das Argument, daß es die Juden und der Feind wären, die abträgliche Gerüchte verbreiteten, „um den guten Ruf der Frauen und Mädel im Dienst der deutschen Wehrmacht“ zu ruinieren. Man glaubte nicht, daß es sich bei den Mädchen, die ein umfangreiches Liebesleben mit wechselnden Partnern führten, um Ausnahmen handelte. Deshalb entschlossen sich die militärischen Dienststellen, das Verhalten der Helferinnen, besonders derer im Ausland, durch Vorschriften zu regulieren. Ihnen wurde befohlen, sich künftig so zu führen, wie es dem Ansehen der Deutschen in den besetzten Gebieten förderlich wäre. Gelage, Alkoholmißbrauch, lautes Benehmen und Einhaken auf der Straße waren verboten. Die Heimordnungen der Frauenwohnheime untersagten Nachturlaub über 23.00 Uhr hinaus. Alle Gäste mußten der Heimleiterin gemeldet und ins Gästebuch eingetragen werden. Männliche Besucher durften sich nur in den Gemeinschaftsräumen aufhalten. Das Rauchen in der Öffentlichkeit war den Helferinnen verboten. Sie erhielten keine Zigarettenzuteilungen. Das Tanzen in öffentlichen Lokalen in Uniform war untersagt. Farbige Fingernägel, geschminkte Lippen, auffallender Schmuck wurden gerügt. Ohne Erlaubnis des Dienststellenleiters durften die Helferinnen nicht an Kameradschaftsabenden militärischer Einheiten teilnehmen. Keine Veranstaltung durfte über 24.00 Uhr hinaus dauern. Ihre Teilnahme an Kasinoveranstaltungen war untersagt. Auf die Unterbringung der weiblichen Gefolgschaftsmitglieder einerseits und der Offiziere, Beamten und Soldaten andererseits in getrennten Unterkünften wurde Wert gelegt. Helferinnen und Soldaten, die dienstlich miteinander zu tun hatten, durften sich nicht duzen. In vielen Standorten mußten Soldaten und Helferinnen zu getrennten Zeiten essen. Im Umkreis von 500 m um die Fliegerhorste war gemeinsames Zusammensein und Herumgehen untersagt. Um intime Beziehungen zwischen Soldaten und Helferinnen zu zerreißen, wurde die Helferinnen des Heeres jedes Jahr versetzt. Ihre Unterkünfte durften auch von den dienstvorgesetzten Offizieren nur in Begleitung der Heimleiterin bzw. der Kameradschaftsführerin besichtigt werden. Das Recht zu Stubenappellen stand ihnen alleine nicht zu. Im besetzten Frankreich gab die Luftflotte 3 vier zusätzliche Verbote für die ihr unterstellten Luftwaffenbetriebshelferinnen heraus:

„*a) Baden in französischen Gewässern.*
b) Teilnahme an französischen Veranstaltungen.
c) Der Besuch für die Wehrmacht verbotener Lokale ist für die Ln.-Betr.-Helferinnen selbstverständlich verboten.
d) Von zweideutigen Lokalen, deren Besuch ein deutsches Mädchen oder eine deutsche Frau erröten macht, hält sich die Lw.-Betr.-Helferin fern, auch dann, wenn sie von angeblichen ‚Freunden‘ dazu eingeladen wird.“ (15)

Auch auf die Soldaten versuchte die Wehrmachtführung einzuwirken. Man appellierte an ihr Verantwortungsgefühl und ihre Ritterlichkeit und machte sie darauf aufmerksam, daß die Helferinnen Verlobte, Schwestern und Frauen von Kameraden sein könnten.

„Der Schutz unserer guten Kameradinnen, der Helferinnen in der deutschen Wehrmacht, durch unsere Gedanken, Worte und Handlungen gehört auch mit zum deutschen Sieg. Je sauberer die deutschen Menschen einst aus dem Krieg heimkehren, umso glücklicher wird ihr Familienleben sein, umso fröhlicher werden ihre Kinder ausschauen." (16)

Besondere Sorge machten „die vielen jungen Mädchen, die oft zum erstenmal aus dem Schutz des Elternhauses kommen und häufig voller Ideale, manchmal natürlich auch mit einer bewußten oder unbewußten Freude am Erleben, am Abenteuer, in die besetzten Gebiete gehen" (17). Von den Soldaten wurde verlangt, gerade gegenüber diesen Frauen „die Achtung vor ihrer Würde" durch den Gruß und einwandfreies sonstiges Verhalten zu demonstrieren. Dann könnten die Helferinnen den Männern „ein Stück Heimat ersetzen". (18)
Um zu verhindern, „daß der gute Ruf der Helferinnen ... in ebenso bedauerlicher wie leichtfertiger Weise von Soldaten und leider auch von Offizieren erschüttert" werde, befahl Göring für den Bereich der Luftwaffe:

„Unbedachte Gespräche in der Öffentlichkeit, zweideutige, wenn auch nur scherzhaft gemeinte Ausdrücke sind von unbeteiligten Zuhörern verbreitet und zum Nachteil der Luftwaffenhelferinnen verallgemeinert worden. Dazu kommt, daß in einer nicht geringen Zahl von Fällen Offiziere, Wehrmachtbeamte, Unteroffiziere und Mannschaften den Helferinnen gegenüber ein Benehmen und eine Haltung gezeigt haben, die nicht geduldet werden kann. Die Kommandeure bitte ich ... dafür verantwortlich zu machen, daß jedem Fall disziplinarwidrigen Verhaltens gegenüber den Luftwaffenhelferinnen, und zwar innerhalb wie außerhalb des Dienstes, nachgegangen und rücksichtlos durchgegriffen wird. Gegen Personen außerhalb der Luftwaffe, die durch falsche Behauptungen den Ruf der Luftwaffenhelferinnen gefährden, ist Strafantrag wegen Beleidigung zu stellen." (19)

Um Frauen, die „in ihrer moralischen Haltung und in ihrem Lebenswandel den Anforderungen nicht entsprechen", ohne Einhaltung von Kündigungsfristen entlassen zu können, wurden die Helferinnen in den ersten drei Monaten lediglich auf Probe angestellt. Über die fristlose Entlassung entschied der Disziplinarvorgesetzte im Einvernehmen mit dem zuständigen Militärverwaltungsbeamten. Wenn das negative Verhalten einer Helferin erst nach der Probezeit bekannt wurde, sollte das Dienstverhältnis zum frühestmöglichen Zeitpunkt gelöst werden. „Insbesondere gehören moralisch minderwertige Elemente unverzüglich ausgemerzt", befahl der Reichsminister der Luftfahrt und Oberbefehlshaber der Luftwaffe. (20)

Neben der Schädigung des „Ansehens der deutschen Frau", für das die Helferinnen im Ausland Zeugnis zu geben hatten, war ihre Dienstverschwiegenheit ein weiteres großes Problem. Es wurden zahlreiche Verstöße registriert. Besonders die im Ausland tätigen Helferinnen mußten immer wieder auf die Arbeit des feindlichen Nachrichtendienstes hingewiesen werden:

„Besonders Frauen und Mädchen sind in seinen Augen ein geeignetes Objekt, das er mitleidlos ausnützt, oft unter der Maske des Biedermannes, um es später im Elend sitzen zu lassen. In den besetzten Gebieten gibt es zahlreiche Juden und Emigranten, die getarnt mit unverfälschtem Schwäbisch, Weanerisch oder Hamburgerisch Handlanger des Feindes sind. Daher auch Vorsicht im Umgang mit Zivilisten, besonders beim „Kennenlernen". Umgang und Korrespondenz mit Franzosen und Angehörigen anderer Feindstaaten ist verboten." (21)

Die Motive für den Bruch von Dienstgeheimnissen lagen in den meisten Fällen darin, daß die Helferinnen mit der Weitergabe innerdienstlicher Geschehnisse oder der Beschreibung ihrer Tätigkeiten die Bedeutung ihrer Funktion herausstreichen wollten. Landesverrat konnte nur in wenigen Fällen nachgewiesen werden. (22)

Der Waffengebrauch

Die Ausbildung von deutschen Frauen an Waffen war nach der nationalsozialistischen Ideologie eigentlich unmöglich. Das Waffentragen war ein Privileg des Mannes. Frauen unter Waffen, wie man sie bei der sowjetischen Armee fand, galten schlichtweg als Flintenweiber. Daran wurde bis Ende 1944 nicht gerüttelt. Als die Fronten immer näher ans Reichsgebiet heranrückten, also etwa ab Sommer 1944, erklärten sich jedoch einzelne Frauen von sich aus bereit, freiwillig mit der Waffe in der Hand Seite an Seite mit den Soldaten die Reichsgrenzen zu verteidigen. Das Oberkommando der Wehrmacht wollte davon nichts wissen. Noch im September 1944 legte es fest:

„Beherrschender Grundsatz für jede Art von Fraueneinsatz, insbesondere auch für den Gemeinschaftseinsatz, muß bleiben, daß sich der weibliche Soldat nicht mit unseren nationalsozialistischen Auffassungen vom Frauentum verträgt. Die Frauen nehmen grundsätzlich nicht mit der Schußwaffe am Kampf teil, auch nicht im Falle einer drohenden Gefangennahme.“ (23)

Auch die NSDAP lehnte den Einsatz von Frauen mit der Waffe ab, solange in der Wehrmacht noch ein einziger Mann in Funktionen beschäftigt sei, die ebensogut von Frauen wahrgenommen werden könnten. Die Zuschriften von Frauen und Mädchen, die sich freiwillig zum Waffeneinsatz meldeten, würdigte man allerdings als einen „überzeugenden Beweis für die bedingungslose Einsatzbereitschaft unseres ganzen Volkes für den Sieg“ und leitete sie Hitler zu, um ihn vom Durchhaltewillen seines Volkes zu überzeugen.
Erste Risse in dieser ideologiegebundenen Auffassung zeigten sich, als am 25. 9. 1944 durch Führererlaß der Deutsche Volkssturm „zur Verstärkung der aktiven Kräfte unserer Wehrmacht und insbesondere zur Führung eines unerbittlichen Kampfes überall dort, wo der Feind den deutschen Boden betreten hat“, aufgestellt wurde. Die Parteipropaganda richtete sich darauf ein, daß möglicherweise auch Frauen zum Volkssturm eingezogen würden und beabsichtigte, die Bevölkerung von der Notwendigkeit dieses Opfers zu überzeugen. Ende November 1944 entschied Hitler jedoch, daß Frauen nicht im Volkssturm dienen dürften. Er erlaubte lediglich Hilfsdienste beim Aufbau und Einsatz des Volkssturms. Was darunter zu verstehen war, interpretierten die einzelnen Gauleiter unterschiedlich. Die einen begnügten sich mit der Beauftragung von Frauen zu Kleidersammlungen, andere legten die Versorgung des Volkssturms mit Verpflegung und Munition in die Hände der weiblichen Bevölkerung und wieder andere ließen die Verteidigungsstellungen des Volkssturms von Frauen vorbereiten.

Im Februar 1945 suggerierte Reichsleiter Bormann dem Führer eine neue Idee, wie Frauen militärisch nutzbar eingesetzt werden konnten. Er erreichte von Hitler „die probeweise Aufstellung eines Frauenbataillons“, um die Männer zu beschämen. Himmler und Bormann waren sich nämlich darin einig, daß die Wehrmacht zu nachsichtig mit Drückebergern und Fahnenflüchtigen umging. Sie warfen der Wehrmachtführung vor, eine halbe Million fluktuierender Soldaten mit irgendwelchen Marschpapieren nicht zu erfassen und an die Front zurückzuschicken. Durch das Frauenbataillon sollte die Kampfmoral der Männer wieder gefestigt werden. Selbstverständlich wurde das geplante Frauenbataillon nicht mehr aufgestellt. Die militärische Blamage der Männerwelt fiel aus.

Angesichts des Vordringens der Alliierten in Deutschland erlaubte Bormann Anfang März, daß in ländlichen Ortsgruppen Frauen und Mädchen „zu ihrem eigenen Schutz“ im Gebrauch von Handfeuerwaffen ausgebildet werden könnten. Auf keinen Fall sollten sie gezwungen werden, Waffen in die Hand zu nehmen, wenn sie nicht wollten. Zum persönlichen Schutz und für Wachaufgaben durften jedoch Gewehre oder Pistolen an die Frauen verteilt werden. Auch die Übergabe von Panzerfäusten wurde schließlich erlaubt, als die Front näher rückte. Die an den Flakhilfsgeräten eingesetzten Helferinnen erhielten zum Schutz der Geräte Handfeuerwaffen. An einzelnen Orten lernten sie sogar Handgranaten werfen. (24) Ob die Frauen ihre Handfeuerwaffen gegen Tiefflieger einsetzen durften, war einige Zeit umstritten. Die Wehrmachtrechtsabteilung glaubte, daß der praktische Nutzen in keinem Verhältnis zu den negativen Folgen stünde, wenn die Alliierten daraus das Recht ableiteten, Bordwaffenangriffe gegen die Zivilbevölkerung zu fliegen. Obwohl sich auch die Quartiermeisterabteilung des OKW mit dieser Warnung identifizierte, gab Keitel grünes Licht. Frauen durften auf Flieger schießen.

Trotz solcher Einzelermächtigungen blieb die Wehrmacht bis zum Kriegsende grundsätzlich bei der Auffassung, daß Frauen nicht in Kampffunktionen an der Front einzusetzen seien. Die Luftwaffe sah zwar die Aufstellung von „Luftwaffenkampfhelferinnen" vor und rekrutierte Frauen für diesen Zweck aus den Sammellagern, aber der Auftrag wurde vor dem Ende des Krieges nicht formuliert und die Ausbildung nicht begonnen. Um so deutlicher machte sich bei der Partei gegen Ende des Krieges die Aufweichung der alten ideologischen Positionen bemerkbar. Je näher der Untergang des Reiches rückte, desto skrupelloser warf man die alten Grundsätze über Bord, um das Leben des Regimes zu verlängern. Im Völkischen Beobachter erschienen immer mehr Berichte über Frauen, die sich im Kampf gegen den Feind bewährt hatten. Es wurde von Frauen erzählt, die russische Panzer abgeschossen hatten. Die Panzerfaust wurde als „Waffe der Frau" propagiert, als „handlichstes Geschütz der Welt", das Frauen ohne besondere Ausbildung bedienen könnten. Von einem organisierten Einsatz von Frauen an der Front konnte jedoch keine Rede sein. Es handelte sich immer um Einzelbeispiele wagemutiger Frauen, die ihr Leben in guter Absicht riskierten.

Ebenso ins Leere wie die Aufstellung von Musterbataillonen aus Frauen gingen die Werwolfplanungen, bei denen die Frauen eine Rolle spielen sollten. Bormann forderte in einem Rundschreiben vom 1. 3. 1945 die Gauleiter zur Aufstellung von Kampftruppen auf, die die Nachrichtenverbindungen, Nachschublinien und Depots im Rücken der Feinde zerstören und deutsche Luftlandeunternehmungen vorbereiten sollten. Die Werbung für diese Kampfaufgaben lag in den Händen „zuverlässiger Aktivisten". Werwolfinteressenten glaubte man vor allem unter den Flüchtlingen zu finden, die aus den vom Feind besetzten Gebieten stammten und die dortigen Verhältnisse genau kannten. In Wirklichkeit blieb der Werwolf eine Legende. Für solche partisanenähnlichen Unternehmungen war weder die Mentalität der Deutschen geeignet noch die landschaftliche Struktur des industrialisierten Mitteleuropa.

Die einzigen Frauen, die während des Zweiten Weltkriegs auf deutscher Seite an der Front eingesetzt waren, waren die weiblichen Angehörigen der Propagandakompanie 689. Bei ihnen handelte es sich um Baltendeutsche und russische – meist ukrainische – Freiwillige. Aufgabe dieser Frauen war es, die Frontlautsprecheranlagen zu bedienen und die russischen Soldaten über die Hauptkampflinie hinweg zum Desertieren aufzufordern. Über die Hälfte der Frauen fand dabei den Tod. Die Russen beantworteten diese Propagandaaktionen in der Regel mit unmittelbarem Artilleriefeuer. Von den deutschen Soldaten wurde deshalb der Einsatz dieser Frauen im Bereich ihrer Einheit nicht gerne gesehen.

Kriegsende und Gefangenschaft

Obwohl die Helferinnen der Wehrmacht im Gefechtsgebiet und in Gegenden, die von Partisanen beherrscht wurden, nicht eingesetzt werden durften, gerieten viele von ihnen bei den überstürzten Rückzügen in Gefangenschaft. Im Herbst 1944 wurde deshalb allen Wehrmachtdienststellen befohlen, die Rückführung der Frauen besonders gut vorzubereiten. Alle Helferinnen unter 21 Jahren mußten bis zum 30. 9. 1944 aus den besetzten Gebieten abgelöst werden. Insgesamt 8.000 Mädchen im minderjährigen Alter kehrten ins Reichsgebiet zurück.
Besonders viele Helferinnen wurden bei der überstürzten Räumung Südfrankreichs von den Alliierten gefangengenommen. Auch aus Rumänien kamen nur wenige Helferinnen mit heiler Haut ins Reich zurück. Nach diesen Erfahrungen des Sommers 1944 wies das Oberkommando der Wehrmacht den Heeresgruppen die Verantwortung für den Schutz des weiblichen Wehrmachtgefolges zu. Von den Heeresgruppen wurden darauf die einzelnen Dienststellenleiter für den rechtzeitigen Abzug der Wehrmachthelferinnen „bei drohender Gefahr persönlich verantwortlich gemacht“. Auf der anderen Seite wiesen die Heeresgruppen den Helferinnen immer mehr und immer wichtigere Funktionen zu, damit Männer für den Fronteinsatz frei gemacht würden. Als Spezialistinnen und Schlüsselkräfte war ihre Herauslösung bei drohenden Kampfhandlungen jedoch unmöglich, wenn die Einsatzbereitschaft der Dienststelle nicht gefährdet werden sollte. Diese Quadratur des Zirkels war nicht zu lösen. Wurden die Helferinnen vorzeitig aus ihren Funktionen entlassen und nach hinten geschickt, drohte den Dienststellenleitern das kriegsgerichtliche Verfahren wegen Defaitismus und Feigheit. Wurden die Helferinnen in ihren Funktionen belassen und gerieten sie dabei in Gefangenschaft, so mußte der Verstoß gegen die Befehle der Heeresgruppe gerechtfertigt werden. Es war ein Akt der Ritterlichkeit, daß sich viele Offiziere für die erste Lösung entschieden.
Da die Helferinnen im Süden und im Westen vorwärts der Korpsgefechtstände ohnedies nicht eingesetzt werden durften und da die erst wenige Wochen zuvor in ihre Funktionen eingeführten Frauen angesichts der drohenden Zurücknahmen der Fronten in immer größerer Zahl nach hinten geschickt wurden, füllten sich im Reichsgebiet die Sammellager. Am 6. 4. 1945 befahl das Oberkommando der Wehrmacht, daß Helferinnen, deren Heimat noch nicht vom Feind besetzt war, entlassen werden durften. Bei der Entlassung erhielten sie den Sold für drei Monate im voraus bezahlt. Die Dienstkleidung hatten sie abzugeben. Die generelle Entlassung der Helferinnen wurde am 7. 5. 1945 befohlen. „Sämtliche Stabs-, Wehrmacht- und Nachrichtenhelferinnen aller Wehrmachtteile sind sofort aus dem Dienst der Wehrmacht zu entlassen.“ Die Überwachung des Befehls lag bei den Feldjägern. Ab 12. 5. 1945 sollten sie alle Helferinnen, die sich dann noch bei der Truppe aufhielten, zwangsweise entfernen. Aber da war der Krieg bereits aus. Die Entlassung der Frauen war eine Angelegenheit der Sieger geworden. Die westlichen Alliierten begannen sofort damit. Es wurden alle Helferinnen einzeln von den Entlassungskommissionen der Alliierten überprüft. Das geschah anhand der Eintragungen im Dienstbuch. Die meisten wurden nach Hause geschickt. Nur die Helferinnen, die in den Wehrmachtführungsstäben tätig gewesen waren, blieben auch nach der Kapitulation auf ihrem Posten und halfen bei der Abwicklung der Waffenstillstandsbedingungen. Viele von ihnen wurden anschließend als Zeugen benötigt.

Über die Kriegsverluste unter den Helferinnen ist wenig Authentisches bekannt. Aus den Z. A.-Meldungen geht lediglich hervor, daß im Reichsgebiet 1943 bis 44 monatlich im Durchschnitt sechs Helferinnen ums Leben kamen. Auch Selbstmorde waren dabei. (25) In den besetzten Gebieten starben mehr, die meisten bei Partisanenüberfällen, bei Bombardierungen und Tieffliegerangriffen. Die abseits gelegenen Flugwachen waren ein leichtes und häufiges Angriffsziel der Widerstandsgruppen, besonders in Frankreich. Der Schichtdienst mit verminderten Kräften verringerte die Aufmerksamkeit der Besatzungen. Die größte Zahl von Helferinnen, die bei einem Bombenangriff ums Leben kam, waren die fünf Offiziere und 30 Unteroffiziere und Helferinnen, die im Flugwachkommando Stuttgart am 25. 7. 1944 getötet wurden.

In den letzten Monaten des Krieges, als die feindliche Luftüberlegenheit erdrückend war, griffen Tiefflieger mit Vorliebe Flugwachen und Gerätestellungen an. Obwohl die Wirkungslosigkeit des Flugmeldedienstes und der Flakabwehr zu dieser Zeit offenbar war, blieben die meisten Frauen auf ihrem Posten. Erst als im März 1945 die männlichen Besatzungen der Flugwachen und Flakstellungen in Alarmeinheiten zusammengefaßt wurden, verließen auch die Helferinnen ihren Posten.
Wie viele Helferinnen bei den Rückzügen oder auf dem Weg in ihre Heimat umkamen, wird immer im dunkeln bleiben. Die in Ostpreußen eingesetzten Luftwaffenhelferinnen der Luftwaffenregimenter 260 und 261, insgesamt etwa 1.000 Mädchen, wurden Anfang Januar 1945 vom Sammellager Königsberg aus nach Westen in Marsch gesetzt. Ihre Spur ging verloren. Aus dem Balkan schlugen sich nur wenige Helferinnen ins Reichsgebiet durch. Auch die Zahl der Gefangenen ist nicht feststellbar. Die Gefangennahme der Helferinnen im Südosten hatte vielfach fürchterliche Begleiterscheinungen. Die Rache der Sieger – besonders Übles wird von Tschechen und Jugoslawen berichtet – erfaßte vor allem die Schwachen und Kranken. Im Osten verloren sich die Spuren der weiblichen Wehrmachtangehörigen im Schicksal der Zivilverschleppten. In den Heimkehrerberichten über die Kriegsgefangenenlager auf dem Balkan und in der UdSSR war von Frauen nur selten die Rede. Die Wehrmachthelferinnen und Rotkreuz-Schwestern wurden erfahrungsgemäß meist unmittelbar nach ihrer Gefangennahme von den Soldaten getrennt. Es gab ausgesprochene Frauengefangenenlager, z. B. Ghencea in Rumänien, Insterburg, Zichenau und Tapiau in Ostpreußen, Graudenz und Deutsch-Eilau in Westpreußen. Von dort wurden die Frauen nach Rußland in spezielle Frauenarbeitslager wie Karaganda, Kemerowo und Stalinsk transportiert. Sie kamen deshalb nur ganz selten mit ehemaligen Soldaten in Berührung. (26) Die Sterblichkeit unter ihnen war höher als bei den männlichen Kriegsgefangenen, weil sie die gleichen Arbeitsnormen zu erfüllen hatten wie die Männer und den ungewöhnlich harten Lebensbedingungen weniger Widerstand entgegenzusetzen hatten als diese. Es kann davon ausgegangen werden, daß etwa 25.000 Frauen, die zum Wehrmachtgefolge gehörten, in die Sowjetunion gebracht wurden. Da die östlichen Gewahrsamsmächte die Angehörigen des weiblichen Gefolges der Wehrmacht nicht zu den Kriegsgefangenen zählten, sondern als Zivilgefangene behandelten, wären sie der Kontrolle des Internationalen Roten Kreuzes auch entglitten, wenn diesem der Besuch der Kriegsgefangenenlager gestattet worden wäre. Da die UdSSR dem Genfer Kriegsgefangenenabkommen von 1929 nicht beigetreten war, ließ es jedoch überhaupt keine Lagerbesuche in seinem Land zu.

Eine Nachrichtenführerin berichtete aus ihrer Gefangenschaft in der Sowjetunion:

„Wir alle, Nachrichtenhelferinnen, Stabshelferinnen, Rot-Kreuz-Schwestern und Zivilangestellte, wurden von den Russen nicht als Kriegsgefangene, sondern als Zivilinternierte behandelt. Das bedeutete, wir mußten arbeiten und wurden für die Arbeit entlohnt. Wer krank war, bekam kein Geld, und wer die Norm nicht erfüllte, mußte noch mehr hungern als die anderen. Die Arbeitsnorm war bei uns Frauen höher als die der Männer.
Für einen Tag Arbeit im Bergwerk erhielten wir zwischen sechs und zehn Rubel. Für die 1200 Gramm Brot, die uns Bergarbeiterinnen zustanden, hatten wir 8 Rubel zu zahlen. Für eine Zwiebel, die ich mir einmal wegen des Vitamingehaltes kaufte, mußte ich zehn Rubel hergeben.
Wer nicht unter Tag arbeitete, durfte nur 600 Gramm Brot pro Tag kaufen. Diese Unglücklichen mußten einen Teil dieser Ration noch zu Schwarzmarktpreisen verkaufen, um das Geld für die nächste Ration aufzutreiben. Ein Teufelskreis. Wir arbeiteten bis zum Umfallen. Viele von uns hatten im Bergwerk Unfälle, wurden verschüttet und erlitten Quetschungen und Knochenbrüche ...
Drei Jahre nach Kriegsende hatten wir immer noch keine Verbindung mit unseren Angehörigen. Einmal hatten wir die üblichen Rot-Kreuz-Karten schreiben dürfen. Wir fanden sie später im Lager in Säcken. Sie sind nie abgeschickt worden. Ab 1949 brauchten wir nicht mehr in das Bergwerk zu gehen, sondern arbeiteten auf dem Bau oder in Steinbrüchen. Am 1. November 1949 kam dann endlich die Entlassung. Im Durchgangslager brachte ich bei einer Körpergröße von 163 cm ein Gewicht von 80 Kilo auf die Waage. Ich war durch Ödeme völlig aufgedunsen." (27)

Belegstellen

(1) Völkischer Beobachter vom 13. 9. 1936; vgl. Franz W. Seidler, Frauen zu den Waffen? Marketenderinnen – Helferinnen – Soldatinnen, Bonn 1978, S. 43 ff. Im folgenden werden Belegstellen nur genannt, wenn es sich um Angaben handelt, die über die Quellen des o. a. Buches hinausgehen. In allen anderen Fällen vgl. Seidler, a. a. O.

(2) GenKdo XII. Fliegerkorps Ia Nr. 2700/43 vom 12. 9. 1943, Bundesarchiv/Militärarchiv RL 8/88.

(3) Schnellbrief Luftgaukommando VII Az. II b 6 Nr. 1603 (9)/45 geh. vom 3. 1. 1945, Bundesarchiv/Militärarchiv RL 19/189.

(4) Horst-Adalbert Koch, Flak – Die Geschichte der deutschen Flakartillerie und der Einsatz der Luftwaffenhelfer, Bad Nauheim 1965, S. 303.

(5) Merkblatt für Luftwaffenbetriebshelferinnen der Luftflotte 3, Bundesarchiv/Militärarchiv RL 14/7.

(6) Der Reichsminister der Luftfahrt und ObdL Az. 12b 22 Nr. 6720/44 vom 11. 2. 1944, Bundesarchiv/Militärarchiv RL 19/192.

(7) Driest, Die Frau in der Wehrmacht (Manuskript), Bundesarchiv/Militärarchiv MSg/v. 177, S. 9.

(8) Vgl. Bericht Bundesarchiv/Militärarchiv L 10–31/2, S. 53 f.

(9) Der Reichsminister der Luftfahrt und ObdL Az. 26e 18 (LD Ag IV 13) vom 30. 3. 1943, Bundesarchiv/Militärarchiv RL 14/7.

(10) Führerinnenbrief Nr. 2 für die Lw. Helferinnenschaft vom Oktober 1942, Bundesarchiv/Militärarchiv R 214/7.

(11) Der Reichsminister der Luftfahrt und ObdL LD 8/I C Nr. 42551/39 Az. 27f 11a vom 3. 1. 1940, Bundesarchiv/Militärarchiv RL 19/189.

(12) Der Reichsminister der Luftfahrt und ObdL LD 8/I C Nr. 42551/39 Az. 27611a vom 3. 1. 1940, Bundesarchiv/Militärarchiv RL 19/189.

(13) Luftflottenkommando 3, Adjutant II Wb. vom 24. 6. 1943, Richtlinien für die Wehrbetreuung der Luftwaffen- und Luftnachrichtenhelferinnen im Bereich des Luftflottenkommandos 3, Bundesarchiv/Militärarchiv R 214/7.

(14) Der Reichsminister der Luftfahrt und ObdL Az. 26e 18 (LD Ag IV 13) vom 30. 3. 1943, Bundesarchiv/Militärarchiv RL 14/7.

(15) Merkblatt für die Luftwaffenbetriebshelferinnen der Luftflotte 3, Bundesarchiv/Militärarchiv RL 14/7.

(16) Mitteilungen für die Truppe Nr. 341.

(17) Joachim Rost, Sexuelle Probleme im Felde, in: Medizinische Welt 15–16/1943, S. 222.

(18) Ebenda.

(19) Der Reichsminister der Luftfahrt und ObdL Az. 26e 18 (LD Ag IV 13) vom 30. 3. 1943, Betr. Luftwaffenhelferinnen, Bundesarchiv/Militärarchiv RL 14/7; vgl. auch Der Reichsminister der Luftfahrt und ObdL Az. 14e 1o Nr. 33680/42 g (LP 5 I A) vom 18. 9. 1942.

(20) Ebenda.

(21) Merkblatt für die Luftwaffenbetriebshelferinnen der Luftflotte 3, Bundesarchiv/Militärarchiv RL 14/7.

(22) Bernd Ruland, Die Augen Moskaus, Zürich 1973, S. 67 ff.

(23) OKH GenStdH OrgAbt. Nr. II/71863/45 vom 16. 4. 1945, Bundesarchiv/Militärarchiv RH 19 X/52.

(24) Aussage von Frau N. am 9. 11. 1978.

(25) Vgl. Schnellbrief Luftgaukommando VII Az. II b 6 Nr. 1603 (9)/45 geh. vom 3. 1. 1945, Bundesarchiv/Militärarchiv RL 19/189.

(26) Diether Cartellieri, Die deutschen Kriegsgefangenen in der Sowjetunion. Die Lagergesellschaft, München 1967, S. 65; K. W. Böhme, Die deutschen Kriegsgefangenen in Jugoslawien 1941–1949, München 1962, S. 102 ff.

(27) Wolfgang Stobbe, Tragödie in Rumänien, in: Soldat und Waffe/Pallas 13, S. 63 f.

Bildkommentar

Der Nachrichtenbetriebsdienst

Der Nachrichtenbetriebsdienst innerhalb der Befehlsbereiche der Wehrmachtteile und für den Befehlsbereich des Oberkommandos der Wehrmacht (1) wurde von diesen jeweils in eigener Zuständigkeit geregelt. Die Fernsprechbetriebsleitung für die gesamte Luftwaffe lag z. B. in den Händen des Chefs des Nachrichtenverbindungswesens. In den Fernsprechvermittlungen bei den Stäben der Luftflottenkommandos wurde die unmittelbare Fernsprechbetriebsleitung durch die Höheren Nachrichtenführer, bei den Fliegerkorps bzw. den gleichgeordneten Kommandos durch die Nachrichtenführer wahrgenommen. Zu ihren Aufgaben gehörte u. a. die Netzanbindung aller Dienststellen, die laufende Überwachung des Fernsprechbetriebes, die Beseitigung von Mängeln, die Kontrolle der Beanspruchung der Fernsprechleitungen, die Weiterbildung des Fernsprechpersonals, die Herausgabe der Nachrichtenskizzen und die Aufstellung von Leitwegen. Auch die erforderlichen Erweiterungen des Nachrichtennetzes gehörten zu den Zuständigkeiten der Nachrichtenführer. Im Bereich der Luftflotte 3 wurde z. B. das Grundnetz der PTT auf französischem Boden 1940–1944 von 6.000 km Kabelleitungen auf 11.000 km verlängert. Neu verlegt wurden u. a. die Kabel Paris–Toulouse, Bordeaux–Nantes–Rennes und Rennes–Le Havre–Calais. (2)

Vordruck zur Verpflichtungsverhandlung.

...., den .... 19..
Dienststelle

Nr. ....

Vor dem Unterzeichneten erscheint der ....
Dienstgrad

.... de ....
Vor- und Zuname Truppenteil

erklärt:

Ich bin heute belehrt worden, daß ich über alle Angelegenheiten des Fernsprech- und Geheimschriftendienstes auch nach meinem Ausscheiden aus dem Dienst der Wehrmacht strengstes Stillschweigen, insbesondere das Fernsprech- und Telegraphengeheimnis, zu bewahren habe. Ich bin nicht berechtigt, irgendwelche Aufzeichnungen bezüglich dieser Dienstzweige in meinem persönlichen Gewahrsam zu haben oder nach meiner Dienstentlassung zu behalten.

Bei Verletzungen dieser Pflicht zur Dienstverschwiegenheit habe ich Bestrafung nach §§ 88 sf. des R.St.G.B. in der Fassung des Gesetzes zur Änderung von Vorschriften des Strafrechts und des Strafverfahrens vom 24. 4. 34 (R.G.Bl. 1934, Teil I, Seiten 34 1 sf.) sowie nach § 92 des Mil.St.G.B.*) zu gewärtigen.

Ich bin über diese Gesetze und Verordnungen belehrt worden.

....
Unterschrift

....
Dienstgrad

Aufgenommen durch: ....
Name und Dienstgrad

*) § 92 Mil.St.G.B. gilt für Zivilangestellte usw. nur bei mobiler Verwendung.

Die Aufsicht in den Fernsprechvermittlungen der einzelnen Dienststellen führte ein Offizier (Wachoffizier), in Ausnahmefällen ein technischer Beamter im Offiziersrang. Zu seinen Aufgaben gehörte die Überwachung des Fernsprechpersonals, die persönliche Mitarbeit bei der Herstellung führungswichtiger Gespräche, die Feststellung und Ahndung von Verstößen gegen die Fernsprechbetriebsvorschriften, die Entgegennahme von Beschwerden, die Herausgabe der Betriebsordnung und die Überwachung des Störungs- und Wartungsdienstes. Er übergab dem zuständigen Nachrichtenführer täglich eine Morgenmeldung mit einem Auszug aus dem Störungsbuch, einer Aufzählung der durchgeführten Schaltungen und der Mitteilung besonderer Vorkommnisse. Die Wartung und Instandhaltung der technischen Anlagen sowie die Sicherstellung der erforderlichen Schaltungen war Sache des Leiters des technischen Betriebes (LdT).

Aufzeichnungen und geheimzuhaltende Angelegenheiten sowie das Fotografieren und Vervielfältigen geheimer Gegenstände waren ohne Genehmigung des Nachrichtenführers verboten. Alle im Nachrichtenbetriebsdienst tätigen Personen wurden vor ihrer ersten Verwendung über ihre Verpflichtung zur Geheimhaltung schriftlich belehrt. (3) Die Verpflichtungserklärungen mußten jedes Jahr im Frühjahr und im Herbst neu bestätigt werden. Insbesondere war es verboten, den Inhalt von geheimen Kommandosachen weiterzugeben und Rufzeichen, Wellen- oder Frequenzverteilungen, Schlüsselmittel oder Kennzeichnungen von Schlüsselmitteln für den Funk- und Fernschreibbetrieb sowie Tarnbezeichnungen von Fernsprechanschlüssen zu übermitteln. Alle Ortsnamen waren kodiert. Gespräche unbefugt mitzuhören war strafbar. Zugang zu den Fernsprechvermittlungen hatte außer dem die Betriebsleitung oder Betriebsaufsicht ausübenden Offizier nur der Disziplinarvorgesetzte des Betriebspersonals.

Dem Betriebspersonal war an den Fernsprechgeräten Essen, Trinken und Rauchen verboten. Die Dienstdauer einer Wachgruppe (Schicht) betrug in der Regel sechs Stunden. Von jedem Mitglied wurde „Fernsprechzucht" gefordert: knappe und klare Ausdrucksweise, Vermeiden überflüssiger Worte, dialektfreie Aussprache, einwandfreie Anrede, Fähigkeit des korrekten Buchstabierens, Kenntnis der Tarnbezeichnungen, Vermeidung unverständlicher Abkürzungen, leserliche Schrift.

Die Deutsche Reichspost rechnete im Durchschnitt mit täglich 50 Gesprächen auf einer Leitung. Auf jedem Vermittlungsplatz fielen dort durchschnittlich 350 Gespräche am Tag. Bei der Wehrmacht stieg die Zahl der an einem Vermittlungsplatz geschalteten Gespräche bis auf 4000 am Tag an. Die Kürze der Dienstgespräche ließ das zu. Die Belastungen trugen die Helferinnen an den Vermittlungsschränken. (4)

Während unter „Fernsprechstelle" jede örtliche Fernsprechanlage, die der Nachrichtenübermittlung mittels Fernsprechgerät diente, verstanden wurde, nannte man die Fernsprechbetriebsanlagen der Kommandobehörden „Fernsprechzentralen". Entsprechend den ihnen zugewiesenen Aufgaben unterschied man Fernvermittlungen, Stabsvermittlungen, Ortsvermittlungen, Durchgangsvermittlungen, Ferndurchgangsvermittlungen und Ausweichvermittlungen, entsprechend ihrem Aufbau Hauptvermittlungen und Untervermittlungen und entsprechend dem Leitweg eines Ferngesprächs Ausgangsvermittlungen, Zwischenvermittlungen und Endvermittlungen.

Neben den Grundnetzen der Wehrmachtteile, die von der Deutschen Reichspost bereits im Frieden zur Verfügung gestellt waren und die im Kriege entsprechend verstärkt wurden, gab es seit dem 1. 9. 1939, den taktischen Erfordernissen entsprechend, besondere Führungs- und Befehlsnetze zwischen den höheren Kommandostellen der Wehrmacht. Im Führungsnetz der Luftwaffe wurde z. B. der Fernsprechverkehr des Oberbefehlshabers der Luftwaffe mit den ihm unmittelbar unterstellten Luftflottenkommandos abgewickelt. Über die Befehlsnetze lief der Fernsprechverkehr zur Führung der den Luftflottenkommandos unterstellten Verbänden. Für die Flugsicherung, den Wetterdienst, den Flugmeldedienst, die Luftverteidigung, den Luftschutzwarndienst und den Seenotdienst existierten darüber hinaus Sondernetze. Ihr Umfang stieg von Monat zu Monat. 1944 verfügte der Gefechtstand einer Jagddivision über durchschnittlich 180 Fernleitungen im Sondernetz.

Es gab Ferngespräche verschiedener Dringlichkeit. Höherrangige Ferngespräche mußten mit Vorrang vermittelt werden. Bei der Luftwaffe kannte man gewöhnliche Ferngespräche (S), dringende Gespräche (SSD), Ausnahmegespräche, Führungsblitzgespräche, Flugsicherungsblitzgespräche (KR), Führungsblitzgespräche für Reichsmarschall (KRRM) und Führergespräche (FFR). Das öffentliche Netz der Deutschen Reichspost konnte im Kriege von den Wehrmachtteilen zu dienstlichen Gesprächen folgender Kategorien benutzt werden: Sondergespräche (SR), dringende Sondergespräche (SRD), Ausnahmesondergespräche (SRA), Ausnahmesondergespräche für Reichsmarschall (SRA für Reichsmarschall) und Führergespräche. Sie mußten bei den Fernämtern der DRP angemeldet werden. Gewöhnliche Sondergespräche waren Offizieren und im gleichen Rang stehenden Beamten der Wehrmacht vorbehalten, dringende Sondergespräche Offizieren und Beamten höherer Stäbe, und Ausnahmesondergespräche allen Wehrmachtsangehörigen zur Abwehr drohender Gefahr für Leben oder Gerät. Diese Gespräche wurden nicht berechnet.

Im Fernschreibdienst der Wehrmacht unterschied man Fernschreib-Endstellen, Fernschreib-Nebenstellen und Fernschreib-Vermittlungen. Sie gliederten sich nach den Forderungen des Betriebsdienstes in Aufgabe-Fernschreibstellen, Durchgangs-Fernschreibstellen und Bestimmungs-Fernschreibstellen. Bei den Fernschreib-Vermittlungen wurden Durchgangsvermittlungen, Verteilervermittlungen und Endvermittlungen unterschieden. Bei den Fernschreibmaschinen waren zwei Modelle bekannt: Streifenschreiber, die die Nachrichten auf einen Streifen druckten, und Blattschreiber, die zeilenweise eine Papierrolle füllten.

Jede Fernschreibstelle hatte einen Codenamen. Er wurde im Kopf des Fernschreibens zur Kennzeichnung der Aufgabe-Fernschreibstelle verwendet. Gleichzeitig diente er als Rufname der Fernschreibstelle. Die Fernschreibstellen der Wehrmacht führten als ersten Buchstaben im Fernschreiben folgende Kennbuchstaben: W für die Fernschreibstellen des Oberkommandos der Wehrmacht, H für die Fernschreibstellen des Heeres, T für die Fernschreibstellen des Chefs des Transportwesens im OKH, M für die Fernschreibstellen der Kriegsmarine und L für Fernschreibstellen der Luftwaffe. Die Fernschreibnamen der Fernschreibstellen des OKH und der unmittelbar unterstellten Einheiten wurden aus vier Buchstaben gebildet, die Fernschreibnamen im Bereich der Heeresgruppen und diesen gleichgestellten Dienststellen aus fünf Buchstaben.

Der Fernschreibverständigungsverkehr diente der schnellen und eindeutigen Verständigung der militärischen Dienststellen untereinander. Er hatte sich auf das betrieblich Notwendige zu beschränken. Private Unterhaltungen über Fernschreiber waren strafbar. Sammelschaltungen dienten dazu, von einer sendenden Maschine eine Nachricht gleichzeitig mehreren Fernschreibstellen zu übermitteln. Bei Sammelschaltungen sollte möglichst mit Lochstreifengeber gearbeitet werden. Der Lochstreifenverkehr ermöglichte nämlich die mehrmalige Übermittlung einer einmal von Hand ausgeschriebenen Nachricht unter bestmöglicher Ausnutzung der Leitungen und unter Ausschaltung von Übermittlungsfehlern. Bei Verbindungen mit starkem Fernschreibverkehr wurde im Wechselverkehr gearbeitet, d. h. zwei miteinander verbundene Fernschreibstellen tauschten die vorliegenden Fernschreiben reihenweise aus, wobei in einer Reihe bis zu zehn Fernschreiben hintereinander vermittelt wurden. Auch im Wechselverkehr sollten möglichst Lochstreifengeräte eingesetzt werden. Der Gegenschreibverkehr war ein Richtungsverkehr, d. h. zwei miteinander verbundene Fernschreibstellen sandten

Gliederung des Nachrichtenbetriebes einer militärischen Dienststelle (5)

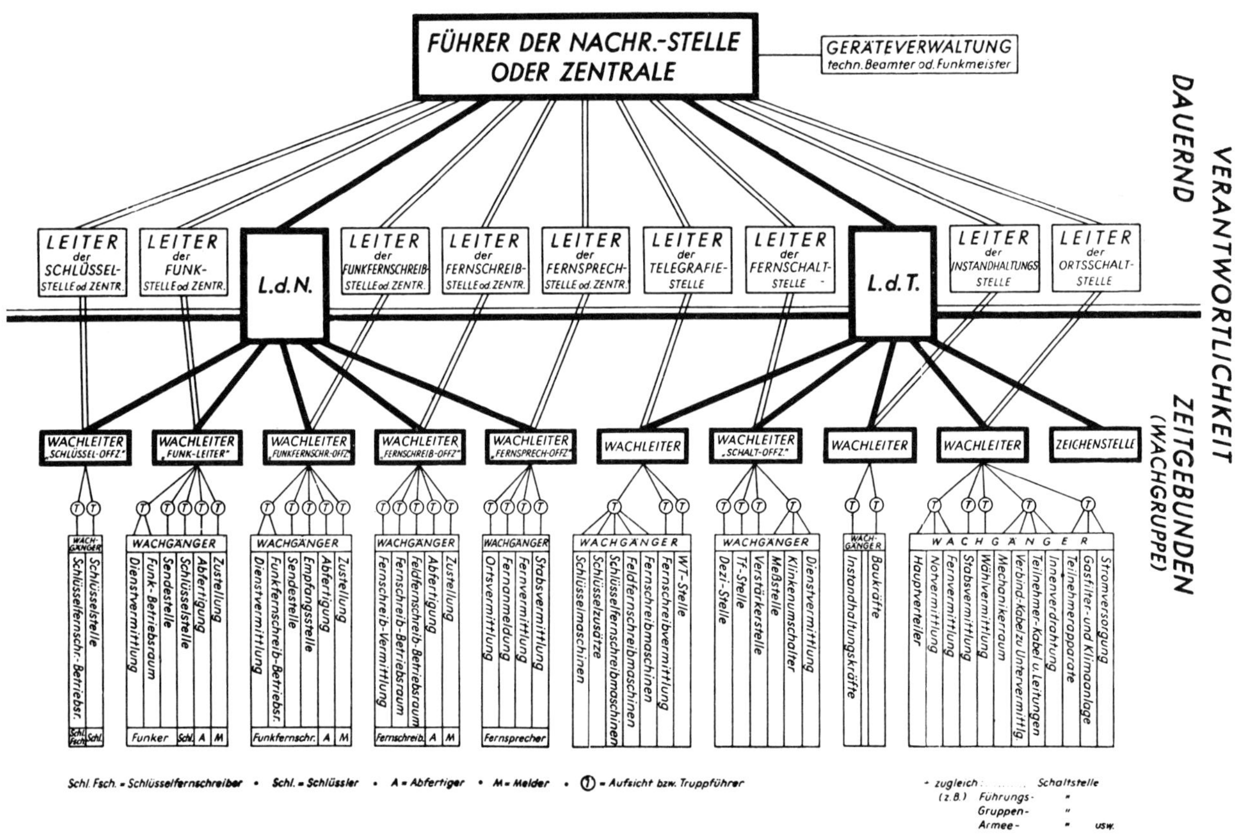

zur gleichen Zeit Nachrichten und empfingen Nachrichten. Im dauernden Gegenschreibverkehr über feste Fernschreiblinien wurden Fernschreiben auf dauernd sehr stark belasteten Leitungen über weite Strecken auf einem WT-Kabel oder einem Vierdraht-Stromkreis, auf getrennte Sende- und Empfangseinrichtungen, unter Ausschaltung jedes Vermittlungs- und Verständigungsverkehrs und unter Einsatz von Lochstreifengeräten bei höchstmöglicher Auslastung der Leitungen in beiden Richtungen in kürzester Zeit übermittelt. Auftretende Betriebsspitzen zwischen zwei Fernschreibstellen, hauptsächlich zwischen Fernschreibvermittlungen, wurden über Fernvermittlungen im vorübergehenden Gegenschreibverkehr abgewickelt. Beim Aufleuchten des Schlußzeichens traten die Helferinnen mit der Abfragemaschine in die betreffende Leitung ein. Sie fragten mit der Verkehrsabkürzung QEE, ob der Verkehr beendet sei. Erfolgte nach weiteren fünf Sekunden keine Antwort, so mußte die Verbindung getrennt werden.

Alle Fernschreiben wurden im Telegrammstil abgefaßt. Allgemeine Redewendungen, Höflichkeitsformeln und unnötige Worte waren verboten. Fernschreiben durften nur aufgegeben werden, wenn der beabsichtigte Zweck nicht brieflich oder fernmündlich erreicht werden konnte. Trotz dieser Auflagen waren die abgesetzten Fernschreiben in der Regel weitschweifiger als Funksprüche. Viele Stäbe wurden durch dieses Medium einer knappen Befehlssprache entwöhnt. Das zeigte sich, als die Luftflotte 3 vor der alliierten Invasion in Nordfrankreich den Fernschreibverkehr zu Übungszwecken untersagte und nur den Funkverkehr zuließ, um die Dienststellen zur Abfassung kurzer Funksprüche als Führungsmittel zu zwingen. Zu diesem Zeitpunkt hatte der Nachrichtenumlauf auf dem Drahtnetz einen solchen Umfang angenommen, daß bei längeren Beschädigungen der Kabel ein Chaos drohte. Die Luftwaffenfernschreibvermittlung in Paris verarbeitete z. B. im Frühjahr 1944 täglich etwa 6.000 Fernschreiben, davon 1.000 mit der Dringlichkeitsstufe KR. (6)

Das Funkwesen verlor während des Krieges trotz aller technischen Weiterentwicklungen, z. B. im UKW-Band und in der Frequenzmodulation, erheblich an Bedeutung. Die Funkaufklärung war auf beiden Seiten so gründlich, daß jeder unverschlüsselte Funkverkehr Gefahren heraufbeschwor,. Das galt für den Boden-Bord-Verkehr ebenso wie für den Boden-Boden-Verkehr. Die Anfälligkeit des Kabelnetzes durch Sabotageakte, Fliegerangriffe oder Naturereignisse zwang die Wehrmachtteile jedoch dazu, allen Dienststellen die Funkverbindungen zu erhalten. Es gab eine Fülle von Funkbefehlsnetzen innerhalb der Wehrmachtteile und zwischen den Wehrmachtteilen. In der Luftwaffe wurden häufig mehrere benachbarte Dienststellen in Funksendezentralen zusammengefaßt. Einige von ihnen arbeiteten im Schnellverkehr mit maschineller Tastung und Aufnahme. Auch der rundfunkartig arbeitende Funkverkehr bewährte sich, weil auf diese Weise Meldungen, z. B. der Luftaufklärung oder des Wetterdienstes, zur gleichen Zeit an alle Bedarfsträger übermittelt werden konnten. (7)

Das Funkbetriebspersonal bestand von der Mitte des Krieges an vorwiegend aus Frauen. Die Grundausbildung der Nachrichtenhelferinnen des Funkbetriebsdienstes dauerte 240 Stunden. Bei einer dreimonatigen Ausbildung konnte das Unterrichtsziel (Hören und Geben von fünfstelligen Gruppen bei Tempo 60 und von Klartexten bei Tempo 80) mit täglich drei bis vier Unterrichtsstunden erreicht werden. Für die vollständige Erlernung des Morsealphabets standen zweieinhalb Monate zur Verfügung, ein Monat Hörunterricht und eineinhalb Monate Gebeunterricht.

Die Körperhaltung der Schülerinnen wurde in der Vorschrift folgendermaßen festgelegt:

„Beim Geben mit der Einheitstaste sitzt der Schüler genau vor der Taste. Der Ellbogen ist so weit abgewinkelt, daß Ober- und Unterarm einen rechten Winkel, Unterarm und Mittelhand eine gerade Linie bilden. Der Ellbogenknochen ist stets aufzulegen und muß liegenbleiben. Der Unterarm darf niemals aufgelegt werden. Zeige- und Mittelfinger werden mit der Fingerkuppe auf den hinteren Tastenrand gestellt ... Beim Geben üben Zeige- und Mittelfinger den Druck nach unten, der Daumen den Zug nach oben aus. Kein Finger hat die Taste loszulassen; das Tippen oder Schlagen führt zu unleserlicher Morseschrift. Die Tastbewegung liegt nicht im Handgelenk oder Unterarm, sondern im Fingerwurzelgelenk. Das lockere Handgelenk und der Unterarm schwingen bei der Tastbewegung nur mit, ohne angespannt oder versteift zu werden. Oberarm, Schulter und Körper sind völlig entspannt und in Ruhe. Die Handwurzel ist weder nach der Seite noch nach unten abzuknicken, vor allem nicht beim Geben der Striche. Hand und Unterarm dürfen sich nicht auf der Taste ausruhen. Beim Geben der Striche wird nicht fest aufgedrückt, die Hand geht lediglich in die untere Lage. Der rechte Winkel im Ellbogen bleibt beim Geben erhalten. Der Ellbogen darf beim Geben mit der

Übungstaste nicht heruntersinken, beim Geben mit der Einheitstaste nicht angehoben werden. Zurückbeugen oder Drehen des Oberkörpers sind deutliche Zeichen für die Muskelermüdung und beginnende Verkrampfung. Die nicht angeschraubte Einheitstaste bleibt bei richtiger Hand- und Armhaltung während des Gebens an der Stelle und darf sich nicht bewegen. (8)

Helferinnenanwärterinnen mit langsamer Auffassungsgabe und geringer geistiger Beweglichkeit waren für den Funkdienst ebenso ungeeignet wie Frauen mit schlechter Handschrift. Sie wurden entsprechend der Vorschrift frühestens nach 20 Unterrichtsstunden, spätestens nach 50 Unterrichtsstunden abgelöst.
Die Funkunterrichtsmethode war ebenso festgelegt wie die Unterrichtshilfen und die Übungstexte.

„*Es ist zunächst nur auf Sicherheit und Genauigkeit hinzuarbeiten. Die Steigerung der Geschwindigkeit darf erst dann einsetzen, wenn die Grundausbildung beendet ist. Nach Beherrschung des Klangbildes im Hören kann das Tempo sehr bald gesteigert werden. Auftretende Fehler und Verwechslungen verschwinden sehr bald. Im Gebeunterricht dagegen hat die kurzfristige Forderung eines schnellen Tempos zu unterbleiben. Sie führt zu Fehlern, deren Ursachen später nur sehr schwer oder gar nicht zu beseitigen sind. Hohes Gebetempo auf Kosten der Genauigkeit ist für den Nachrichtendienst wertlos. Langsameres und sauberes Tasten vermeidet Rückfragen und Zeitverluste.*" (9)

In der zweiten Hälfte der Ausbildung wurden in der Regel Leistungskurse eingerichtet, weil sich dann bereits die unterschiedlichen Fähigkeiten der Helferinnen abzeichneten. Die vorgeschriebenen wöchentlichen Zwischenprüfungen gaben ein Bild des Lernfortschrittes.

Belegstellen

(1) Handbuch für den Fernsprech- und Fernschreibbetrieb des Feldheeres vom 20. 11. 1943, Merkblatt 24a/10 NfD; Luftnachrichtentruppe Betriebsvorschriften, Teil 2 Fernsprechbetriebsvorschrift (LFeBV), Heft a Allgemeine Bestimmungen, Ausgabe 1941, L. Dv. 704/2a; H. Dv. g. 14, M. Dv. Nr. 168, L. Dv. g. 14 Schlüsselanleitung zur Schlüsselmaschine Enigma vom 13. 1. 1940.
(2) Wilhelm Haenschke, Die Luftnachrichtentruppe 1944 im Westen, in: Wehrkunde 1955, S. 92.
(3) L. Dv. 704/2a, a. a. O., Anlage 1.
(4) Vgl. Hans Rjosk, Fernämter, München 1951, S. 156.
(5) Handbuch für den Fernsprech- und Fernschreibbetrieb des Feldheeres, a. a. O.
(6) Wilhelm Haenschke, a. a. O., S. 145.
(7) Wilhelm Haenschke, a. a. O., S. 93.
(8) L. Dv. 704/12, Beiheft 2, Luftnachrichtentruppe, Betriebsvorschrift, S. 7 f.
(9) L. Dv. 704/1d Betriebsvorschrift, Teil 1, Luftnachrichtentruppe, Allgemeine Ausbildung.

Der Flugmeldedienst

Zusammen mit dem Luftaufklärungsdienst, dem Funkmeßdienst und dem Funkhorchdienst hatte der Flugmeldedienst die Aufgabe, den eigenen Luftraum planmäßig und lückenlos zu überwachen, den optimalen Einsatz der eigenen Luftverteidigungskräfte zu terminieren und das Reichsgebiet gegen Überraschungen aus der Luft zu sichern. Die Luftraumbeobachtung war der Hauptträger der Nachrichtengewinnung über die Bewegungen feindlicher Luftstreitkräfte über dem Kriegsgebiet. Die wahrgenommenen Flugzeuge mußten möglichst rasch nach Zahl, Art, Flughöhe, Flugrichtung und Staatszugehörigkeit festgestellt und in den Nachrichtenaustausch und -umlauf eingespeist werden. Die Aufgaben des Flugmeldedienstes wurden mit den Worten „Wahrnehmen – Erkennen – Melden – Auswerten – Weitergeben“ umschrieben.

Der Flugmeldedienst wurde bis 1943 von den Flugmeldekompanien des Luftnachrichtendienstes durchgeführt. Während die mit Funkgeräten ausgestatteten motorisierten Flugmeldekompanien für den Einsatz in den besetzten Gebieten und als Ersatz bei der Zerstörung ortsfester Flugmeldestellen vorgesehen waren, bildeten die Flugmelde-Reservekompanien die Besatzungen für die drahtgebundenen ortsfesten Anlagen. Der erste Zug diente jeweils als Personal für das Flugwachkommando, während die folgenden Züge die Besatzungen der Flugwachen oder der Funkmeßgerätestellungen 1., 2. und 3. Ordnung stellten. Die Funkmeßgeräte besaßen eine Reichweite von 25 bis 150 km. Mit entsprechenden Überlappungen überwachten sie ab 1943 das gesamte von Deutschland beherrschte Gebiet, d. h. das Reich und die besetzten Länder. Für die Flugwachtrupps wurden überall an Geländepunkten mit guter Seh- und Horchmöglichkeit feste Stützpunkte (Flugwachen) eingerichtet. Sie überspannten in Abständen von 50 bis 70 km das gesamte Reichsgebiet und Teile der besetzten Gebiete. Als geeignete Aufstellungspunkte für Flugwachen galten Höhenrücken und Bergkuppen mit guter Sicht, frei gelegene ebene Flächen, Mulden und größere Waldblößen. Orte, an denen mit andauernden oder häufig wiederkehrenden Störgeräuschen zu rechnen war, z. B. Sägewerke, Eisenbahnanlagen oder Flugplätze, sollten vermieden werden.
In jeder Funkmeßstellung befand sich auch eine Flugwache, die besonders auf Tiefflieger zu achten hatte. An der Küste und in den Einflugzonen der alliierten Bomberverbände war das Netz der Flugwachen besonders engmaschig. Im November 1942 waren etwa 50.000 Soldaten und Flugmeldehelferinnen im Auge-Ohr-Flugmeldedienst tätig und etwa 35.000 im Flugmeldemeßdienst. (1)

Der Wahrnehmungsbereich der einzelnen Luftspäher war recht unterschiedlich. Ein Umkreis von sieben bis zehn Kilometer galt als sicherer Überwachungsraum. Flugzeuge, die höher als 6.000 Meter flogen, waren akustisch schwer wahrzunehmen und kaum zu identifizieren. Die Hörfähigkeit erhöhte sich bei der Nacht jedoch auf bis zu 15 km. In den Dienstanweisungen wurde an die ständige Aufmerksamkeit der Luftspäher appelliert: „Die Horchtätigkeit des Luftspähers darf nie aussetzen.“ Der Luftspäher muß neben dauerndem Horchen unausgesetzt nach allen Seiten spähen.“ (2) Zu den Angaben, die vom Luftspäher erwartet wurden, gehörten die Beschreibung des wahrgenommenen Objektes und die Angabe der Merkmale, der Flughöhe und der Flugrichtung. Unklare Ausdrücke waren in den Meldeformularen verboten. Z. B. durften die Formulierungen „mehrere Flugzeuge“ oder „viele Flugzeuge“ ebensowenig gebraucht werden wie die Wörter „starkes oder schwaches oder anhaltendes Fluggeräusch“. Die Luftspäher hatten außer der Pflicht zur dauernden Luftraumbeobachtung die Aufgabe, besondere Vorkommnisse festzustellen und zu melden, z. B. die Landung von Flugzeugen, das Absetzen von Personen mittels Fallschirm, den Abschuß oder Absturz von Flugzeugen. Die Meldungen an die Flugwachzentrale bzw. das Flugwachkommando wurden fernmündlich nach einem festen Meldeverfahren weitergegeben: Jede Mitteilung begann mit dem Standort des Beobachters,

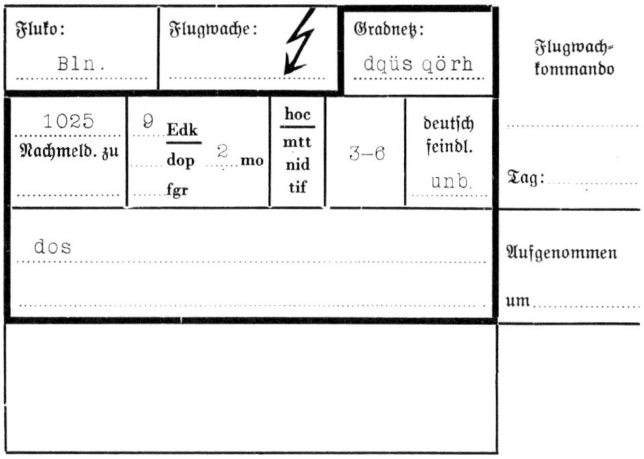
Fluko: Bln. | Flugwache: | Grabnetz: dqüs qörh | Flugwachkommando
1025 Nachmeld. zu | 9 Edk dop 2 mo fgr | hoc mtt nid tif | 3–6 | deutsch feindl. unb. | Tag:
dos | Aufgenommen um

In einem Flugwachkommando aufgenommene Funkflugmeldung

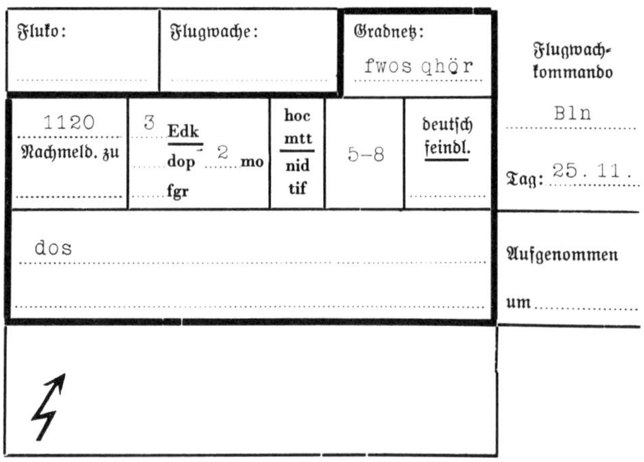
Fluko: | Flugwache: | Grabnetz: fwos qhör | Flugwachkommando Bln
1120 Nachmeld. zu | 3 Edk dop 2 mo fgr | hoc mtt nid tif | 5–8 | deutsch feindl. | Tag: 25. 11.
dos | Aufgenommen um

Zur Beförderung fertige Flugmeldung, die von einem Flugwachkommando gefunkt wird (3)

z. B. „Berlin 17 AB 32“, gesprochen Anton – Berta – 3 – 2. Alle Beobachtungen des Luftspähdienstes wurden, bevor sie weitergegeben wurden, auf Vordrucken eingetragen. Formal unterschied man Flugmeldungen bei Sichtbeobachtung, Flugmeldungen bei Horchbeobachtung, Nachmeldungen und Sondermeldungen. (4)

Die Flugwachkommandos (Flukos) bzw. Flugmeldezentralen nahmen die Meldungen der Flugwachen auf, bearbeiteten sie und leiteten sie gegebenenfalls weiter. Dabei kam es auf größte Schnelligkeit und Sicherheit an. Zuerst war zu entscheiden, ob der Inhalt unmittelbar (unausgewertet) oder ausgewertet an die angeschlossenen Truppen und Dienststellen weitergegeben werden sollte. Die zweite Aufgabe war das kartenmäßige Darstellen der Meldungen und die Auswertung der Angaben in Verbindung mit den Flugmeldungen anderer Flugwachen und den Ergebnissen der Flakmeßstationen. Waren die feindlichen Flugzeuge 200 km entfernt, erfolgte die Warnung an die Jägergeschwader, die Vorwarnung an alle Fliegerhorste, Einsatzhäfen und den Eisenbahnluftschutz im Bereich des Fluko. Bei einer Entfernung von 120 km fand die Alarmierung der Jäger und die Warnung an die Fliegerhorste, die Einsatzhäfen, den Eisenbahnluftschutz, die Flakartillerie, den Luftschutzwarndienst und den Eisenbahnflugwarndienst statt. Bei einer Anflugentfernung von 40 bis 50 km wurden die Flakartillerie, der Luftschutzwarndienst und der Eisenbahnflugwarndienst alarmiert. Um eine zeitgerechte Alarmierung sicherzustellen, wurden die Flugwachen um die Flugwachkommandos als zusammenhängende Ringe angelegt (Alarmring). Die Alarmringe wurden im Reich von den Luftgaukommandos und in den besetzten Gebieten von den Luftflotten in Übereinstimmung mit den Militärbefehlshabern von Fall zu Fall verändert. Neben den Alarmringen, deren Überfliegen z. B. für die Jäger den Zeitpunkt des Starts und für den Luftschutzwarndienst den Zeitpunkt der Alarmierung bestimmte, gab es Warnringe. Der Fernalarmringe der Jagdflugzeuge waren meistens zugleich die Warnringe für die Flakartillerie und den Luftschutzwarndienst. (5)

In den Flukos erfolgte die kartenmäßige Darstellung der Flugmeldungen auf den Flugmeldearbeitskarten, deren Maßstab 1 : 300.000 war. Verbände wurden als Striche und Einzelflugzeuge als Punkte in blauer Farbe (deutsche Flugzeuge) oder schwarzer Farbe (unbekannte Flugzeuge) oder roter Farbe (feindliche Flugzeuge) eingezeichnet.

Bei jedem Gefechtsstand, auf jedem Fliegerhorst und Einsatzhafen, in den Luftschutzwarnzentralen und beim Eisenbahnflugwarndienst gab es eine Flugmeldeauswertestelle. Dort befanden sich die Endapparate vom Flugwachkommando bzw. von der Ringmeldezentrale und die Funkempfänger zur Überwachung der Reichsflugmeldefrequenz. In diesen Flugmeldeauswertestellen wurden die eingehenden Flugmeldungen in Befehle umgesetzt: Bei den Jagdgruppen wurden die Alarmbefehle formuliert. Von der Fliegerbodenorganisation wurden Tarnmaßnahmen angeordnet und Brennstoff- und Munitionsversorgungsbefehle gegeben. Die Eisenbahnluftschutzbezirksstellen bei den Reichsbahndirektionen veranlaßten Maßnahmen zur Sicherung der Eisenbahnanlagen und des

Reichweiten alliierter Luftangriffe 1944 (6)

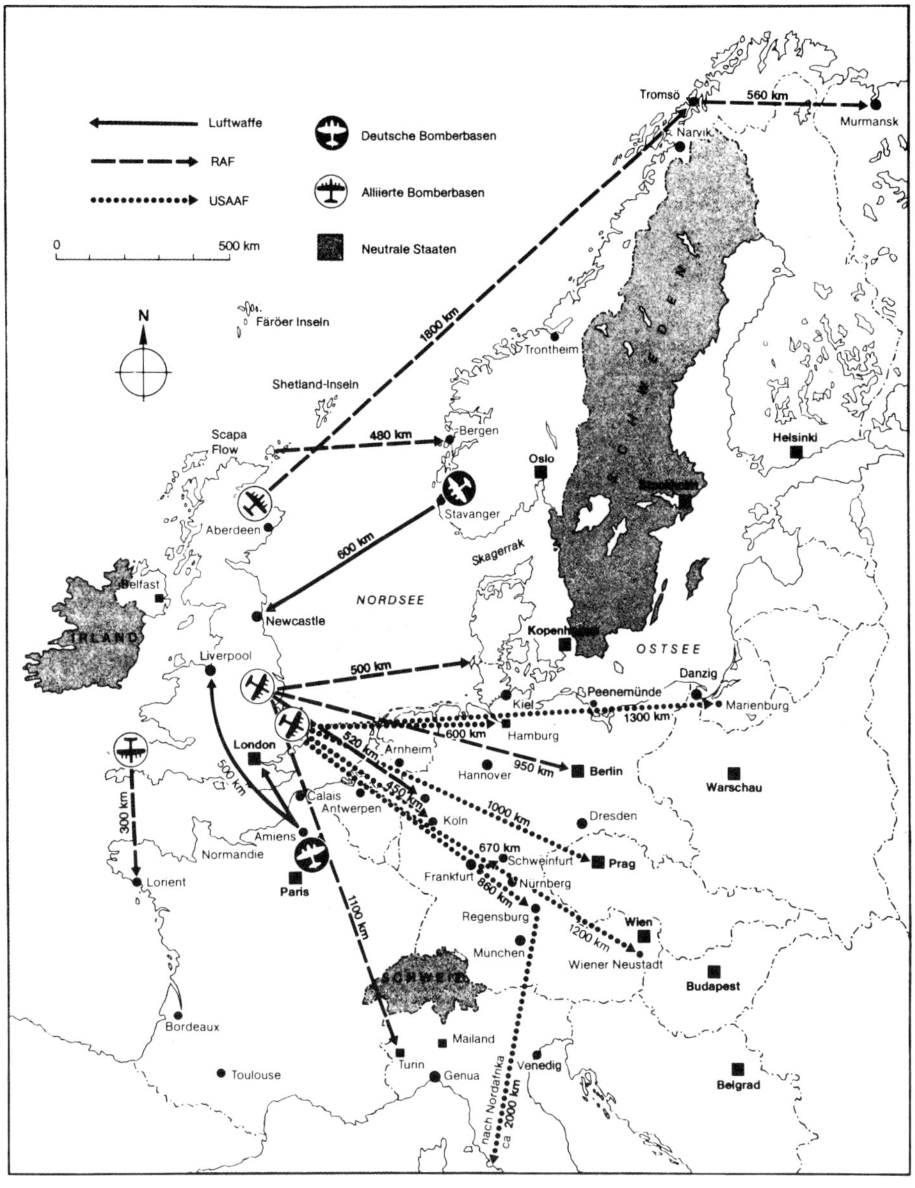

rollenden Materials. Die Flakartillerie stellte die Feuerbereitschaft her, und die Luftschutzwarnzentralen veranlaßten die Alarmierung der Zivilbevölkerung und der Industrie. Die dem Flugmeldedienst angeschlossenen Dienststellen informierten die Flugwachkommandos ihrereseits über Luftlageerkenntnisse, Erfolgsmeldungen, Auswirkungen feindlicher Luftangriffe, Flüge deutscher Flugzeuge, besondere Sperrzonen, Einflugschneisen usw. Die Flugwegankündigungen für deutsche Flieger mußten den Abflughafen, die Abflugzeit, Zahl und Baumuster der Flugzeuge, voraussichtlichen Flugweg und den vorgesehenen Rückflugweg enthalten. Von den Flugwachkommandos wurden solche Flugwegankündigungen an die unmittelbar interessierten Verbände, z. B. die Flakartillerie, eine Stunde vor dem Start durchgegeben. Die Bekanntgabe der Flugwegankündigungen an zivile Dienststellen und Luftschutzwarnzentralen oder durch Funk war aus Geheimhaltungsgründen verboten. (7)

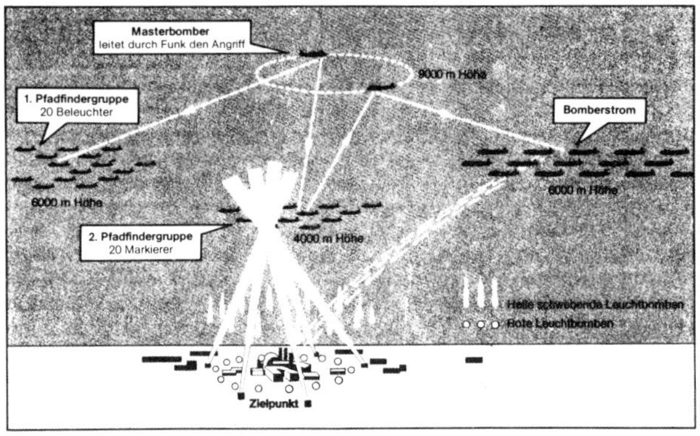

Nachtangriffstaktik der RAF mit „Gee"-Geräten (8)

Alle Dienststellen des Flugmeldewesens arbeiteten 24 Stunden am Tag in drei Schichten. Als Ersatz für Ausfälle, Erkrankungen usw. verfügte jede Flugmeldedienststelle über eine Personalreserve von 33 von 100. Die Stärke einer Betriebsablösung (Schicht) richtete sich nach der Zahl der Betriebsposten. Je mehr Telefonanschlüsse vorhanden waren, desto größer war die Zahl der Beschäftigten. Es gab große Flukos wie Hannover mit Eingangsanschlüssen von 60 Flugwachen oder Hamburg mit 83 Flugwachen. Kleine Flugwachkommandos umfaßten etwa zehn Flugwachen. Für je drei Flugwachen war eine Helferin zuständig, während jedes einzelne Nachbarfluko einen eigenen Eingabeplatz im Flugwachkommando hatte. Manchmal war die Zahl der Nachbarflukos so groß wie die Zahl der angeschlossenen Flugwachen. Im Luftgau XI galten z. B. als Nachbarflukos nicht nur alle anderen Flugwachkommandos des Luftgaus, d. h. Hannover, Braunschweig, Bremen, Hamburg, Schwerin, Rostock und Perleburg, sondern auch die vorgelagerten Marineflukos Emden, Wilhelmshaven Weserminden, Cuxhaven, Brunsbüttel, Husum, Kiel und Lübeck sowie die dänischen Flukos Kolding, Odense und Aarhus, die Flukos Stettin, Berlin und Magdeburg im Luftgau III und Kassel, Dortmund, Osnabrück und Braunschweig im Luftgau VI. (9)
Die Führung des Flugmeldedienstes ging davon aus, daß eine Beobachtung des Luftspähdienstes innerhalb von ein bis zwei Minuten im Fluko ausgewertet sein müsse. Für die Schnelligkeit und Sicherheit der Betriebsvorgänge in den Flugwachkommandos war der jeweilige Wachoffizier verantwortlich. Von allen eingehenden Flugmeldungen wurden im Durchschreibverfahren drei Ausfertigungen hergestellt. Boten („Läufer") brachten sie von den Aufnahmeplätzen in die Flugmeldeleitstelle. Dort arbeiteten drei Teams, die Arbeitsgruppe I (Auswertung), die Arbeitsgruppe II (Fernflugmeldedienst) und die Arbeitsgruppe III (Nahflugmeldedienst). In der Arbeitsgruppe I wurde unter Leitung des Auswerteoffiziers (AO) von zwei Zeichnern die Auswertekarte erstellt, aus der Flugrichtung, Zahl und Staatsangehörigkeit der gemeldeten Flugobjekte ersichtlich waren. Aufgrund der Eintragungen in der Auswertekarte erstellten zwei weitere Zeichner die Luftlagekarte unter Weglassen des Unwichtigen. Diese wurde mit Leuchtschreiber an eine Wand der Weitergabeabteilungen geworfen und diente als Unterlage für Luftlageberichte und Auskünfte an die angeschlossenen Dienststellen. Sie wurde auch dem Kriegstagebuch der Dienststelle beigefügt. Die Arbeitsgruppe II für den Fernflugmeldedienst unterrichtete die Truppen und Dienststellen, die frühzeitig über einfliegende Feindverbände informiert werden mußten, und versorgte die Nachbarflugwachkommandos mit Nachrichten. Über entfaltete Feindverbände, die auf breiter Front und auf gleichem Kurs anflogen, erfolgten an Stelle von Einzelmeldungen Sammelmeldungen. Die Arbeitsgruppe III für den Nahflugmeldedienst unterrichtete die angeschlossenen Flakartillerieverbände und Dienststellen des Luftschutzwarndienstes und Eisenbahnflugwarndienstes. In beiden Arbeitsgruppen gaben Flugmeldehelferinnen die an der Bildwand erscheinenden Auswerteergebnisse unter Beachtung etwaiger Zusätze oder Einschränkungen und unter Eintragung des Wortlauts ihrer Meldung in der Weitergabeliste schnellstens an die Stellen durch, die sie zu bedienen hatten und mit deren Endstellen ihr Telefonapparat verbunden war.
Zwischen August und Dezember 1943 wurde in den einzelnen Luftgauen das schriftliche Flugmeldeverfahren aufgegeben und durch die mündliche Reportage ersetzt. Beim bisherigen Meldeverfahren wurde jede Meldung dreimal schriftlich festgehalten: bei der Flugwache, bei der Aufnahme im Flugwachkommando und bei der Weitergabe. Das erleichterte zwar Kontrollen, erwies sich jedoch als zu langsam. Das mündliche Verfahren war schneller. Der Beobachter auf der Flugwache wurde nun mit Kopfhörer und Sprechgarnitur ausgestattet und unmittelbar mit dem Zeichner an der Karte in der Flugmeldeauswertung des Fluko verbunden. Da dort nicht mehr als 20 Flugwachen auf einmal bedient werden konnten, mußten die Flugwachkommandos entsprechend ver-

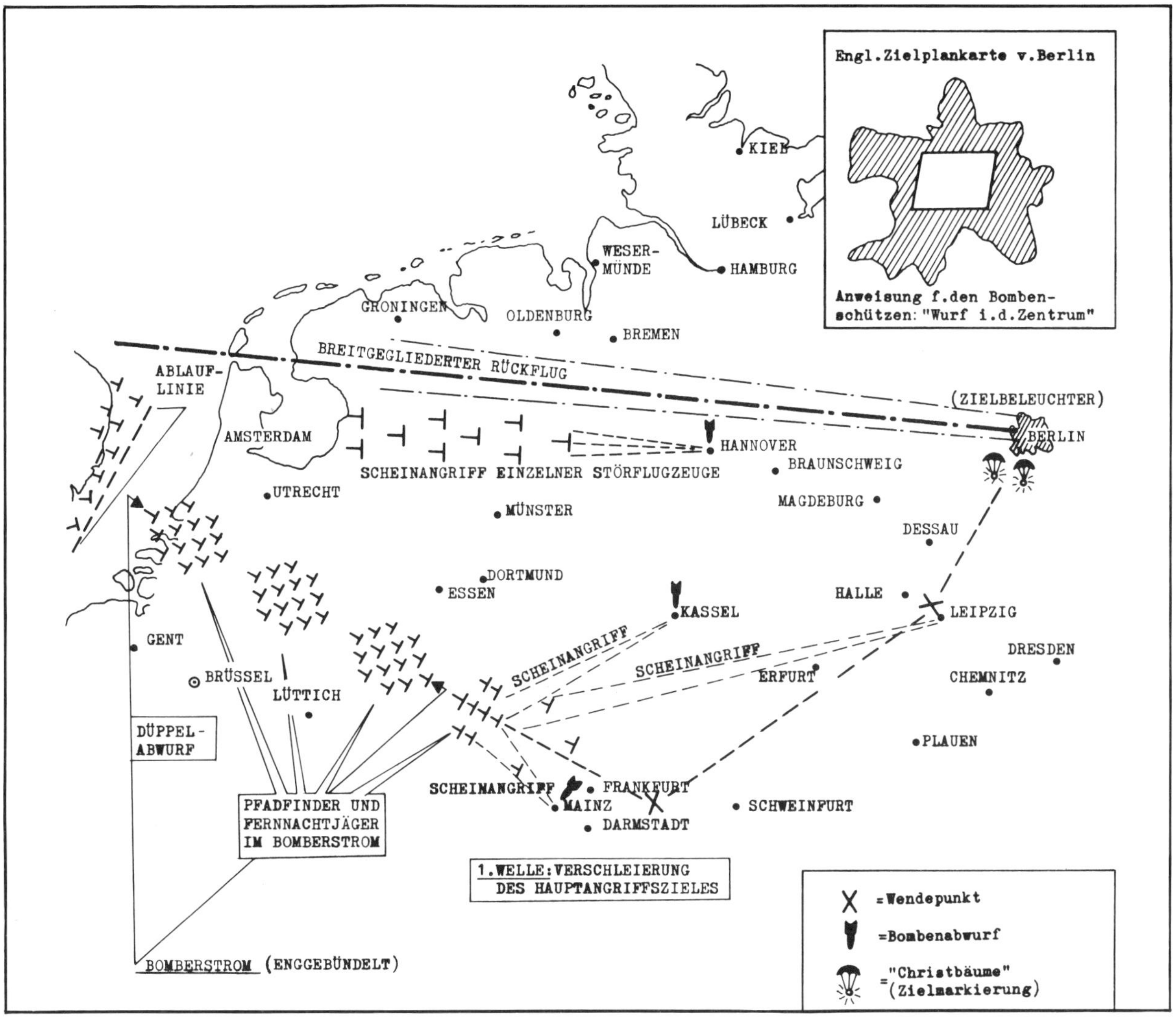

Beispiel eines englischen Nachtangriffes

kleinert werden. So entstanden die Klein-Flukos. Die alten Flugwachkommandos wurden zu Haupt-Flukos umgewandelt. Die Auswertekarte im Klein-Fluko im Maßstab 1 : 100.000 war auf einen Tisch gespannt und nahm alle Meldungen der Flugwachen auf. Schon während die Einzelzeichnungen vorgenommen wurden, gab sie der Sprecher über Sammelschaltung an alle Nutznießer, an die Nachbar-Klein-Flukos und an das Haupt-Fluko weiter. Im Haupt-Fluko stand die Mattglaskarte im Maßstab 1 : 200.000. Während die Meldungen eingetragen wurden, bediente der Sprecher die Nachbar-Haupt-Flukos, die unterstellten Klein-Flukos, das Fern-Fluko und die Nutznießer durch seine Reportage. In den Fernflugwachkommandos liefen die Meldungen aller Haupt-Flukos, der Nachbar-Fern-Flukos und neugeschaffenen Geräte-Igel (Funkmeßstellen mit je drei Freya- und zwei Würzburg-Geräten) auf einer senkrechten Glaskarte (1 : 400.000) auf, die von hinten bezeichnet wurde. Die abgehenden Reportagen versorgten die Nachbar-Fern-Flukos, alle unterstellten Haupt-Flukos, die Flak- und Jagddivisionen und die Luftflotte Reich mit Meldungen.

Diese Umgliederung des Flugmeldewesens hatte zur Folge, daß die Flugmeldeformationen aus den Nachrichtenregimentern herausgenommen und zu eigenen

Flugmelderegimentern zusammengeschlossen wurden. Die Flugmeldereservekompanien wurden zu Flugmeldeabteilungen. Die Haupt-Flukos wurden Abteilungsgefechtsstände. Ein Klein-Fluko entsprach einem Kompaniebereich. Auch die Besatzungen der Geräte-Igel wurden zu Kompanien zusammengefaßt. Der Gesamtumfang eines Flugmelderegiments konnte bis zu sieben Abteilungen mit 27 Kompanien umfassen. (8)

Gleichzeitig mit dieser Umgliederung wurden zahlreiche Männerfunktionen in die Hand von Helferinnen gelegt. Zur Auswertung eines Klein-Flukos gehörten etwa 30 Helferinnen (drei Ablösungen zu zehn Frauen) und sechs bis acht Soldaten. Die meisten Flugwachen waren mit zwei Soldaten und sechs Helferinnen besetzt. In den Fern-Flukos arbeiteten vier Offiziere, 40 Soldaten und 210 Helferinnen. Die Flugmelderegimenter hatten im Frühjahr 1944 einen durchschnittlichen Personalbestand von etwa 1.000 Soldaten und 3.000 Helferinnen. Die soldatischen Funktionen waren im wesentlichen Flugwach-Truppführer, Auswerter, Auswerte-Leiter und Wachoffizier. Alle anderen Aufgaben konnten von Helferinnen wahrgenommen werden.

Das Ergebnis der Umstellung des Flugmeldeverfahrens im Herbst 1943 war frappierend. Die Meldungen brauchten von der Erfassung des Flugobjekts durch die Flugwache bis zum letzten Nutznießer nur Bruchteile einer Minute. Doppelmeldungen wurden vermieden. Die dreifache Auswertung in den Klein-Flukos, in den Haupt-Flukos und in den Fern-Flukos brachte eine Auslese mit sich, weil die Sprecher nur sechs bis acht Meldungen in der Minute durchgeben konnten. Alte Meldungen fielen zugunsten neuer unter den Tisch. Jeder Nutznießer bekam nur die für ihn wichtigen Nachrichten. Wer am Klein-Fluko angeschlossen war, wurde über den Nahraum genau unterrichtet und über den Fernraum nur in großen Zügen. Beim Fern-Fluko angehängte Dienststellen erfuhren mehr über den Fernraum als über den Nahraum. Beim Haupt-Fluko hielten sich beide Informationen die Waage. Durch die Neugliederung konnten jetzt auch die mit bis zu 750 km/h fliegenden feindlichen Aufklärungsflugzeuge einwandfrei verfolgt werden.

Der parallel zum Flugmeldedienst arbeitende Flugmeßdienst diente der frühzeitigen Erfassung feindlicher Flugverbände mit technischem Gerät. Den ersten großen Erfolg erzielte die Radarmessung bereits am 18. 12. 1939, als 22 britische Wellington-Bomber einen Angriff auf die Deutsche Bucht und Wilhelmshaven flogen und das Freya-Gerät der Versuchsgruppe Wangerooge unter Leutnant Diehl die Flugzeuge bereits 60 km vor Helgoland erfaßte. Die Vorwarnung der deutschen Jagdflieger erfolgte erstmals so rechtzeitig, daß zwölf britische Maschinen abgeschossen werden konnten. (11) Diese hohen Verluste veranlaßten die Royal Air Force, Angriffe bei Tag auf deutsche Städte bis auf weiteres aufzugeben. Fortan wurden Nachtangriffe geflogen. Das zwang die deutsche Luftwaffe zur Aufstellung von Nachtjagdverbänden. Ab Oktober 1940 standen der Nachtjagd Würzburg-A-Geräte des Flugmeldedienstes zur Verfügung. Sie wurden zunächst im Ruhrgebiet konzentriert. Sie sollten den Anflug auf die Scheinwerferriegel erfassen, den Nachtjägern zur Alarmierung dienen und die Scheinwerfer auf einzelne Ziele einsteuern. Mit dem Beginn des alliierten Bombenkrieges gegen das Deutsche Reich wurde die Zahl ihrer Stellungen drastisch erhöht. Die Geräte wurden von Vierteljahr zu Vierteljahr besser.

In die Flugmeß-Gerätestellungen der Flugmelderegimenter zogen Helferinnen ab 1942 ein zur Bedienung der Rundumsuchgeräte des Typs Jagdschloß über eine Reichweite von 300 km, von Frühwarngeräten des Typs Wassermann über 220 km, von Flugmeldegeräten des Typs Freya über 150 km und des Typs Würzburg-Riese über 80 km Suchreichweite und 60 km Peilreichweite. Alle Geräte arbeiteten nach dem Lichtwellenprinzip. Ihre Reichweite wurde durch den optischen Horizont begrenzt. Von den feindlichen Flugzeugen konnten sie unterflogen werden. Die in Höhen von 10.000 m und mit einer Geschwindigkeit von etwa 600 km/h fliegenden, in Holzbauweise konstruierten „Mosquitos" waren überhaupt nicht mit Sicherheit zu erfassen. Diesem Mangel konnte die Industrie bis zum Kriegsende nicht abhelfen, obwohl zur Herstellung von Funkmeßgeräten Sonderpersonal – darunter auch 1350 Helferinnen – rekrutiert wurde. (12) General Kammhuber, Chef der deutschen Nachtjagd, war anfangs gegen die Beschäftigung von Frauen in Radarstellungen. Er ließ sich jedoch von ihrer Leistungsfähigkeit überzeugen. Schon in den Lehrgängen erzielten die Helferinnen bessere Prüfungsergebnisse als die oft über 50 Jahre alten Männer.

Um den feindlichen Funkdienst über dem Atlantik und dem Ärmelkanal wirkungsvoll zu überwachen, wurden ab 1943 englischsprachige Helferinnen in großer Zahl eingezogen. Im Luftwaffen-Funkhorch-

Regiment West, das zur Luftflotte 3 gehörte, dienten bereits im August 1943 422 Horcherinnen. Die Horchergebnisse wurden in den Funkhorchbefehlständen ausgewertet. Noch ehe die feindlichen Verbände von den deutschen Funkmeßgeräten erfaßt werden konnten, stand aus der Kombination der Einzelergebnisse des Horchdienstes fest, welche Richtung und Einflugtiefe zu erwarten war. Selbst der Flugweg konnte im Laufe der Zeit durch den Horchdienst besser verfolgt werden als durch den störanfälligen Meßdienst. (13)

Der Funkmeßbeobachtungsdienst beschattete den feindlichen Funkmeßeinsatz und erarbeitete Unterlagen über die Arbeitsweise der feindlichen Boden- und Bordfunkmeßgeräte. Bei Feindeinflügen hatte er durch Auswertung der Rotterdam-Geräte (Korfu-Meldungen), der Kenngeräte (Flammen-Meldungen) und der Rückwärtswarngeräte (Gerhard-Meldungen) Anteil an der Erstellung des Luftlagebildes.
Der Funkmeßstördienst versuchte, mit Störsendern die feindlichen Navigationsverfahren (Bumerang, Hyperbelnavigation, Funkfeuer) und den Bord-Bord-Sprechverkehr der alliierten Einheiten zu behindern und die feindlichen Boden- und Bordfunkmeßgeräte außer Funktion zu setzen. Sie waren weniger erfolgreich als die Briten und Amerikaner bei ihren Störmaßnahmen. Erstmals bei den Angriffen auf Hamburg am 24. 7., 27. 7 und 29. 7. 1943 gelang es diesen, die deutsche Funkmessung durch den Abwurf von Stanniolstreifen völlig außer Gefecht zu setzen. Die Lahmlegung der deutschen Geräte bewirkte, daß in der Folgezeit die Auge-Ohr-Beobachtung der Flugwachen wieder Priorität bekam. (14)

Anflugrichtung und Angriffsziel wurden immer raffinierter verschleiert. Es gab Spezialflugzeuge, die mit besonderen Sendern den deutschen Funkmeßgeräten Hunderte von Luftzielen vortäuschten. Diese Flugzeuge zweigten vom Hauptverband ab, während dieser seine Richtung hinter einer Düppelwolke verbarg. Pfadfinderflugzeuge, Spezialisten der Navigation, führten den Verband zum Ziel. Dort warfen die Suchflugzeuge lang brennende Leuchtmittel ab. Spezielle Beleuchtungsflugzeuge nützten das Licht, um einen Leuchtbombenring um die Zielgegend zu legen. Schließlich warfen Markierungsflugzeuge innerhalb dieses Ringes Brandbomben ab, um für die nachfolgenden Bomber Einzelziele festzulegen.
Um die deutschen Jäger in die Lage zu versetzen, effektiver gegen die immer stärkeren Bombenpulks vorzugehen, unterstellte Göring mit Befehl 10.222 vom 28. 2. 1944 den gesamten Flugmeldedienst den Jagddivisionen. Die Divisions-Flugmeldezentrale befand sich nunmehr im Gefechtsstand der Division. Bei der dort tätigen Flugmeldeauswertekompanie (etwa 250 Köpfe) liefen gleichzeitig mit dem Luftlagebild des Flugmeldedienstes auch die Ergebnisse des Funkaufklärungsdienstes (Funkhorchdienstes) zusammen. Auf diese Weise war die Divisionsführung in der Lage, ein klares und verzugsfreies Bild der Feindluftlage und der Eigenluftlage zu erstellen und taktische Entscheidungen prompt und fundiert zu treffen.
Völlig gelungen ist diese Umorganisation jedoch

Das Hauptquartier der RAF teilte mit am 30. Juli 1943:

In der vergangenen Nacht wurde Hamburg zum siebenten Male innerhalb von sechs Tagen schwer bombardiert. In 120 Stunden sind 9.000 Tonnen Bomben über Hamburg abgeworfen worden. Es waren nahezu 1.000 schwere britische Flugzeuge an dem Großangriff beteiligt, der unter der Führung von Luftmarschall Sir Arthur Harris, dem Chef des Bomberkommandos, stand. Die Maschinen flogen in fünf Wellen an und warfen in knapp einer Stunde über 2.000 Tonnen Bomben auf die Stadt und ihre Industrieanlagen. Die deutsche Luftwaffe unternahm alle erdenklichen Anstrengungen, um Hamburg zu schützen, und hatte mehr Nachtjäger, Flak und Scheinwerfer eingesetzt als je zuvor. Über die Wirkung des Angriffs heißt es, daß die Zahl der Brände und Explosionen nicht mehr abzuschätzen ist und man glaubt, Hamburg sei für die Kriegsproduktion nunmehr ausgeschaltet. Flieger berichten, die Stadt mache den Eindruck, als hätte sie ein Erdbeben heimgesucht.
Die schwedische Presse enthielt am 1. August 1943 Augenzeugenberichte, die darin übereinstimmen, daß Hamburg als Stadt zu existieren aufgehört habe. „Dantes Hölle kann sich nicht mit diesem Inferno messen", erklärte der Kapitän eines im Hamburger Hafen versenkten schwedischen Dampfers.

nicht. Es gab erhebliche Pannen. Beim Angriff auf Kiel im August 1944 wurde z. B. nur der Anflug von 50 Flugzeugen ermittelt. In Wirklichkeit waren es 500. Das kam daher, weil die Auswerteoffiziere sich in herkömmlicher Weise mehr auf die Funkmeßgeräte verließen als auf die akustischen und optischen Beobachtungen der Flugwachen. Auch in die Bedürfnisse der Warndienste konnten sich die „Jäger" nur schwer einfühlen. Die eigenen Interessen hatten das Übergewicht. Es gibt zahlreiche Offiziere der Luftwaffe, die die Unterstellung des Flugmeldedienstes unter die Jägerführung für einen kardinalen Fehler hielten. (15) Zum Zeitpunkt der Umstellung waren bei der Luftflotte Reich 160.000 Personen im Luftnachrichtendienst der Reichsluftverteidigung eingesetzt. Davon waren 111.000 Frauen und Mädchen der Lufwaffenhelferinnenschaft und des Reichsarbeitsdienstes der weiblichen Jugend. (16)

Belegstellen

(1) Karl-Otto Hoffmann, Die Geschichte der Luftnachrichtentruppe, Bd. 2, Der Weltkrieg, Teil 1, Der Flugmelde- und Jägerleitdienst 1939–1945, Neckargemünd 1968, S. 104.
(2) H. Dv. 28, L. Dv. 28, M. Dv. Nr. 465, Der Flugmeldedienst, November 1939, S. 12 ff.
(3) H. Dv. 28, L. Dv. 28, M. Dv. Nr. 465, Der Flugmeldedienst, November 1939, Anlage 5.
(4) Ebenda, S. 12 ff.; vgl. auch Kriegstagebuch Flugwachkommando Ybbs, Bundesarchiv/Militärarchiv RH 14/81.
(5) Erich Hampe, Der zivile Luftschutz im Zweiten Weltkrieg, Frankfurt 1963, S. 59 f. und S. 312 ff.
(6) Janusz Piekalkiewicz, Luftkrieg 1939–1945, München 1978, S. 217.
(7) Merkblattreihe Reichsluftverteidigung, Heft 4, Der Flugmeldedienst, September 1944, S. 18 f.
(8) Janusz Piekalkiewicz, a. a. O., S. 194.
(9) Ludwig Wolff, Die Geschichte des Luftgaus XI (Manuskript), S. 24, Bundesarchiv/Militärarchiv RL 19/427.
(10) Merkblattreihe Reichsluftverteidigung, Heft 4, a. a. O., S. 8.
(11) Frank Reuter, Funkmeß. Die Entwicklung und der Einsatz des Radarverfahrens in Deutschland bis zum Ende des Zweiten Weltkrieges, Opladen 1971, S. 80 ff.
(12) Walter Grabmann, Die Bildung der Luftlage, Bundesarchiv/Militärarchiv Lw 106/36; GL-Sitzung vom 31. 8. 1943 im RLM, Bundesarchiv/Militärarchiv Lw 106/36.
(13) Vgl. Wilhelm Haenschke, Die Luftnachrichtentruppe 1944 im Westen, in: Wehrkunde 1955, S. 96 f., Walter König, Deutscher Flugmeldedienst am Kanal 1940 bis 1944, in: Wehrkunde 1954, S. 119 ff.
(14) Wilhelm Haenschke, a. a. O., S. 97.
(15) Vgl. Merkblattreihe Reichsluftverteidigung, Heft 1, Führung und Kampf der Luftverteidigung, September 1944.
(16) Karl-Otto Hoffmann, a. a. O., S. 116.

Der Jägerleitdienst

In der Gesamtluftverteidigung des Reiches fiel der Jagdwaffe die Aufgabe zu, die Luftherrschaft sicherzustellen und eine „möglichst hohe Zahl feindlicher Bombenflugzeuge vor Erreichen ihres Zieles" abzuschießen. (1)
Die Jagdwaffe gliederte sich in Tag- und Nachtjagdverbände. Bei Tage wurde angestrebt, die Jagdkräfte divisionsweise geschlossen zum Einsatz zu bringen, weil einzelne Flugzeuge angesichts der starken Abwehrkraft der geschlossen fliegenden feindlichen Verbände nichts auszurichten vermochten. Bei der Nachtjagd unterschied man vier Verfahren:

- ☐ Die ortsgebundene Nachtjagd („Himmelbett") bei breiter Flugform des Feindes bzw. gegen abgesplitterte feindliche Flugzeuge innerhalb des eigenen Nachtjagdgebietes mit einer Ausdehnung von 40 bis 60 km unter der Führung durch den Nachtjagd-Gefechtsstand des Geschwaders.
- ☐ Die Verfolgungsnachtjagd („Zahme Sau") zur Bekämpfung des Gegners mit starken Kräften unter Verwendung von Nachtjagdsuch- und -zielgeräten bis zur Reichweite der Jagdflugzeuge unter der Grobführung mit dem Y- oder Erstling-Weitführungsverfahren bzw. durch Funkreportage.
- ☐ Die helle Objektnachtjagd („Wilde Sau") bei direkter oder indirekter Ausleuchtung der feindlichen Flieger durch Flakscheinwerfer.
- ☐ Die Fernnachtjagd („Lange Kerle") aufgrund von Meldungen des Funkhorchdienstes über den feindlichen Versammlungsräumen und gegen zurückkehrende feindliche Flugzeuge unter Heranführung mit Funkmeßgeräten.

Am 17. Juli 1940 bekam Oberst Kammhuber den Auftrag, zum Schutz des Reiches gegen Einflüge der Royal Air Force eine Nachtjagdorganisation aufzubauen. In den folgenden Monaten entstand die 1. Nachtjagddivision. Sie hatte erste große Erfolge in der hellen Nachtjagd. Dieses Verfahren stützte sich auf einen 30 km breiten Scheinwerfergürtel von Metz über Lüttich, Arnheim, Bremen, Hamburg und Schleswig bis nach Dänemark und einen kürzeren Riegel zum Schutz der Reichshauptstadt von Mitteldeutschland bis Mecklenburg. Bei wolkenlosem Nachthimmel sorgten die Scheinwerfer für ausreichende Sichtverhältnisse. Die Nachtjäger kreisten im Warteraum über einem Funkfeuer und gingen erst dann zum Angriff über, wenn die Scheinwerfer das Ziel erfaßt hatten. Für den Angriff blieben dem Nachtjäger nur zwei bis drei Minuten, in denen er sich aus größerer Höhe auf das Feindflugzeug stürzte. Mit der Einführung der Würzburg-Meßgeräte wurde dann die dunkle oder geführte Nachtjagd möglich. Das war um die Jahreswende 1940/41 der Fall. Diese Taktik lief unter dem Namen „Himmelbettverfahren". Im Vorfeld der Scheinwerferriegel wurde das belgisch-niederländisch-norddeutsche Küstengebiet mit einem Stellungssystem von sich gegenseitig überlappenden Himmelbettkreisen überzogen. Zum Schutz Berlins baute man östlich des zweiten Scheinwerferriegels ein kleineres Himmelbettsystem um die Stadt auf. Im Unterschied zur hellen Nachtjagd war die Dunkelnachtjagd wetterunabhängig, wenn die Geräte funktionierten. Sie ersetzten das menschliche Auge bei der Zielerfassung.
Bis Mitte 1941 verbuchten die Nachtjäger die Hälfte aller Abschüsse auf ihr Konto. (2) Zwischen April und Juli 1941 wurden 230 Feindmaschinen abgeschossen: 63 durch die Flak, 46 durch die Tagjagd, 59 durch die helle Nachtjagd, 53 durch die dunkle Nachtjagd und neun durch die kombinierte Nachtjagd.
Beim Beginn des Rußlandfeldzugs blieben nur zwei Tag-Jagdgeschwader zur Luftverteidigung im Westen, das JG 2 und das JG 26. Das 12. Fliegerkorps organisierte die Nachtjagd mit drei Gruppen des NJG 1 und einer Gruppe des NJG 3. Bis Dezember 1941 wuchs die Zahl der Nachtjagdverbände auf sechs im Einsatz stehende Gruppen und vier in der Aufstellung befindliche Gruppen mit vier Geschwaderstäben an. Obwohl die Nachtjagdkräfte den Tagjägern an Stärke und Kampfwert weit überlegen waren, forderte Kammhuber angesichts der wachsenden britischen Einflüge ins Reichsgebiet insgesamt acht Geschwader

mit 24 Gruppen, 600 Funkmeßgeräten und 150.000 Mann, um die Reichsluftverteidigung effektiv durchführen zu können. Das ließ sich nicht realisieren. Im August 1942 waren 96 Nachtjagdstellungen vorhanden mit einem Personalbestand von 30.000 Soldaten und Helferinnen. Fast 140 Personen waren nötig, um einen Nachtjäger an den Feind zu bringen. Schwierigkeiten bereitete der Nachtjagd vor allem die Schnelligkeit der britischen Mosquitos, die geringe Flugzeit der eigenen Maschinen von nur etwa zweieinhalb Stunden, der Treibstoffmangel und der niedrige Bereitschaftsgrad der Flugzeuge. Am 10. 1. 1942 waren von 612 Nachtjägern nur 92 einsatzbereit, am 18. 4. 1942 von 124 Me 109 nur 79 und von 250 Me 110 nur 139 Flugzeuge. In den folgenden Jahren wurde das Verhältnis Ist/Soll bei den Nachtjägern zwar etwas günstiger, blieb aber immer noch unbefriedigend:

	Soll	Ist
31. 3. 1943	443	303
31. 1. 1944	389	234
29. 2. 1944	417	295
10. 4. 1944	381	242
10. 5. 1944	374	273
31. 5. 1944	466	308
10. 6. 1944	416	287
20. 6. 1944	462	314

In den Jägerleitstellungen wurde der Flugweg der eigenen Verbände und der feindlichen Flugzeuge verfolgt. Die verschiedenen Methoden der Jägerführung richteten sich nach Wetterlage, Einflugtaktik des Feindes und der Ausstattung mit Nachrichtengeräten am Boden und im Flugzeug. 1944 waren folgende Verfahren üblich (3):

Verfahren	Bodengerät	Bordgerät
Y-Verfahren	Y-Linie	FuG 16 ZY
Erstling (Egon)	Freya-Gerät (Urwelle)	FuG 25a
Jägerweitführungsverfahren	leichte oder schwere	FuG 16
UKW-Peilverfahren	UKW-Sender und UKW-Peiler	
AN-Verfahren	Freya-Gerät mit AN-Zusatz und Würzburg-Gerät	FuG 16 oder FuG 10
Himmelbett-Verfahren	2 Würzburg-Riese-Geräte und Seeburgtisch	FuG 16 oder FuG 10

Bei Tage genügte je nach den Wetterverhältnissen eine Heranführung der Jagdverbände und Einzelflugzeuge auf Sichtentfernung zum Feind. Bei Nacht mußten die Flugzeuge so weit vom Boden geführt werden, bis die Nachtjagdsuchgeräte, die eine Reichweite von etwa 3 bis 4 km hatten, eingesetzt werden konnten.

Bei der „Y-Führung" wurden die mit Y-Geräten ausgestatteten deutschen Flugzeuge von der Jägerleitstellung angemessen und unter Durchgabe von Kurs und Entfernung an den mit dem Funkmeßgerät erfaßten Feindverband herangeführt. In geschlossenen Verbänden diente ein Flugzeug als Meßflugzeug. Die Reichweite der Y-Führung war von der Flughöhe abhängig. Sie reichte bei 1.000 m Flughöhe etwa 100 km und bei 6.000 m Flughöhe etwa 250 km weit.

Zur „Erstling-Weitführung" (Egon-Führung) diente am Boden ein Freya-Gerät und an Bord des Jägers das Kenngerät FuG 25a (Erstling). Bei großen Flughöhen betrug die Reichweite theoretisch bis zu 1.000 km, praktisch etwa 250 km. Der Pilot wurde vom Jägerleitoffizier im Funksprechverfahren in den feindlichen Bomberstrom eingeschleust, um dort von einer günstigen Position aus mit Hilfe der Nachtjagdsuchgeräte anzugreifen.

Das „UKW-Peilverfahren" wurde angewendet, wenn keine Y- oder Erstling-Ausrüstung vorhanden war. Dabei gab der Flugzeugführer etwa 15 Sekunden lang ein Peilzeichen mit dem FuG 16. Durch Kreuzpeilung am Boden wurde der Standort des Flugzeugs bestimmt. Mittels Tastfunk wurde er zum anzugreifenden Objekt hingeführt.

Beim „AN-Verfahren" ermittelte der Jägerleitoffizier im Freya-Gerät den Kurs des Nachtjägers und des Feindflugzeugs und im Würzburg-Gerät die Flughöhe, so daß er dem Piloten über Funkspruch die exakten Kursbefehle übermitteln konnte.

Nachtjagdführung im Himmelbettverfahren (4)

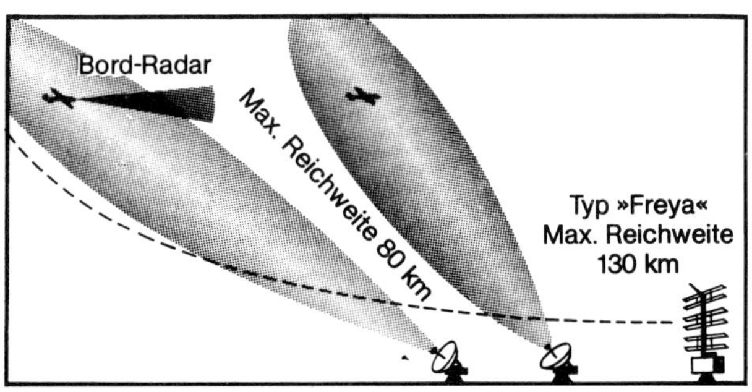

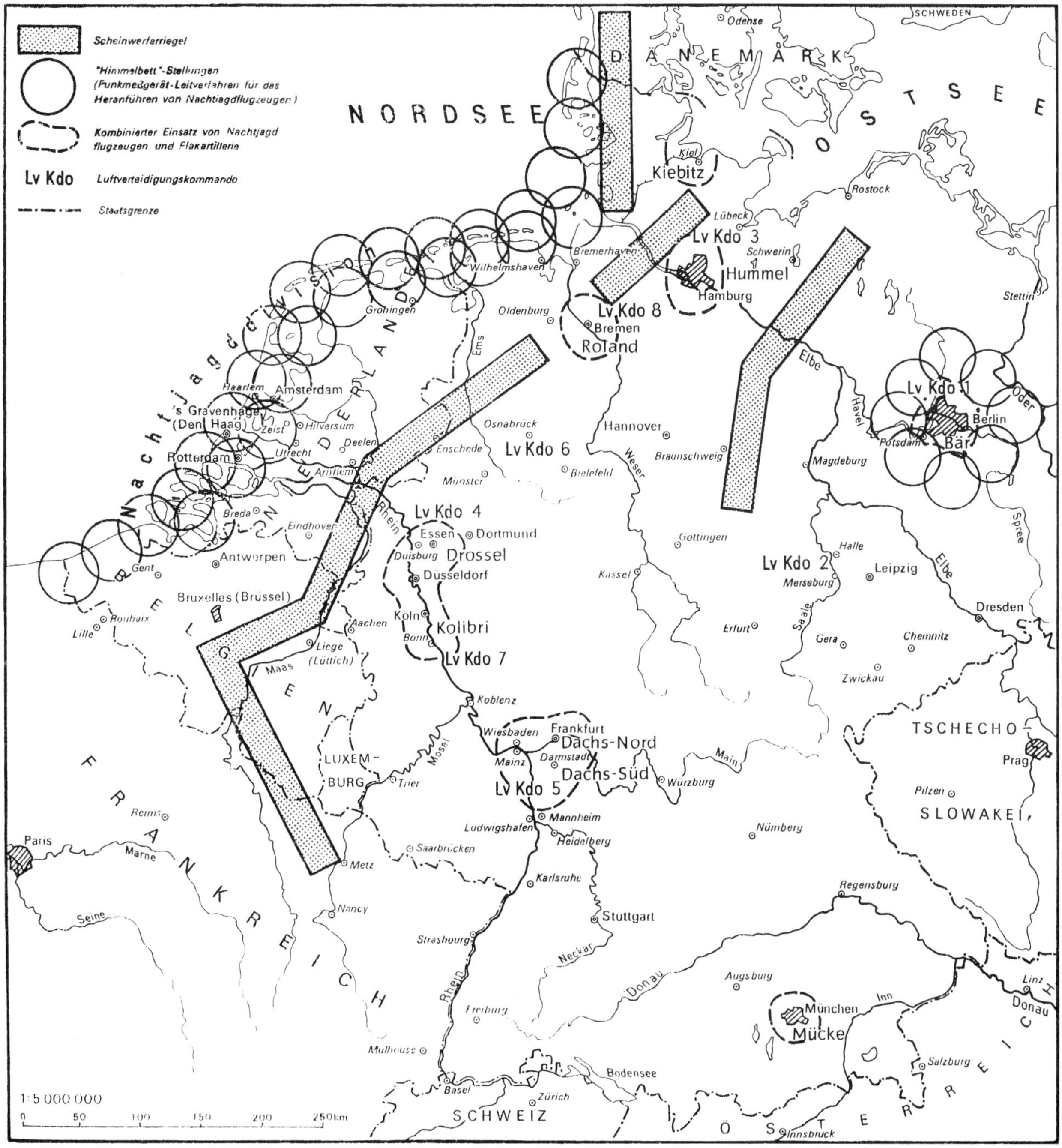

Die Organisation der deutschen Luftverteidigung 1942 (5)

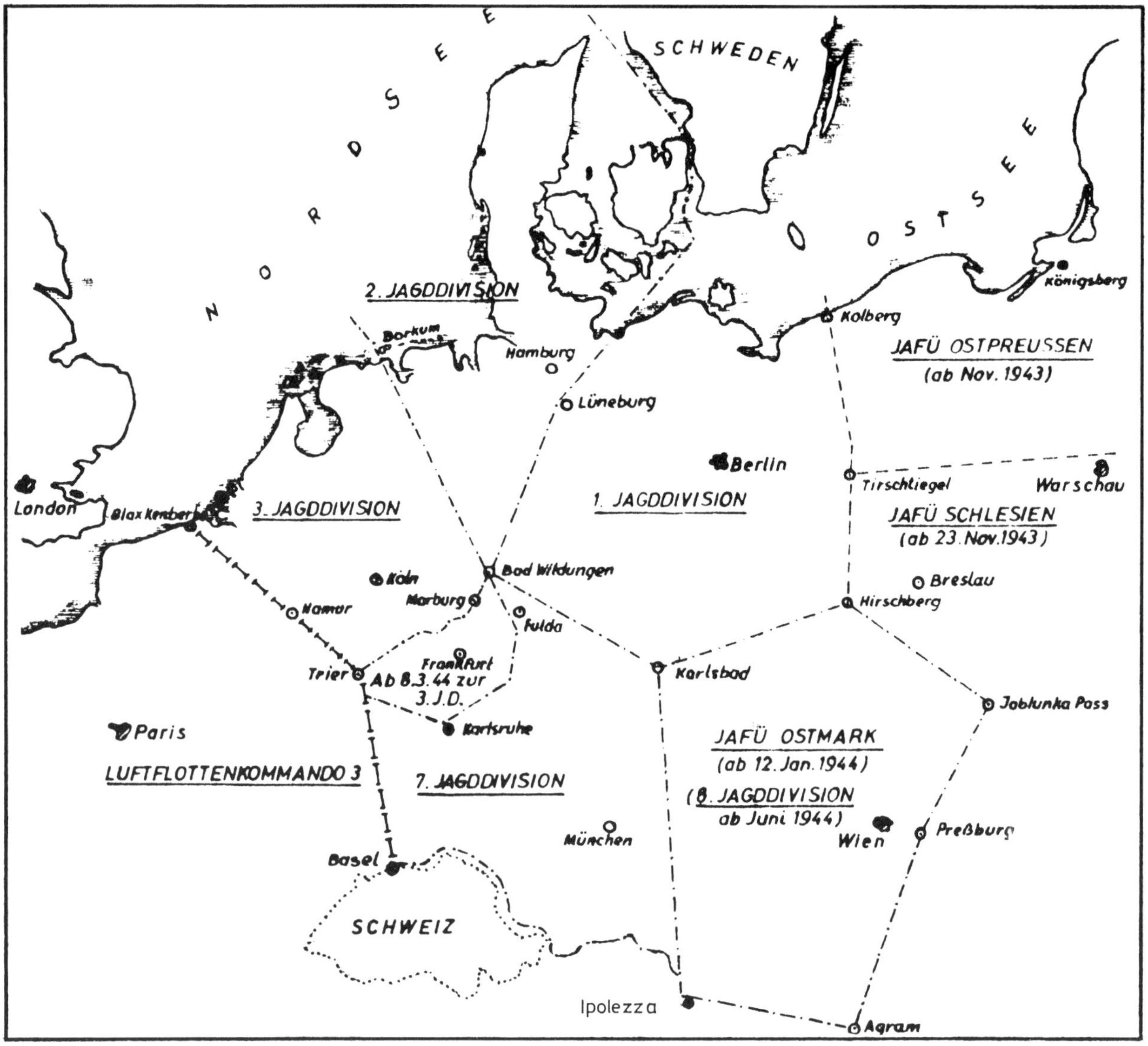

Bereichsgrenzen der Jägerführung ab Oktober 1943

Beim „Himmelbett-Verfahren" führte ein Würzburg-Gerät (Riese) das Feindflugzeug und ein anderes den Nachtjäger. Die Standorte beider Flugzeuge wurden im Gefechtsstand mit Hilfe verschiedenfarbiger Lichtpunktwerfer auf einer Glasplatte (Seeburgtisch) angezeigt, so daß für den Jägerleitoffizier im Gefechtsstand ein räumliches Bild zur Heranführung des Jägers mittels Funkspruch entstand.

Das „Reportage-Verfahren" diente dazu, Stärke, Kurs und Höhe feindlicher Flugzeuge den Nachtjägern im Fernsprech- oder Funktastverfahren laufend zu melden, so daß sie sich mit Hilfe ihrer Zielflug- und Nachtjagdsuchgeräte selbständig in den feindlichen Bomberstrom einschleusen konnten. (6)

In einer durchschnittlichen Jägerleitstellung befanden sich zwei bis drei Y-Stationen, ein bis drei Freya-Geräte und bis zu fünf Würzburg-Geräte. Sie wurden von den Angehörigen des Jägerleitzugs bedient. Ab Herbst 1943 waren es immer mehr Helferinnen. Ihr Einsatz in der Funktion des Jägerleitoffiziers erwies

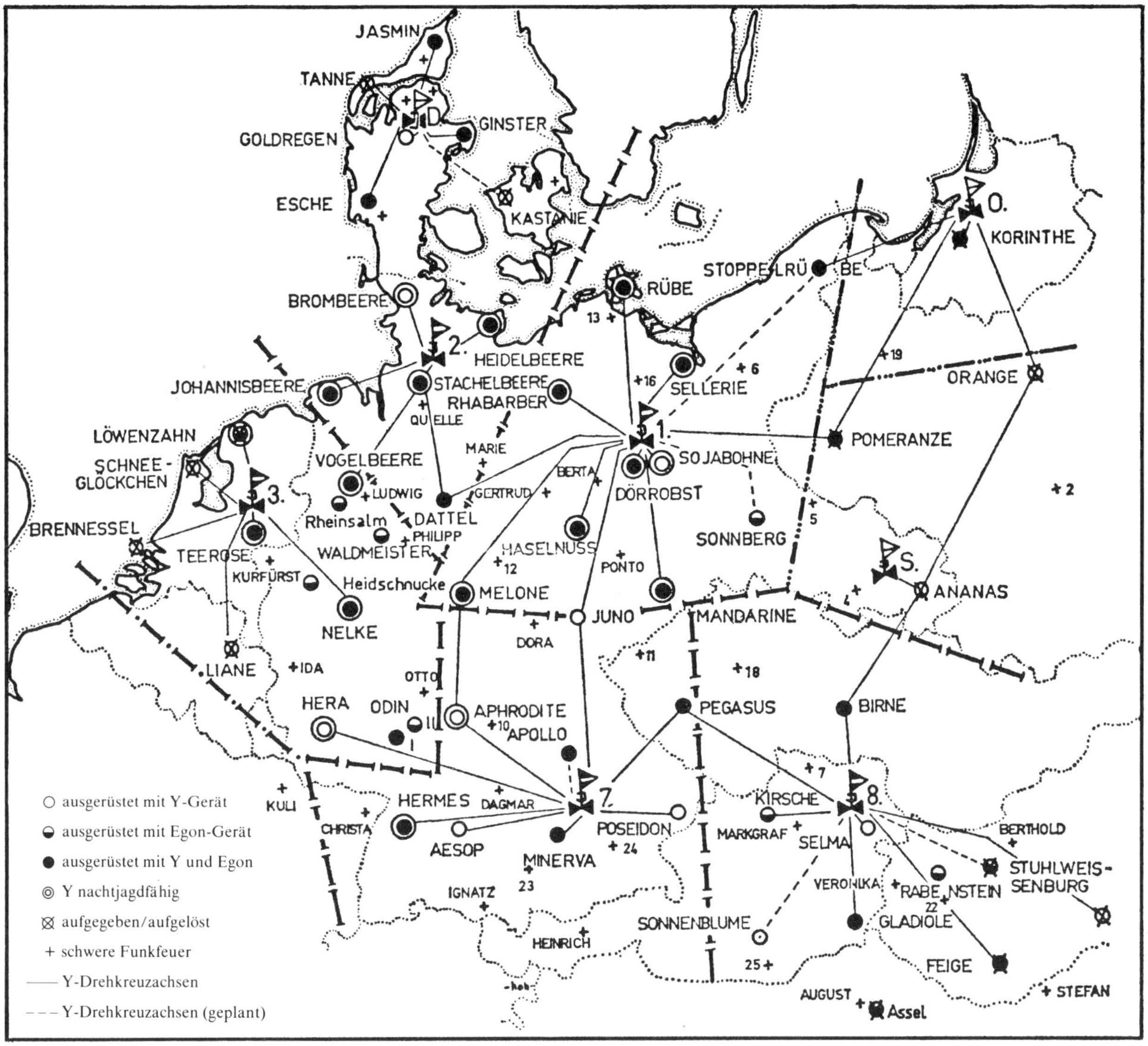

Deutsche Jägerleitstellungen, schwere Funkfeuer und Draht-(Y)-Verbindungen 1944/45 (12)

sich erstmals als opportun, als die Briten beim Nachtangriff auf Kassel am 22. 10. 1943 das Täuschungsverfahren „Corona“ anwandten. Von starken Bodenstationen in England wurden den deutschen Jagdfliegern irreführende Ansagen in deutscher Sprache durchgegeben, die den Anschein erweckten, als kämen sie von ihren Jägerleitoffizieren. Die Verwirrung der Piloten gelang. Die akzentfreien Befehle aus Großbritannien veranlaßten einen erbosten Jägerleitoffizier, der auf der gleichen Frequenz wie sein britischer Partner sprach, zu dem Ausspruch „Sie sind ein Schweinehund“, worauf der Engländer schlagfertig antwortete: „Der Engländer flucht jetzt.“ Die Nachtjäger wußten nicht mehr, welchen Anweisungen sie folgen sollten. Sie irrten erfolglos umher. Da die Stimmen von Frauen schwerer nachzuahmen waren als die von Männern, wurden in der Folgezeit immer häufiger Helferinnen zur Jägerleitung eingesetzt. (7) Ihr persönliches Engagement um den Erfolg und die Sicherheit „ihres Piloten“ und die ruhige Art ihrer Anwei-

sungen in einer dem Piloten bekannten angenehmen Stimmführung wirkte sich psychologisch positiv aus. Der Pilot fühlte sich in guten Händen. Jeder Abschuß wurde als Erfolg der Jägerleitung mitgefeiert. (8)
Ein anderes Verfahren, die Störungen des Boden-Bord-Verkehrs auszuschalten, bestand in der Verwendung der Kommandoübertragungsanlage „Uhu". Dabei bediente der Jägerleitoffizier oder die an dem Gerät eingesetzte Helferin drei Handkurbeln für Höhe, Seite und Entfernung nach den auf dem Seeburgtisch abzulesenden Werten für die Route des gegnerischen Flugzeugs und des eigenen Jägers. Bestimmte Kombinationen von Funkimpulsen über einen Ultrakurzwellensender informierten das eigene Flugzeug über den Stand der Verfolgung. Der Funksprechverkehr wurde auf ein Minimum reduziert.
Im Unterschied zur Luftflotte 3 verfügte der Befehlshaber Mitte nicht nur über Jagddivisionsgefechtsstände, sondern auch über besondere Nachtjagdgefechtsstände. Auch dort wuchs der Anteil der Helferinnen. Der Personalaufwand war schließlich so hoch, daß die Frage entstand, ob er bei der sinkenden Zahl eigener Flugzeuge zu verantworten war. (9)
Auch die Erfolgsquoten sanken. 1942 führten 65% der Feindberührungen zum Abschuß. Im Juni 1943, als 235 feindliche Flugzeuge von Nachtjägern abgeschossen wurden, stieg der Prozentsatz sogar auf 76,6%. Bis Mitte 1944 fiel er dann auf 4,3%. Im Dezember 1944 betrug die Zahl der Abschüsse durch Nachtjäger schließlich nur noch 0,7%. (10) Es gab viele Gründe dafür. Alle technischen Systeme waren abhängig von der Betriebssicherheit und sehr störanfällig. Unzulänglichkeiten des Bedienungspersonals führten zu Übertragungsfehlern. Die Größe der Nachtjagdräume wurde nicht entsprechend den technischen Möglichkeiten verändert. Den Würzburg-Riese-Geräten fehlte eine Freund-Feind-Kennung. Mit hochfrequenztechnischen Mitteln waren alle Funkmeßgeräte leicht lahmzulegen. Die deutschen Abwehrverfahren wurden mit dem Beginn der 1.000-Bomber-Angriffe im Frühling 1942 immer wirkungsloser. Die Industrie war nicht in der Lage, die Bedürfnisse der Jagdflieger an technischem Gerät in ausreichender Quantität zu stillen. Die Beschimpfungen Hitlers trugen auch nicht dazu bei, die Kampfmoral der Jagdflieger zu heben. (11)

Belegstellen

(1) Merkblattreihe Luftverteidigung, Heft 2, Die Jagdfliegerwaffe, OKL Lw.-Führungsstab Ausb. Abt. Nr. 1.410/44 geh., S. 5.
(2) Karl-Heinz Völker, Die deutsche Heimatluftverteidigung im Zweiten Weltkrieg, in: Wehrwissenschaftliche Rundschau 1966, S. 92.
(3) Merkblattreihe Reichsluftverteidigung, Heft 1, a. a. O.
(4) Janusz Piekalkiewicz, Luftkrieg 1939–1945, München 1978, S. 188.
(5) Karl Drechsler, Deutschland im Zweiten Weltkrieg, Band 2, Vom Überfall auf die Sowjetunion bis zur sowjetischen Gegenoffensive bei Stalingrad, Köln 1975, S. 385.
(6) Merkblattreihe Reichsluftverteidigung, Heft 2, a. a. O., S. 23 ff.
(7) Karl Otto Hoffmann, Die Geschichte der Luftnachrichtentruppe, Band 2, Der Weltkrieg, Teil 1, Der Flugmelde- und Jägerleitdienst 1939-1945, Neckargemünd 1968, S. 133.
(8) Bericht von Oberst a. D. N. am 27. 4. 1978 und F. am 23. 3. 1979.
(9) Frank Reuter, Funkmeß. Die Entwicklung und der Einsatz des Radar-Verfahrens in Deutschland bis zum Ende des Zweiten Weltkriegs, Opladen 1971, S. 93 f.
(10) Wilhelm Haenschke, Die Luftnachrichtentruppe 1944 im Westen, in: Wehrkunde 1955, S. 148.
(11) Frank Reuter, a. a. O., S. 119 f. und 144.
(12) Frank Reuter, a. a. O., S. 94 ff.

Der Luftwaffenwetterdienst

Der Luftwaffenwetterdienst hatte als Einrichtung der Luftwaffe die Führung und die Verbände der Luftwaffe in allen Fragen zu beraten, die das Wetter betrafen. Zahlreiche taktische Entscheidungen hingen von seinen Prognosen ab. Die Piloten mußten vor jedem Start schriftlich über das Flugwetter informiert werden. Die Flakartillerie erhielt eine operativ-taktische Wetterberatung. Die Flugwachkommandos benötigten die Wetterauskünfte bei der Auswertung eingehender Meldungen über feindliche Anflüge.

Wetterberatung und Wettervoraussage waren nur bei Kenntnis der Großwetterlage möglich. Die Beobachtungsstellen hierfür waren die Luftwaffen-Wetterwarten in Deutschland und in allen besetzten Gebieten, wo geschultes Personal mit Hilfe von Instrumenten und durch unmittelbare Beobachtungen der sichtbaren Wettererscheinungen die lokalen Wettermeldungen erstellte und nach international üblichen Schlüsseln chiffrierte. Die Kooperation mit den Wetterdiensten der Luftwaffen der verbündeten Staaten funktionierte bis 1944 reibungslos. In Berlin trafen auch die Meldungen aus Finnland und Rumänien ein.
Die Meldungen der einzelnen Wetterwarten und die Ausgabe der Wettervoraussagen erfolgten über Funk oder Fernschreiber. Sie mußten abhörsicher sein, weil sich die Alliierten für die Wetterlage über Deutschland ebenso interessierten wie die deutsche Luftwaffe für die Wettersituation in Großbritannien und über der Nordsee. Schlechtes Wetter verminderte den Aktionsradius der Flugzeuge erheblich.

Die zusammenfassende Verarbeitung der Wettermeldungen in den Wetterkarten und Vordrucken ermöglichte unter Einbeziehung wissenschaftlicher Erkenntnisse und praktischer Erfahrungen eine brauchbare Vorhersage des Flugwetters in den einzelnen Gebietsteilen. Detaillierte Flugwettervorhersagen waren allerdings auf drei bis sechs Stunden limitiert. Die Vorhersage des Flugwetters unter Angabe der größeren Schlechtwettergebiete und des ungefähren Wetterablaufs erfaßte 6–24 Stunden. Die allgemeine Vorhersage des Witterungscharakters über einem größeren Gebiet sollte ein bis drei Tage vorher möglich sein.
Die Flugwetterberatung gab der Luftwaffeneinsatzführung die Möglichkeit, die Wetterlage fliegerisch und operativ-taktisch auszunutzen. Bei der mündlichen Beratung vor dem Start wurden die Piloten über die meteorologischen Besonderheiten der Flugstrecke informiert. Der Grad der Gültigkeit der Wetterberatung war anzugeben. Anschließend war die Wetterberatung schriftlich auf einem vorgeschriebenen Formblatt festzuhalten. Eine Kopie verblieb beim meteorologischen Dienst, die andere erhielt der Flugzeugführer. Wetterauskünfte und Wetterberatungen für Flugzeuge im Fluge wurden in kürzester Form unter Anwendung des Q-Gruppenschlüssels gegeben. Die Piloten hatten während des Fluges unerwartete Wetterverschlechterungen, z. B. Vereisungen am Flugzeug, unverzüglich durch Funkspruch zu melden. Sie waren verpflichtet, auf 100 bis 200 km Flugstrecke mindestens eine Wettermeldung durch FT abzusetzen.
Die Flakartillerie benötigte die Wetterberatung für ihre operativ-taktischen Entscheidungen und zur Berücksichtigung der Witterungseinflüsse beim Schießen und Horchen. Im einzelnen übermittelte ihr der Wetterdienst die Luftgewichtswerte am Boden und in den 1.000-Meter-Stufen in kg/m³ mit einer Genauigkeit auf zwei Dezimale, die Windwerte am Boden und in den 1.000-Meter-Stufen nach der 32teiligen Richtungsskala in m/sek und die Schallgeschwindigkeit am Boden und in den 1.000-Meter-Stufen in m/sek. Diese Angaben wurden von der Truppe in die ballistischen Berechnungen einbezogen. Die ballistischen Windwerte wurden von den Wetterwarten viermal täglich bestimmt und an die Flak weitergegeben: um 0.00, 9.00, 17.00 und 20.00 Uhr. Die Luftdichteangaben kamen aus der Wetterdienstzentrale in Berlin.
Der Luftwaffenwetterdienst gliederte sich in den Führungswetterdienst und den bodenständigen Wetterdienst. Dienststellen des Führungswetterdienstes

waren der Chef des Wetterdienstes mit seiner Zentralen Wetterdienstgruppe und der Wetterwarte des Luftwaffenführungsstabs beim Oberkommando der Luftwaffe, die IW der Luftflotten und Kommandostellen der Jagdfliegerführung mit ihren Wetterwarten, die Fliegerhorstwetterwarten der Einsatzhäfen, die Geschwadermeteorologen und die Wettererkundungsstaffeln. Der bodenständige Wetterdienst unterstand den Luftgaukommandos. Die Luftgaue des Reichsgebietes verfügten im Schnitt über vier Wetterbezirkszentralen (größere Wetterwarten, die laufend Wetterdienst versahen und die Wettermeldungen ihres Bezirks erstellten), 16 Wetterberatungszentralen (größere Wetterwarten ohne Sammelstellenfunktion), 32 Wetterberatungsstellen (Wettermeßstellen und Flugberatungen), 22 Wetternebenstellen (kleine Wetterwarten auf Fliegerhorsten, die nicht mit Meteorologen besetzt waren) und eine Wetterflugstelle für Höhenflüge von Flugzeugen zur Erforschung der Wetterverhältnisse ab 1.000 m. (1)

Wie in allen Dienstbereichen der Etappe wurde auch der Luftwaffenwetterdienst im Laufe des Krieges nach frontverwendungsfähigen Soldaten „durchgekämmt". Bis zur Hälfte aller Funktionen wurde von Helferinnen übernommen. Im Luftgau XI setzte sich am Ende des Krieges das Wetterpersonal zu 40% aus Helferinnen zusammen. Zur gleichen Zeit war der Wetternachrichtendienst des Luftgaus fast völlig in der Hand der Helferinnen. Neben 25 männlichen Funkern arbeiteten 188 weibliche, neben 15 männlichen Verschlüßlern arbeiteten 233 weibliche. An den Fernschreibern und Fernsprechern waren nur Frauen eingesetzt: 25 Nachrichtenhelferinnen des Fernschreibdienstes und 35 Nachrichtenhelferinnen des Fernsprechdienstes. (2)

Die Ausbildung der Wetterdiensthelferinnen führte jeder Luftgau nach seinem Bedarf durch. Sie dauerte acht Wochen. Die Wetterdienstschule für den Luftgau XI war z. B. in Lübeck. (3)

Formular einer Wettermeldung für Flak und Flugwachkommando

Datum .... Uhrzeit ....
Vom Wetterdienst der Wetterwarte .... erhalten um .... Uhr
Flugwachkommando ....
Luftschutzwarnzentrale ....
Flakabteilung ....

A. Allgemeine Wetterlage
und deren Entwicklung in Nord-West-Mittel-Ost-Süd-Deutschland¹)

B. Besondere Angaben der Wetteraussichten (mittlere Werte)
im Bereich des Flugwachkommandos für die nächsten .... Stunden

		Zur Zeit	Später
I. Wind			
Richtung²) und Geschwindigkeit in km/std	Boden		
	1000 m		
	3000 m		
	5000 m		
II. Bewölkung			
Grad der Bedeckung³) Höhe in m über Grund	obere Grenze		
	untere Grenze		
III. Sichtweite am Boden in km			

IV. Besondere Wettererscheinungen im ganzen Bereich
(Nebel, Regen, Schnee, Gewitter, Böigkeit usw.
im Norden, Osten, Süden, Westen des Bereichs)

¹) Nicht Zutreffendes ist zu streichen, wird nichts gestrichen, so bedeutet es:
bei A: Wetterlage in ganz Deutschland
²) Die Richtung wird nach der 32-teiligen Skala angegeben (vom geogr. Nord im Uhrzeigersinn gezählt)
³) Der Grad der Bedeckung mit Wolken wird in Zehnteln der Gesamtbedeckung des Himmels angegeben:
10/10 der Himmelsbedeckung bedeutet: ganz bedeckt
7/10 der Himmelsbedeckung bedeutet: 3/4 bedeckt
5/10 der Himmelsbedeckung bedeutet: halb bedeckt
1/10—3/10 der Himmelsbedeckung bedeutet: 1/4 bedeckt
0 der Himmelsbedeckung bedeutet: wolkenlos

L 55069

Druck der Ernst Steiniger Druck- und Verlagsanstalt Berlin SW 68

Belegstellen

(1) L. Dv. 811, Der Luftwaffenwetterdienst, Januar 1940.
(2) Ludwig Wolff, Die Geschichte des Luftgaus XI (Manuskript), Bundesarchiv/Militärarchiv RL 19/427.
(3) Ebenda.

Der Flakwaffendienst

Bei Kriegsausbruch verfügte die deutsche Wehrmacht über etwa 2.600 schwere und 6.700 mittlere und leichte Flakgeschütze in 950 schweren Batterien und 560 mittleren und leichten Batterien für den Erd- und Luftkampf. (1) Zur schweren Flak gehörten das 8,8-cm-Flak-Geschütz, das 10,5-cm-Geschütz sowie die 12,8-cm-Kanone, die als Eisenbahnflak oder ortsfest in den Flaktürmen, z. B. in Berlin, eingesetzt war. Eine Batterie bestand aus vier bis sechs Rohren. Die leichten bzw. mittleren Batterien setzten sich aus 12 bis 15 Rohren von 2-cm-Geschützen, 3,7-cm-Geschützen und 5-cm-Geschützen zusammen. Gegen Jahresende 1942 waren etwa 60% der vorhandenen Flakbatterien in der Luftverteidigung eingesetzt, d. h. etwa 700 schwere Batterien und über 400 leichte und mittlere Batterien. (2) Das „Führerprogramm Flak" sah angesichts der zunehmenden alliierten Luftangriffe – vor allem der Tagangriffe der US-Luftflotte – bis Ende 1943 die Vermehrung der Flakeinheiten der Luftverteidigung um 900 schwere Batterien und 750 leichte Batterien vor. Anfang 1944 konnte Göring dem Führer endlich klarmachen, daß die schwere Flak gegen die Hochangriffe der Alliierten wirksamer war als die leichten und mittleren Batterien. Deshalb wurde die Rüstungsproduktion auf 8,8-cm-Geschütze umgestellt. Es handelte sich allerdings nicht um das neu entwickelte leistungsfähige Geschütz 8,8-cm-41, sondern um die alte 8,8-cm-37-Kanone, weil für sie 500 kg Stahl weniger benötigt wurden. Erst später wurde die Produktionssperre aufgehoben. Den größeren Teil der neuen Modelle erhielt allerdings die Front, nicht die Heimatflak. (3)

Im Herbst 1944 standen der Reichsluftverteidigung 1.508 schwere Batterien und 623 leichte Batterien zur Verfügung. In den Luftgauen des Reiches war die schwere Flak wie folgt verteilt: Luftgau III 338 Batterien, Luftgau V 58 Batterien, Luftgau VI 263 Batterien, Luftgau VII 104 Batterien, Luftgau VIII 141 Batterien, Luftgau XI 161 Batterien, Luftgau XIV 121 Batterien, Luftgau XVII 228 Batterien. Die restlichen der Luftverteidigung des Reiches dienenden 96 schweren Batterien befanden sich in Bereichen außerhalb der genannten Luftgaue.
Über die Effizienz der Flakwaffe in der Luftverteidigung gingen schon während des Krieges die Meinungen weit auseinander. Angesichts der alliierten Luftüberlegenheit und der Schwächen der deutschen Jagdabwehr gab es jedoch keine Alternative zum Schutz von Bodenzielen gegen feindliche Bomber.

Immerhin konnte Generalleutnant von Axthelm, der General der Flakwaffe, am 21. 5. 1943 den 10.000. Abschuß eines feindlichen Flugzeuges durch die Flak seit Kriegsbeginn feiern lassen. (4) Der amerikanische Geheimdienst überschätzte die Zahl der deutschen Flakgeschütze erheblich. Er meinte Ende 1944, daß zur Reichsverteidigung etwa 60.000 schwere Geschütze, 5.000 leichte Geschütze und 7.500 Scheinwerfer eingesetzt seien. In den Monaten Juni, Juli und August 1944 gingen zwei Drittel der 700 alliierten Totalverluste auf Kosten der Flak. Von den 13.000 beschädigten Bombenflugzeugen zeigten 98% die Einwirkungen von Flakgeschossen. Gegenmaßnahmen gegen die deutsche Luftabwehr sah das alliierte Bomberkommando im Fliegen in großen Höhen, in der Umgehung der Flakzentren, in der Lahmlegung der Funkmeßgeräte durch Stanniolstreifen, in Ausweichmanövern über den Flakstellungen und in einer schnellen Aufeinanderfolge der Angriffswellen. (5)

Am 1. 1. 1945 waren im „Heimatkriegsgebiet" immer noch 4.825 schwere Flakgeschütze gegen feindliche Flugzeuge eingesetzt. Am 3. 2. 1945 befahl das Oberkommando der Luftwaffe jedoch die Verlegung von 123 schweren Flakbatterien an die Oderfront zum Endkampf gegen die Russen in tiefgegliederten Panzersperriegeln (Aktion Gneisenau). Zuvor sollten die Luftwaffenhelfer und Flakwaffenhelferinnen und das russische Behelfspersonal aus den Flakbatterien herausgelöst werden. Ein ähnlicher Befehl vom 7. 2. 1945 befahl dem Luftflottenkommando Reich die Stillegung des Scheinwerfereinsatzes um Berlin, damit das männliche Personal zu Panzervernichtungstrupps und

Alarmeinheiten zusammengefaßt werden könnte. Die Helferinnen sollten einer anderen Verwendung zugeführt werden. (6) Das bedeutete das Ende der Heimatflak.
Problematisch wurde im Verlauf des Krieges die Flak-Munitionsversorgung, besonders für die 8,8-cm-Flak. Bei einem monatlichem Durchschnittsverbrauch von 932.600 Schuß sank die Produktion zeitweise auf 200.000 Schuß im Monat ab. (7) Den höchsten Munitionsverbrauch registrierte der Generalquartiermeister der Luftwaffe bei der 8,8-cm-Flak im Oktober 1944, als 3,1 Millionen Schuß abgegeben wurden. Solche Zahlen waren nur möglich, weil die Munitionsvorräte von Batterien, deren Einsatz unwahrscheinlich war, abgezogen wurden.
Die Kosten einer Granate sanken im Verlauf des Krieges von 80,– RM auf 7,40 RM. (8) Es wurde Granatmunition verschossen. Die Zündeinstellmaschine übernahm die Werte des Kommandogerätes, das auch die Seitenwinkel und Rohrerhöhungen elektrisch auf den Empfänger übertrug. (9) Die Entwicklung von Annäherungszündern gelang bis zum Kriegsende nur unvollkommen, so daß man im großen und ganzen beim Aufschlagzünder blieb.
Im Jahresdurchschnitt erreichte die Flak bei abnehmender Wirkung gegen die schweren und hochfliegenden Kampfflugzeuge der Alliierten – bezogen auf die Einflugzahlen – 0,5% Abschüsse und 25% Beschädigungen. (10) Der Munitionsaufwand pro Abschuß und Beschädigung sank im Laufe des Krieges. Die Batterien wurden zu sparsamen Verbrauch ermahnt, und die Treffsicherheit verbesserte sich. An der Jahreswende 1944/45 verringerte sich der Munitionsaufwand pro Abschuß von 1.200 bis 1.500 Schuß auf 500 bis 600 Schuß. (11)
Die Flakartillerie in der Luftabwehr unterstand dem Oberbefehlshaber der Luftwaffe. 1941 kam es zu Spannungen zwischen dem Chef der Luftabwehr und General der Flakartillerie General Rüdel und dem Generalluftzeugmeister Generaloberst Udet über Fragen der Flakrüstung. Göring enthob Rüdel kurzerhand seiner Funktionen und löste die Dienststelle des Generals der Flakartillerie in seinem Stabe auf. Das geschah am 7. 7. 1941. Später wurde eine ähnliche Dienststelle mit veränderter Personalbesetzung als „General der Flakwaffe beim ObdL" wieder eingerichtet. (12) Aber da waren die Chancen einer sinnvollen Flakrüstung bereits vertan. Als am 27. 1. 1944 die Dienststelle des Luftwaffenbefehlshabers Mitte in „Luftflotte Reich" umbenannt wurde, um der Konzentration der fliegenden Verbände im Reichsgebiet gerecht zu werden, gliederte Göring den General der Flakartillerie in diese Dienststelle ein. (13) Er war für die Steuerung der gesamten Flakverteidigung über dem Reichsgebiet verantwortlich. Die Luftgaukommandos erhielten gleichfalls Flakabteilungen unter der Führung eines Generals. Die taktische, truppendienstliche und versorgungsmäßige Führung der Flak lag jedoch bei den Flakdivisionen und selbständigen Flakbrigaden.
Verantwortlich für den Flakeinsatz war der örtliche Flakführer, dem der Schutz eines Gebietes oder eines Objektes anvertraut war. Die Feuerleitung war Aufgabe der Batterieführer bei der schweren Flakartillerie und der Zugführer bei der leichten und mittleren Flak. Eine erfolgreiche Gefechtsführung hing weitgehend von der umfassenden und ohne Zeitverluste erfolgenden Unterrichtung der Einheit über die Luftlage im großen, im eigenen Vorfeld und im eigenen Kampfraum ab. Ihr diente das Florian-Netz, das alle für die Durchführung des Flugmeldedienstes erforderlichen Drahtnachrichtenverbindungen umfaßte. Für die Übermittlung der Befehle der gefechtsführenden Stellen an die Verbände und Einheiten diente das Lukas-Netz, in dem alle für die Führung und Versorgung der Flakartillerie erforderlichen Nachrichtenverbindungen fernsprech- und fernschreibmäßig zusammengefaßt waren. (14)
In den Gefechtsständen der Flakdivisionen und Flakgruppen benötigten die Kommandeure als Hilfsmittel für die Gefechtsführung und Feuerüberwachung die Flugmeldekarte (Darstellung der Luftlage im großen und Unterlage für den Entschluß zur Warnung und Entwarnung), die Vorfeldkarte (Auswertung der Meldungen der Großmeldegeräte, Aufschluß über Stärke, Kurse und Angriffsabsichten des Gegners), die Kampfraumkarte (Wiedergabe der durch Funkmeßgeräte georteten Ziele und der Feuertätigkeit der Batterien) und die Zielwegkarte (Ausweisung der von den Meßgeräten geführten Ziele). Diese Unterlagen wurden ab 1943 in der Regel von Helferinnen erstellt.
Gefechtsführung und Feuerleitung hingen ab vom Auftrag, von den verfügbaren Kräften, von der Art des Schießens (Zielfeuer oder Sperrfeuer), von der Stärke des Gegners, von der Wetterlage und von der Qualität der Flugmeldungen. Die Hauptaufgabe des Flakdivisionskommandeurs bestand darin, von seinem Gefechtsstand aus die Gefechtstätigkeit seiner Verbände so zu steuern, daß dem Gegner in der gesamten Flakzone und in allen Höhen ein starkes

und abwechslungsreiches Feuer entgegenschlug. Er regelte den Munitionseinsatz und schaltete Fehler in der Feuer- und Leuchtdisziplin durch Hinweise an die verantwortlichen Kommandeure aus. Der Flakgruppenkommandeur unterrichtete im Gefecht die unterstellten Verbände über die Luftlage, beobachtete die Nahtstellen zu den Nachbargruppen, gab Hinweise auf neu einfliegende Gegner und überwachte die Feuertätigkeit der Batterien und die Bekämpfungsdauer der Ziele. Der Batterieführer war der Alleinverantwortliche für die Feuerleitung. Sie umfaßte Zielwahl, Zielwechsel, Zusammenarbeit mit den Nachbarbatterien, Wahl des Schießverfahrens, Munitionseinsatz, Feuereröffnung und Feuerbeendigung und Überwachung des Luftraumes durch die Funkmeßgeräte der Batterie. Vordringlich war die Bekämpfung aller im eigenen Kampfraum auftretenden Ziele. Der Abschuß von Flugzeugen der ersten Angriffswelle, die in der Regel als Beleuchter fungierten, war ihm besonders ans Herz gelegt.

Als Fliegerabwehrkanone wurde die 8,8-cm-Flak grundsätzlich in Verbindung mit Kommandogeräten und Funkmeßeinrichtungen eingesetzt. An die Stelle des bei Kriegsbeginn vorhandenen Kommandogeräts 36 rückte 1942 das schneller arbeitende Kommandogerät 40, das auch die Kurven- und Höhenänderungen der Luftziele berücksichtigte. Mit diesem Gerät und dem Entfernungsmesser Em 4 m/34/36 wurden die Batterien der Flakzentren ausgerüstet, soweit die Produktion den Bedarf deckte. Das Kommandogerät arbeitete auf geometrischer Grundlage und lieferte drei Werte für das indirekte Richten gegen Luftziele. Aus dem Meßdreieck zwischen Meßgerät, Flugziel und dessen Bodenpunkt wurde über das Trefferdreieck automatisch das Schußdreieck errechnet und an die Geschützbedienung weitergegeben. Die Arbeit an diesen Hilfsgeräten war so einfach, daß auch Behelfspersonal daran beschäftigt werden konnte. Drei Mann reichten für ein Gerät aus. Im August 1944 waren insgesamt 2.220 Kommandogeräte 40/41 im Einsatz. Die monatliche Produktion der Firma Carl Zeiß in Jena betrug rund 100 Stück. Die Entwicklung eines Kommandogerätes auf elektronischer Basis kam bis zum Kriegsende nicht zum Abschluß. (15)

Mit Funkmeßgeräten wurde die Flak erst verhältnismäßig spät ausgerüstet. Im April 1942 besaß nicht einmal ein Drittel aller Flakbatterien ein Gerät der eingeführten Typen Fu. M. G. 39 T, Fu. M. G. 39 L oder Fu. M. G. Freya. Die Peilgenauigkeit ließ zu wünschen übrig. Sie betrug ±5 bis 8° nach der Seite

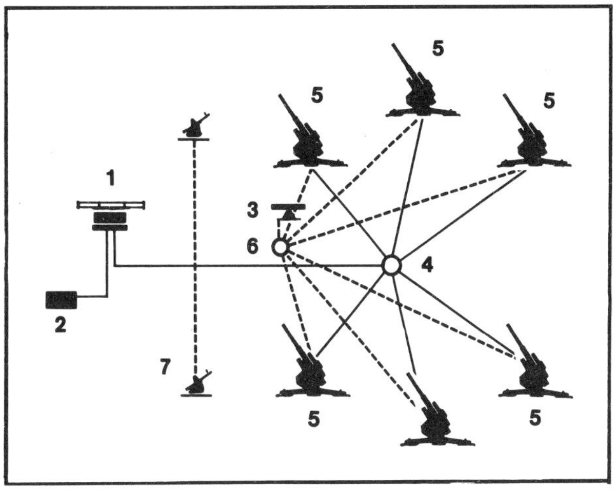

Stellung einer 8,8-cm-Flakbatterie (16)

1 Befehlsstelle
2 Stromaggregat
3 Kommandogerät 36
4 Verteilerkasten
5 Geschütze
6 Drosselkasten
7 leichter Flaktrupp

—— Wertübertragung vom Kommandogerät 36 zu den Geschützen

– – – telefonische Wertübertragung vom Kommandogerät 36

Arbeitsweise des Kommandogerätes 40

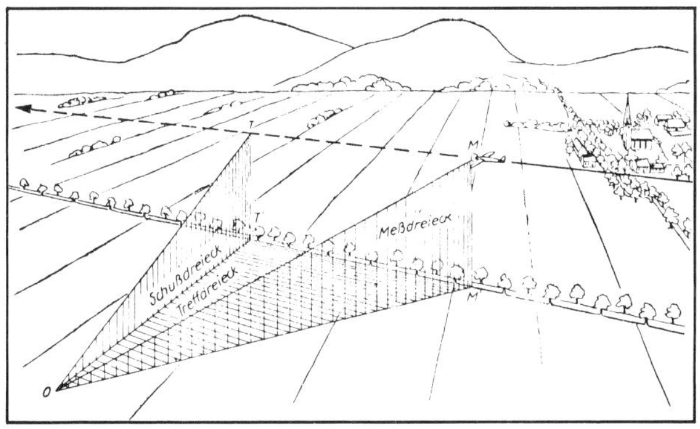

und ±7 bis 9/16° nach der Höhe. Die verbesserten Würzburg-Riese-Geräte (Fu. M. G. 65) wurden fast ausschließlich an die Luftnachrichtentruppe und die Jägerführung geliefert.

Im großen und ganzen bewährte sich die Zusammensetzung einer 8,8-cm-Flakbatterie aus sechs Rohren und einem Kommandogerät. Gegen Tiefflieger an-

Rückwand des Kommandogeräts 40

1 Horizontierungsschraube für Em.
2 Anschlußdose für fernmündliche Übertragung (Entfernung zum Meßpunkt)
3 Voltmeter
4 Ampèremeter
5 Anschluß für Em.-Beleuchtung
6 Kasten mit Sicherungsautomaten
7 Schalthebel für σ_M-Schnellgang
8 Anzeige für Θ_{KM}
9 Anzeige für h_M
10 Spiegel
11 Schalter für Em.-Beleuchtung
12 Dreikant zum Ausschalten der Seitendrehung des Kommandogeräts beim Einrichten
13 Halterung für Dreikantkurbel
14 Anzeigetafel für einliegende Ballistik
15 Fahrbühne für E. 1
16 Anschluß für Übertragungsleitung 37 vom Funkmeßgerät (Flak)
17 Anschluß für Fernsprechhilfsleitung vom Funkmeßgerät (Flak)
18 Anschlußdose für fernmündliche Übertragung (Schießender)

griffe war die Batteriestellung in der Regel von einigen Rohren leichter Flak geschützt. Zur Einsparung von Führungspersonal wurden ab 1943 auch Großbatterien aus je zwölf 8,8-cm-Flakgeschützen und Doppelbatterien mit bis zu 24 Rohren gebildet. Entsprechend erhöhte sich die Zahl der Flakscheinwerfer auf 16 Geräte und drei Funkmeßgeräte. Die Feuerkonzentration erwies sich beim Objektschutz gelegentlich als nützlich, weil dadurch eine sechs- bis achtfache Überlagerung des Flakfeuers möglich wurde. (17) Die Befehlsstelle einer Großbatterie umfaßte neben dem Gefechtstand mit der Fernmeldezentrale und der Umwertung noch die drei Kommandogeräte der angeschlossenen Batterien und zwei bis drei Funkmeßgeräte mit einander überlagernden Suchsektoren. Die Befehlsstelle und die Funkmeßge-

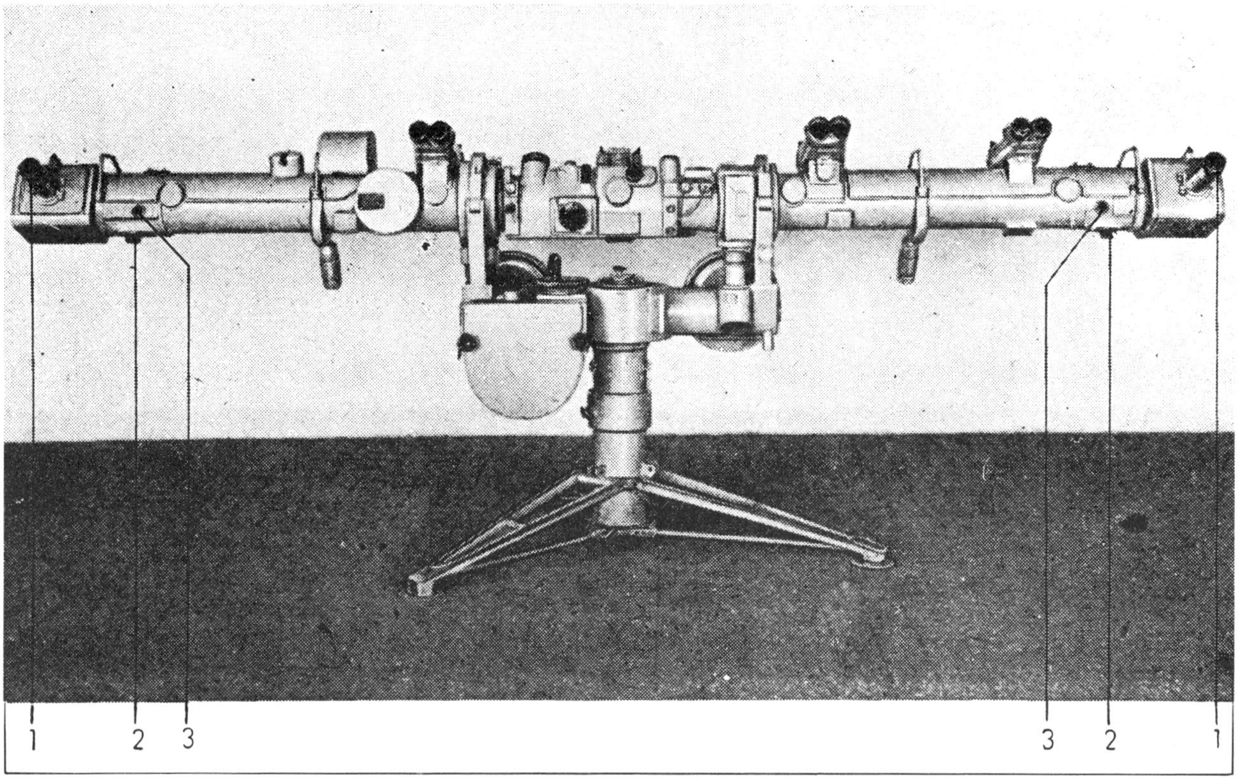

Ausblickseite des Em.: 1 Regenschutzrohr 2 Knopf für Tagesbeleuchtung 3 Fenster für Tagesbeleuchtung

räte im Abstand von etwa 25 m standen etwa in der Mitte eines Kreises von 60 m Durchmesser. Auf der Peripherie befanden sich die in Dreiecksform angeordneten Kommandogeräte, so daß der Abstand zwischen Funkmeßgeräten und Kommandogeräten 20–40 m betragen konnte. Die Feuerstellungen der Kanonen wurden etwa 60 bis 90 m von ihren Kommandogeräten seitlich abgesetzt. Die Großbatterie hatte also etwa die Form eines gleichseitigen Dreiecks mit einer Seitenlänge von 250 m. (18)
Der wichtigste Grundsatz der Flakartillerie war das schwerpunktmäßige Zusammenhalten aller Abwehrkräfte. Bei ausgedehnten Schutzgebieten, wo sich eine lückenlose Abwehr nicht ermöglichen ließ, sollten innerhalb des zu schützenden Gebietes Abwehrschwerpunkte gebildet werden. Am äußeren Rande des Schutzgürtels mußte eine mehrfache Überlagerung der eingesetzten Flakabwehr gewährleistet sein.

Die personelle Besetzung der Flakbatterien veränderte sich im Laufe des Krieges, ohne daß dadurch die Effizienz der Waffe sank. Im September 1942 befahl Hitler das Herauslösen von 120.000 Soldaten der Luftwaffe für Heeresaufgaben. Für die 22 aufzustellenden Luftwaffenfelddivisionen kam das Hauptkontingent aus der Flaktruppe. An ihre Stelle traten in den ortsfesten Batterien der Heimatflak hilfswillige Kriegsgefangene. Auch zivile Arbeitskräfte aus anderen Völkern, besonders viele Wallonen, wurden zur Reichsluftverteidigung herangezogen. Am 11. 8. 1943 wurde mit der Aufstellung von RAD-Flakbatterien begonnen. Schließlich gab es 420 Batterien, deren gesamtes Personal dem RAD angehörte. Gleichzeitig wurde der Führerbefehl vom 20. 9. 1942 zur Aufstellung einer Flakmiliz aus Jugendlichen, d. h. zur Heranziehung von Luftwaffenhelfern, 15 bis 16jährigen Schülern, benutzt. Weiteres Behelfspersonal stellten die Luftwaffenhelferinnen und der RADwJ. Im Oktober 1944 dienten in der Luftwaffenflak 600.000 Soldaten und 520.000 Angehörige des Behelfspersonals. Von den letzteren waren 60.000 RAD-Flakmänner, 50.000 Luftwaffenhelfer, 80.000 Flakwehrmänner, 160.000 Flakwaffenhelferinnen und 170.000 ausländisches männliches Behelfspersonal. Für die personelle Zusammensetzung einer Batterie kann als Beispiel die Batt. 1./662 zum Schutz der Hydrierwerke von Pölitz bei Stettin herangezogen werden: Die Batterie hatte einen Offizier. Ein Teil der Unteroffizierstellen war nicht besetzt. Einschließlich Koch und Schuhmacher verfügte sie über 10 bis 15 ältere, bedingt taugliche Soldaten. Die Geschützstaffel war mit Luftwaffenhelfern besetzt, die Meßstaffel mit Flakwaffenhelferinnen. Munitionskanoniere waren 20 hilfswillige russische Kriegsgefangene, die von Luftwaffenhelfern bewacht wurden. Die Scheinwerferbedienung unter der Leitung eines Unteroffiziers bestand aus Maiden des RAD. (19)

Das Reichsgebiet wurde von einem Netz von Flakzentren überdeckt. Dazu gehörten alle Großstädte und alle Orte mit kriegswichtiger Produktion oder militärisch wichtigen Anlagen. Um München wurden z. B. acht schwere Flakbatterien konzentriert: bei der Jakobsklause am Flughafen Oberschleißheim, nördlich von Allach, am Militärschießplatz Freimann,

Flakschwerpunkte der Reichsverteidigung Ende 1943 (20)

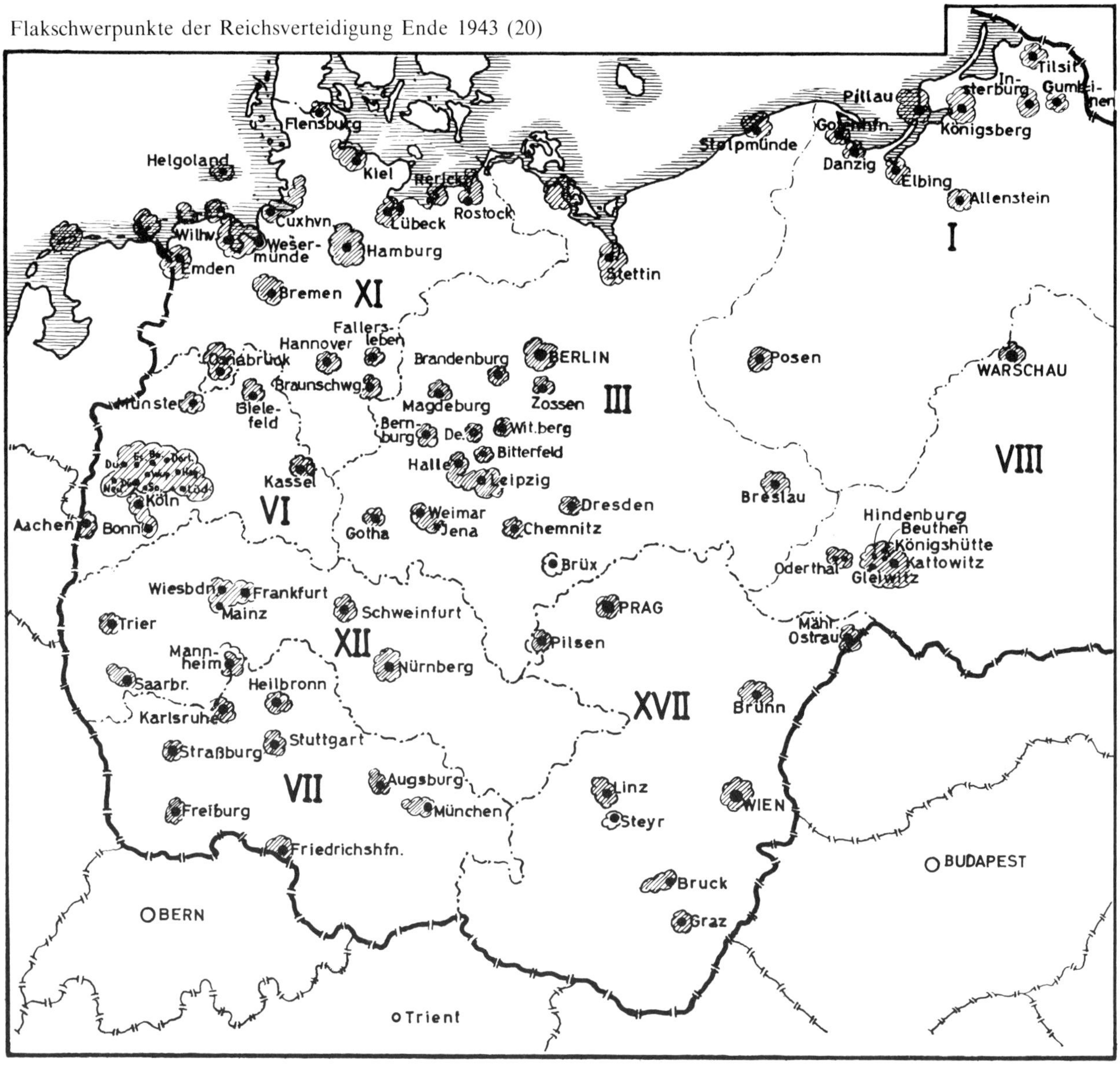

zwischen Untermenzing und Ludwigsfeld, auf dem Oberwiesenfeld, zwischen Oberföhring und Englschalking, östlich von Großhadern und zwischen Ramersdorf und Michaeliburg. (21) Im Flakzentrum Hamburg lagen 54 schwere Batterien und 25 leichte und mittlere Batterien. (22)

Ein besonders heikles Problem war während des ganzen Krieges die Zusammenarbeit von Flak und Jagdwaffe. Konkurrenzen und Eifersüchteleien gab es in Hülle und Fülle. Als unabdingbar erwies sich ab 1943 eine stärkere Kooperation von Flak und Nachtjagdverbänden wegen der Zunahme flakgeschützter Objekte. Wie konnten die Nachtjäger über den Flakschwerpunkten vom Feuer der Flakartillerie ausgespart werden? Um das zu gewährleisten, wurde 1944 der Gefechtsstand des Nachtjagdführers mit dem Gefechtsstand der Flakdivision bzw. des örtlichen Flakführers zusammengelegt. Die Zusammenarbeit der Nachtjagd und der Flakartillerie in den Nachtjagdgebieten regelte sich nach folgenden Grundsätzen: Für den unmittelbaren Schutz kriegswichtiger Objekte und Gebiete war allein der örtliche Flakführer verantwortlich. Die Nachtjagdverbände trugen keine Verantwortung für ein zu schützendes Objekt. In Nachtjagdgebieten gelegene Flakzonen sollten von den Nachtjägern grundsätzlich umflogen werden. Für Objekte, die nur durch leichte Flakartillerie geschützt waren, hatte der Nachtjäger den Luftraum oberhalb von 1.000 Meter frei, die leichte Flakartillerie unterhalb von 1.000 Meter. Durch Raumleuchten konnten die Flak-Scheinwerferbatterien Flugziele für Nachtjäger durch indirekte Lichteinwirkung sichtbar machen. Das geschah z. B. durch die Aufhellung des Luftraums gegen eine erleuchtete Wolkendecke, so daß das feindliche Flugzeug als Silhouette sichtbar wurde. Beim Zielleuchten wurde das Flugziel direkt angeleuchtet. (23) Im rheinisch-westfälischen und mitteldeutschen Industriegebiet, die wegen ihrer großen Ausdehnung nicht umflogen werden konnten, hatte die Flak Feuer frei bis 6.500 Meter. Die Verfolgungsnachtjagd wurde in einer Höhe zwischen 6.500 und 8.000 Meter über die Objekte hinweggeschleust. (24)

Belegstellen

(1) Rudolf Lusar, Die deutschen Waffen und Geheimwaffen des Zweiten Weltkrieges und ihre Weiterentwicklung, München 1971, S. 181 f.; Otto Wilhelm von Renz, Deutsche Flug-Abwehr im 20. Jahrhundert, Frankfurt 1960, S. 98 ff.

(2) Horst Adalbert Koch, Flak – Die Geschichte der deutschen Flakartillerie und der Einsatz der Luftwaffenhelfer, Bad Nauheim 1965, S. 254.

(3) Horst Adalbert Koch, a. a. O., S. 332; Walter Grabmann, Geschichte der deutschen Luftverteidigung 1933–1945 (Manuskript 1954), Militärgeschichtliches Forschungsamt Freiburg Lw 11/2, S. 161.

(4) Ludwig Wolff, Die Geschichte des Luftgaus XI (Manuskript), Bundesarchiv/Militärarchiv RL 19/427; Horst Adalbert Koch, a. a. O., S. 234.

(5) Bundesarchiv/Militärarchiv Lw 107/151; Der deutsche Soldat 5/1957.

(6) Bundesarchiv/Militärarchiv Lw 107/156.

(7) Werner Stang, Zahlenmaterial der faschistischen Wehrmacht im Zweiten Weltkrieg, in: Militärgeschichte 14/1975, S. 66 f.; Otto Wilhelm von Renz, a. a. O., S. 138.

(8) Ebenda; vgl. Horst Adalbert Koch, a. a. O., S. 359 ff.

(9) L. Dv. 1.122/1.

(10) Horst Adalbert Koch, a. a. O., S. 254.

(11) Ludwig Wolff, Die Geschichte des Luftgaus XI (Manuskript), Bundesarchiv/Militärarchiv RL 19/427, S. 37.

(12) Horst Adalbert Koch, a. a. O., S. 288.

(13) Zu den Rivalitäten zwischen Flak und Jagdwaffe vgl. besonders H. J. Rieckhoff, Trumpf oder Bluff? – 12 Jahre deutscher Luftwaffe, Genf 1945, S. 190 ff.

(14) Vgl. Karl-Heinz Völker, Die deutsche Heimatluftverteidigung im Zweiten Weltkrieg, in: Wehrwissenschaftliche Rundschau 1966, S. 87 ff. und S. 158 ff.

(15) Horst Adalbert Koch, a. a. O., S. 343 ff.; L. Dv. 440/4b, Richtlinien für die Ausbildung am Kommandogerät 40, August 1944.

(16) Janusz Piekalkiewicz, Luftkrieg 1939–1945, München 1978, S. 248; Otto Wilhelm von Renz, a. a. O., S. 147 ff.

(17) Horst Adalbert Koch, a. a. O., S. 296; Walter Grabmann, a. a. O., S. 929 ff.

(18) Horst Adalbert Koch, a. a. O., S. 238.

(19) Horst Adalbert Koch, a. a. O., S. 303 ff.

(20) Luftwaffenbefehlshaber Mitte Nr. 5690/43 vom 8. 11. 1943, Bundesarchiv/Militärarchiv Lw 107/148.

(21) Vgl. Stadtarchiv München, Stadtverteidigung Nr. 520 Luftschutzorganisation.

(22) Horst Adalbert Koch, a. a. O., S. 244.

(23) L. Dv. 400/10, Führung und Kampf der Flakartillerie, Teil II, Einsatz und Kampfführung in der Luftverteidigung, März 1943; Taktischer Einzelhinweis Nr. 15, Bundesarchiv/Militärarchiv RL 2 II/127.

(24) Merkblattreihe Reichsluftverteidigung, Heft 2, Die Jagdfliegerwaffe, OKL Lw.-Führungsstab Ausb. Abt. Nr. 1410/44, geh., S. 28 ff.

Der Flakscheinwerferdienst

Am Beginn des Krieges verfügte die Flakartillerie über etwa 2000 Scheinwerfer. Ende 1943 waren 200 Scheinwerferbatterien mit je 16 Scheinwerfern im Einsatz. Das größte Volumen erreichten die Scheinwerferverbände im Juli 1944 mit 375 Batterien. Es handelte sich überwiegend um die Modelle 60 cm, 150 cm und 200 cm. (1)

Der Einsatz der Flakscheinwerfer richtete sich nach den Bedürfnissen der Flakartillerie. Wo Flakzentren waren, waren auch Scheinwerferzentren. In Hamburg waren z. B. im Dezember 1944 insgesamt 15 Scheinwerferbatterien eingesetzt, in Bremen 14 und in Hannover 13. (2) Die schweren Flakscheinwerfer (150 cm, 200 cm) hatten die Aufgabe, ein sicheres

Stellung des Flakscheinwerfers 200 cm 40 A mit Zusatzgeräten

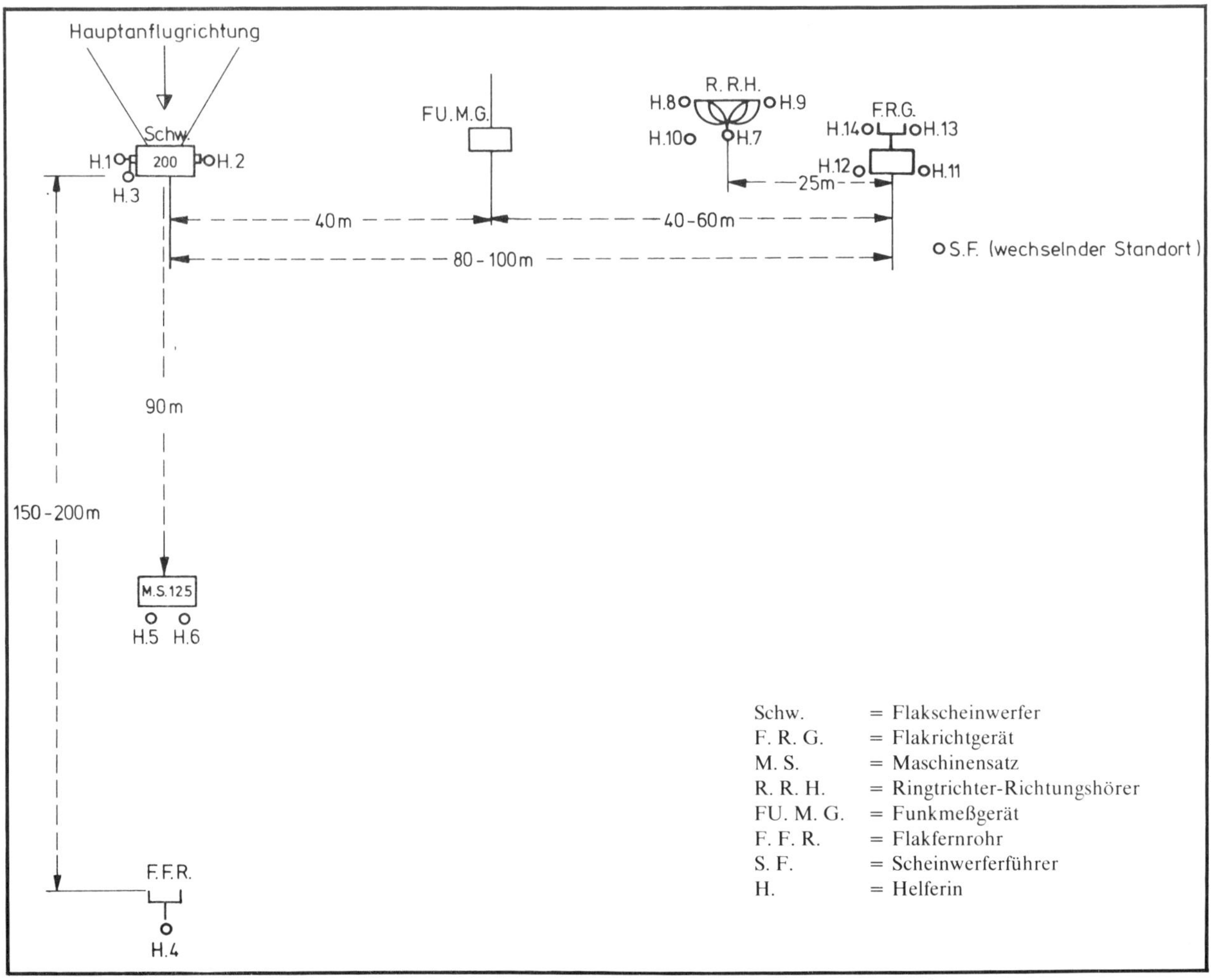

Flakscheinwerfer 150 cm mit Bettung in Betriebsstellung

46 Röhrenlibelle
81 Auftritt
82 Gradbogenleuchte
83 Zeiger
84 Abschlußflansch
85 Brustlenker
86 Blindflansch mit Kette
87 Halterung
88 Blindflansch für Fernsteuerung
89 Lagerkopf
90 Schauglas (Kohlenbeobachtungsvorrichtung)
91 Transporte
92 Handgriff
93 Hebel für Blende
94 Doppelarmiger Hebel
95 Blendenzug
102 Flakscheinwerfer-Gehäuse
104 Blendengehäuse
114 Entlüfterglocke
152 Gradbogen
165 Zahnbogen
181 Blechgehäuse
182 Öse für Hebezeuge
187 Schild (Fabrik-Nr.)
188 Schild (Baujahr)
199 Leichtmetallrohr
200 Bügel
201 Anschlußflansch
202 Handrad
203 Kupplung (hinter Anschlußflansch)
204 Handhebel
205 Sperrvorrichtung
207 Halter für Richtlatten

Führen der Luftziele im Scheinwerferlicht auch bei Zielhöhen von 8.000–12.000 m über der gesamten Flakzone sicherzustellen. Die leichten Flakscheinwerfer (60 cm) sollten Luftziele für leichte und mittlere Waffen erfassen und führen. Die Leuchtzonen der Flakscheinwerfer mußten sich mit der Flakzone dekken. Es war jedoch ein ausreichendes Leuchtvorfeld anzustreben, damit die Ziele bereits vor der Grenze der wirksamen Reichweite der Flakartillerie erfaßt werden konnten. Um eine gestreute Leuchtwirkung zu erreichen, sollten die Flakscheinwerfer in möglichst gleichmäßigen Abständen von etwa 3 km aufgestellt werden. Abstände von mehr als 4 km gefährdeten bei Zielhöhen über 6.000 m die Leuchtwirkung. Sollte für die schweren Batterien ein Leuchtvorfeld geschaffen werden, mußten sich die äußeren Scheinwerfer mindestens 8 km vor den Batterien befinden. Der Mindestabstand der Scheinwerfer von den Batterien betrug 500 Meter, damit die Flak-Feuerleitgerät-Bedienungen nicht geblendet wurden. Nur bei Schießverfahren mit elektrisch-optischer Ortung spielte die Blendwirkung keine Rolle. Durch die Plazierung der Scheinwerfer durften schutzwürdige Objekte nicht verraten werden. Deshalb war eine ringförmige Anordnung grundsätzlich verboten. Wenn der Einsatz von Nachtjägern geplant war, sollte das Leuchtvorfeld vergrößert werden, damit aus der Flakzone ausgeflogene Feindflugzeuge möglichst lange im Lichtkegel weitergeführt werden konnten.
Zu jedem Scheinwerfer gehörte ein Maschinensatz. Seine Elektromotoren waren an das lokale Stromnetz angeschlossen. Brach die Stromversorgung zusammen, so erloschen auch die Scheinwerfer. Für die Notstromaggregate gab es nur für begrenzte Leuchtdauer Brennstoff. Gegen Ende des Krieges fehlte er überhaupt. Ganze Flakbatterien lagen in den letzten Kriegsmonaten wegen Stromausfall oder Betriebsstoffmangel einfach still. (3) Von „blindem" Sperrfeuer sah man wegen des hohen Munitionsverbrauchs ab.

Zu den Zusatzgeräten des Flakscheinwerfers vom Modell 200 cm 40 A gehörten ein Flakrichtgerät, ein Funkmeßgerät, ein Ringtrichter-Richtungshörer und ein Flakfernrohr. Mit ihrer Hilfe sollten feindliche Flugzeuge möglichst rasch und sicher erfaßt und geführt werden. Die Düppelstörungen des Funkmeßgeräts führten dazu, daß sich der Scheinwerferbatterieführer auf die Peilungen durch den Ringtrichter-Richtungshörer verlassen mußte. Die Bedienung dieses Geräts verlangte Sorgfalt. (4)
Die Befehlsstelle der Flakscheinwerferbatterie lag neben dem lichtstärksten Gerät der Batterie, das als Leitscheinwerfer benutzt werden konnte. Der Batterieführer hörte den Flaksender des örtlichen Flakführers mit, über den allgemeine Hinweise an die Batterien gegeben wurden. Er war somit dauernd über die taktische Luftlage informiert.
Von den Alarmbereitschaften der Scheinwerfer- und Flakbatterien mußte die Feuerbereitschaft innerhalb von drei bis vier Minuten nach Vorwarnung hergestellt werden können. Dementsprechend waren die Alarm- und Ruhezeiten für die einzelnen Züge in den Batterien zu organisieren. Jeder Batterieführer trug die Verantwortung dafür, daß einerseits die Einsatzbereitschaft der Batterie vorhanden war und andererseits alle Batterieangehörigen die zustehenden Ruhezeiten bekamen. Das war ab 1944 praktisch unmöglich, weil die Bombenangriffe bei Tag und Nacht durchgeführt wurden. (5)
Die meisten Frauen, die während des Krieges als Flakwaffenhelferinnen eingesetzt waren, bedienten die Scheinwerfer und ihre Zusatzgeräte. In vielen Batterien gab es außer dem Batterieführer keine Soldaten.

Belegstellen

(1) Bericht General Grabmann vom 19. 4. 1956, Bundesarchiv/Militärarchiv Lw 107/143.
(2) Ludwig Wolff, Die Geschichte des Luftgaus XI (Manuskript), Bundesarchiv/Militärarchiv RL 19/427, S. 35.
(3) Wilhelm Haenschke, Die Luftnachrichtentruppe 1944 im Westen, in: Wehrkunde 1955, S. 143.
(4) Vgl. L. Dv. 400/6, Ausbildung am Ringtrichter-Richtungshörer, August 1940.
(5) Vgl. L. Dv. 602/2, Flakscheinwerfer 150 cm 34 Bauart SSW; L. Dv. 601/2, Flakscheinwerfer 150 cm 37; L. Dv. 44/5c, Ausbildung am Flakscheinwerfer 150 cm und am Maschinensatz 110 Volt 24 kW, April 1943; L. Dv. 400/5e, Ausbildung am Flakscheinwerfer 200 cm und am Maschinensatz 125 Volt 60 kW.

Der Luftsperrdienst

Die meisten Flakdivisionen der Reichsluftverteidigung verfügten über eine Luftsperrabteilung mit drei Luftsperrbatterien. Sie unterstanden dem örtlichen Flakführer. Die Luftsperrbatterie-Befehlsstellen lagen in der Mitte des Einsatzraumes. Ihr Führer hatte meistens den Rang eines Oberleutnants. Zwischen den Batterien und zum örtlichen Flakführer sowie zur Besatzung des Leitballons, der als Gewitterwarn- und Windmeßgerät diente, bestanden direkte Fernsprechverbindungen.

Sperrstellen wurden im Krieg dort eingerichtet, wo die Zielbedingungen für gezielten Bombenabwurf die feindlichen Flugzeuge in den Bereich der Luftsperre zwangen, z. B. abgelegene Industriewerke, Talsperren, Schleusen, Schiffshebewerke, Brücken, U-Boot-Bunker, Wasser- und Elektrizitätswerke. Ihr Einsatz entsprach dem von leichten Waffen, weil sie den Gegner in größere Höhen oder zum Aufsuchen stark flakfeuergeschützter Räume zwangen. Ausdehnung und Gestalt des zu schützenden Objekts bestimmten die Einsatztaktik der Luftsperren. Grundsätzlich war ein kreisförmiger Schutz in mehreren Ringen anzustreben. Bei größerer Ausdehnung der Objekte empfahlen sich Teilsperren (Sperriegel). Gelegentlich wurden aber auch unter bewußtem Verzicht auf Sperrschwerpunkte alle verfügbaren Sperrballone über die gesamte Ausdehnung des Objekts gestreut, um den Gegner zu irritieren.

Sperrbatterien wurden in der Regel zusammen mit leichter oder mittlerer Flak eingesetzt. Bei diesem gemischten Einsatz gehörten die Luftsperren zum inneren Verteidigungsgürtel. Es gab auch schwimmende Sperrstellen auf Prähmen oder Schuten, wenn Verteidigungslücken von See aus zu schließen waren.

Im Luftgau VI wurden Ende 1944 folgende Einrichtungen von Ballonsperren geschützt: Schiffshebewerk Henrichenburg bei Dortmund, Dortmund-Ems-Kanal bei Datteln, Sperrmauern der Sorpe-, Diemel-, Eder-, Möhne-, Henne-, Ennepe-, Kierspe-, Lister- und Aggertalsperren, Kreuzung Mittellandkanal mit Weser bei Minden, Eisenbahnanlagen und Weserbrükken bei Bad Oeynhausen. (1)

Sperrballone unter 1.000 m Höhe wurden als Tiefsperren bezeichnet, Sperrballone über 1.000 m Höhe als Hochsperren. Der Einsatz war stark wetterabhängig. Bei Windstärken über 18 m/sek und bei Gewittern wurden die Ballone eingezogen, bei bedecktem Himmel und bei der Vernebelung von Objekten in die untere Wolkenschicht bzw. die Nebeldecke versetzt. Wurde künstlicher Nebel bei klarem Wetter oder bei Vollmond verwendet, erhielten die Ballone im allgemeinen Startverbot, damit sie das Objekt nicht verrieten.

Die Sperrdichte hing vom Gelände und von der Zahl der vorhandenen Sperrballone ab. Eine schachbrettartige Anordnung der Sperrstellen in mehreren Sperrlinien erhöhte die Wirksamkeit. Der Abstand vom zu schützenden Objekt unter Berücksichtigung der Wurfzone durfte wegen der möglichen Abdrift 2.000 bis 3.500 m nicht überschreiten. Für Tiefsperren betrug der Sperrabstand 800 bis 1.500 m. Objekte, die nur im Tiefflug angegriffen werden konnten, sollten durch Zickzack-Tiefsperren geschützt werden. Ihre Wirkungshöhe lag bei 50 m. Auf diese Weise sollten Angriffe mit Lufttorpedos und von Jagdbombern vereitelt werden.

Nachts sollten die Sperrballone auf Höchsthöhe gebracht werden. Die statische Steighöhe am 2,9-mm-Seil betrug 1,98 km.

Die Starterlaubnis für die Sperrballone gab der örtliche Flakführer unter Berücksichtigung der Luftlage, der Zieldarstellung, der Nachtjagden und der Wetterlage (Windgeschwindigkeit unter 18 m/sek). Der Startbefehl wurde durch die Führer des betroffenen Luftsperrverbandes gegeben. Er mußte so rechtzeitig erfolgen, daß die Sperrballone zum Zeitpunkt der Feuerbereitschaft der Flakbatterie auf Optimalhöhe standen. Das war in der Regel der Fall, wenn die feindlichen Flugzeuge den Fernwarnring (200 km) überflogen. (2)

Anfang 1943 verfügte die Luftwaffe über 70 Luftsperreinheiten. Am 9. 1. 1944 waren es 84. Bis auf den Batterieführer bestand das Personal überwiegend aus Flakwaffenhelferinnen. Die Zahl der einsatzfähigen

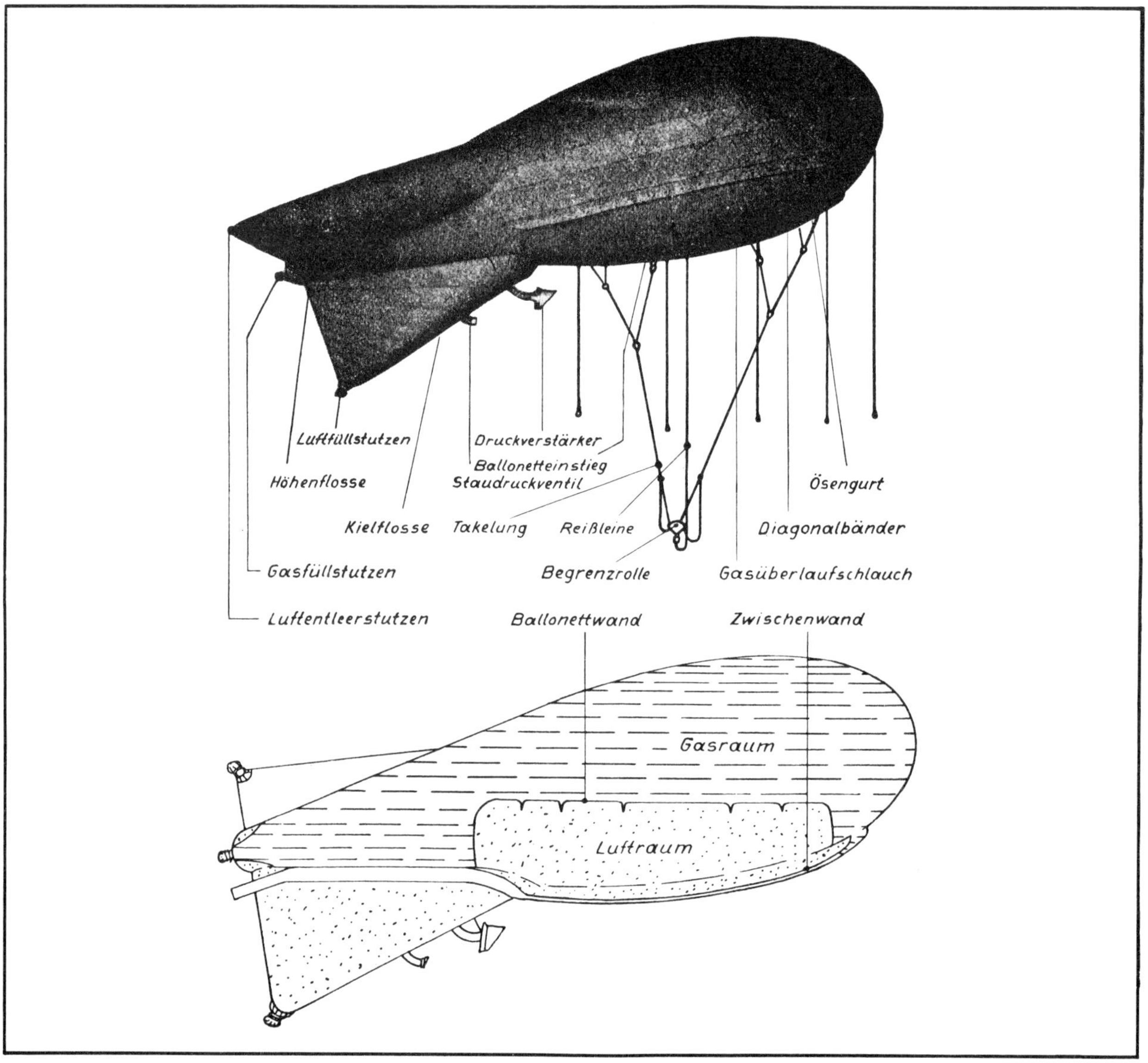

Steuerbordansicht des Sperrballons 200 cbm

Ballone sank 1944. Die meisten wurden durch Maschinengewehrfeuer feindlicher Jagdflugzeuge zerstört. Die erfolgreichen Angriffe der Alliierten auf deutsche Talsperren waren nur erklärbar, weil der Sperrschutz wegfiel. (3)

Belegstellen

(1) Horst Adalbert Koch, a. a. O., S. 359 ff.

(2) L. Dv. 400/10, Ausbildungsvorschrift für die Flakartillerie, Heft 10, Führung und Kampf der Flakartillerie, Teil II, Einsatz und Kampfführung in der Luftverteidigung, März 1943; L. Dv. 400/7, Ausbildung am Luftsperrgerät, Dezember 1944; L. Dv. 400/7a, Ausbildung am Luftsperrgerät, Dezember 1942; L. Dv. 400/7 Beiheft, Richtlinien für die Ausbildung und den Unterricht am Luftsperrgerät, Dezember 1944.

(3) Bericht Grabmann vom 19. 4. 1956, Bundesarchiv/ Militärarchiv Lw 107/143.

Der Luftschutzdienst

Im Zweiten Weltkrieg wurden bei Luftangriffen auf Deutschland 403.000 Wohngebäude zerstört. 593.000 Menschen fanden den Tod. Von ihnen waren 450.000 Zivilisten. (1) Daß die Menschenverluste nicht höher waren, gehört zu den großen Verdiensten des Luftschutzdienstes.

Als Bestandteil der Luftverteidigung hatte der Luftschutz die Aufgabe, alle organisatorischen und technischen Vorkehrungen zu treffen, „um Kampfkraft, Arbeitskraft und Widerstandwillen des gesamten Volkes gegen die Wirkung der feindlichen Luftangriffe zu erhalten". (2) Alle Maßnahmen dienten dem Zweck, die vom Feind angegriffenen Objekte im allgemeinen und das Leben der Bevölkerung und die Einrichtungen und Betriebe der Wirtschaft im besonderen soweit wie möglich vor Schaden zu bewahren. Aus dieser Zielsetzung leiteten sich die fünf Einzelaufgaben des Luftschutzes ab:

- ☐ Erziehung der Bevölkerung zur ständigen Luftschutzbereitschaft.
- ☐ Warnung der Wohngebiete, Industriebetriebe und Verkehrszentralen vor Luftangriffen.
- ☐ Alarmierung des Luftschutzdienstes.
- ☐ Irreführung des Feindes durch Täuschungsmittel, z. B. Scheinanlagen und Scheinmarkierungen, Erschwerung der Orientierung durch Verdunkelungen, elektrische und optische Tarnung und künstliche Vernebelung und Erschwerung eines gezielten Bombenabwurfes.
- ☐ Herabsetzung der Bombenempfindlichkeit von Industrie- und Wohnstätten durch organisatorische und bauliche Maßnahmen.
- ☐ Bekämpfung von Schäden. (3)

Zu den Einrichtungen und Gliederungen des Luftschutzes gehörten der Luftschutzwarndienst, die Luftschutztruppe der Luftwaffe, die Luftschutzpolizei, der Werkluftschutz, der Erweiterte Selbstschutz, der Selbstschutz, der Luftschutzdienst der besonderen Verwaltungen und die Wehrmachthilfskommandos. Im allgemeinen handelte es sich um ortsfeste Einheiten und Einrichtungen, die in erster Linie für den Schutz des eigenen Standortes bestimmt waren. Eine Ausnahme bildeten die Luftschutztruppe und die Luftschutzpolizei, die zum Teil motorisiert und für den beweglichen Einsatz bereitstanden. Für Führung, Aufbau und Durchführung des Luftschutzes innerhalb ihrer Bereiche waren die Luftgaukommandos verantwortlich. Ihren Weisungen waren die zuständigen Wehrmachtdienststellen, die Behörden und alle sonstigen Dienststellen unterworfen. In allen Fragen, die die zivile Luftverteidigung berührten, hatten die Luftgaukommandos enge Fühlung mit den Reichsverteidigungskommissaren (Gauleiter der NSDAP) zu halten. Der Luftschutz in den Städten und Gemeinden unterstand dem örtlichen Luftschutzleiter. Das war in der Regel der Ortspolizeiverwalter. Er verfügte über die Luftschutzpolizei und den Werkluftschutz und befehligte den Erweiterten Selbstschutz und den Selbstschutz.

Der *Luftschutzwarndienst* (4) gliederte sich in Luftschutzwarnabteilungen – in jedem Luftgaukommando mindestens eine –, denen die Luftschutzwarnkommandos im Luftgau unterstellt waren. Luftschutzwarnkommandos befanden sich überall dort, wo es die Belange der Wehrmacht, der Wirtschaft und des Verkehrs sowie die Bevölkerungsdichte erforderten. In einem Luftgau gab es vier bis zehn Luftschutzwarnkommandos. Im Luftgau XI waren sie z. B. in Hamburg, Bremen, Hannover, Braunschweig, Göttingen und Lübeck. Sie hatten die Aufgabe,

- ☐ die angeschlossenen Warnstellen zur rechtzeitigen Vorbereitung der Luftschutzmaßnahmen laufend über die Luftlage zu unterrichten,
- ☐ die Verdunklungen und Aufhellungen bei Industrie- und Verkehrsbetrieben, insbesondere bei der Reichsbahn, zu steuern,
- ☐ die Bevölkerung zeitgerecht zu warnen, zu alarmieren und zu entwarnen,
- ☐ wehrwichtigen Industriebetrieben die Weiterarbeit während des Fliegeralarms zu ermöglichen,
- ☐ Luftangriffsschäden in wehrwichtigen Betrieben zu melden.

Geheimer Bericht des Sicherheitsdienstes der SS zur innenpolitischen Lage vom Montag, 11. Januar 1943.

Im Westen des Reiches wirken sich die nunmehr wieder regelmäßig erfolgenden Terrorangriffe der feindlichen Luftstreitkräfte stimmungsbelastend aus. Die Luftangriffe, die besonders in den letzten Tagen auf verschiedene Städte erfolgten, lösten besonders in den davon betroffenen Stadtteilen erhebliche Bedrückung aus. Namentlich sind es die Frauen, bei denen sich wiederholt fast verzweifelte Stimmen über das Ausmaß der Luftangriffe und der dadurch bedingten Zukunftsaussichten bemerkbar machten. Allgemein wird im Westen darüber geklagt, daß der Fliegeralarm zu spät gegeben werde und daß sofort nach dem ersten Sirenensignal der Flakbeschuß einsetze und gleichzeitig die ersten Bomben fielen. Im Ruhrgebiet wird daher vielfach der Wunsch geäußert, daß die Alarmierung frühzeitiger erfolge, selbst auf die Gefahr hin, daß einmal blinder Alarm gegeben werde. Frauen wiesen darauf hin, daß sie sonst nicht in der Lage seien, ihre Kinder anzuziehen und die notwendigsten Sachen rechtzeitig in Sicherheit zu bringen ... Die Auswirkungen der Fliegerangriffe zeigten sich auch darin, daß in den frühen Abendstunden die Gaststätten stark geleert sind und ein starker Zustrom zu den Luftschutzbunkern einsetzt. Schon um 18.00 Uhr oder 19.00 Uhr sind die großen Bunker in beträchtlichem Maße von Frauen und Kindern gefüllt, die dort einen etwaigen Fliegeralarm abwarten und erst gegen 21.00 Uhr oder 22.00 Uhr die Luftschutzräume wieder verlassen.

Tagesparole des Reichspressechefs vom Dienstag, 19. Januar 1943.

Der Minister kommt auf die Luftangriffe noch einmal zu sprechen und ordnet an, auf keinen Fall in ein Triumphgeheul über die Abschußziffer auszubrechen, denn man könne nicht voraussehen, wie viele englische Flieger bei dem nächsten Angriff abgeschossen würden. Über die Luftangriffe soll überhaupt nur rein sachlich und nicht propagandistisch berichtet werden. Eine naßforsche und kesse Berichterstattung über die Luftangriffe sei der heutigen Lage nicht angepaßt. (5)

Die Luftschutzwarnkommandos erhielten ihre Meldungen von den Flugwachkommandos bzw. -zentralen, von eigenen Warnwachen, von der Flakartillerie, von den Beobachtungsstellen der örtlichen Luftschutzleiter, von Werkbeobachtern, von benachbarten Luftschutzwarnkommandos und von den Eisenbahn-Flugwarnzentralen. Sie unterrichteten die Luftschutzwarnstellen während der einzelnen Luftangriffe über alles Wissenswerte, z. B. die Dauer des Bombenabwurfs, den Umfang des Bombardements, die Abflugrichtung des Verbandes.

Das Personal des Luftschutzwarndienstes – Männer älterer Jahrgänge, ehemalige Offiziere, Unteroffiziere und Mannschaften, Luftschutzwarndiensthelferinnen – gehörte zum Gefolge der Luftwaffe. Die geplante Übernahme in die Luftwaffe konnte vor dem Ende des Krieges nicht mehr vollzogen werden.

Die meisten Luftschutzwarnzentralen (Luftschutzwarnkommandos) lagen am Ort von Flugwachkommandos. In vielen Fällen waren sie im gleichen Gebäude untergebracht, wenn genügend splitter- und gassichere Räume verfügbar waren. Sie gliederten sich in einen Befehlsraum und einen Weitergaberaum. Der Befehlsraum war die Aufnahmestelle für ankommende Meldungen. Wurden im Flugwachkommando Leuchtschreiber verwendet, so sollte der Befehlsraum so eingerichtet sein, daß die Lagekarteneintragungen des Flugwachkommandos durch Spiegelvorrichtungen vom Führer des Luftschutzwarnkommandos (der Luftschutzwarnzentrale) mitgelesen werden konnten.

Der Zeitpunkt der Alarmauslösung wurde mit dem Geschwindigkeitslineal vorkalkuliert. In Form eines Rechenschiebers ausgeführt, ermöglichte es die schnelle Feststellung von Flugzeit, Flugstrecke und Fluggeschwindigkeit bzw. die Abhängigkeit der drei Faktoren voneinander. Die Warn- und Alarmmeldungen wurden nach Weisung des Kommandoführers im Weitergaberaum durch Rundspruch an die angeschlossenen Luftschutzwarnstellen weitergegeben. Die Warnmeldung „Luftgefahr" war angebracht, wenn der Führer des Luftschutzwarnkommandos (der Luftschutzwarnzentrale) annehmen mußte, daß ein Angriff zu erwarten war. Die der Warnmeldung beigefügte Zahl gab an, in wieviel Minuten mit dem Angriff zu rechnen war. „Luftgefahr" sollte nicht früher als 30 Minuten vor dem voraussichtlichen Angriffstermin gegeben werden. „Fliegeralarm" wurde ausgelöst, wenn der Gegner den Alarmring überflog. Die Meldung „Luftgefahr vorbei" kam,

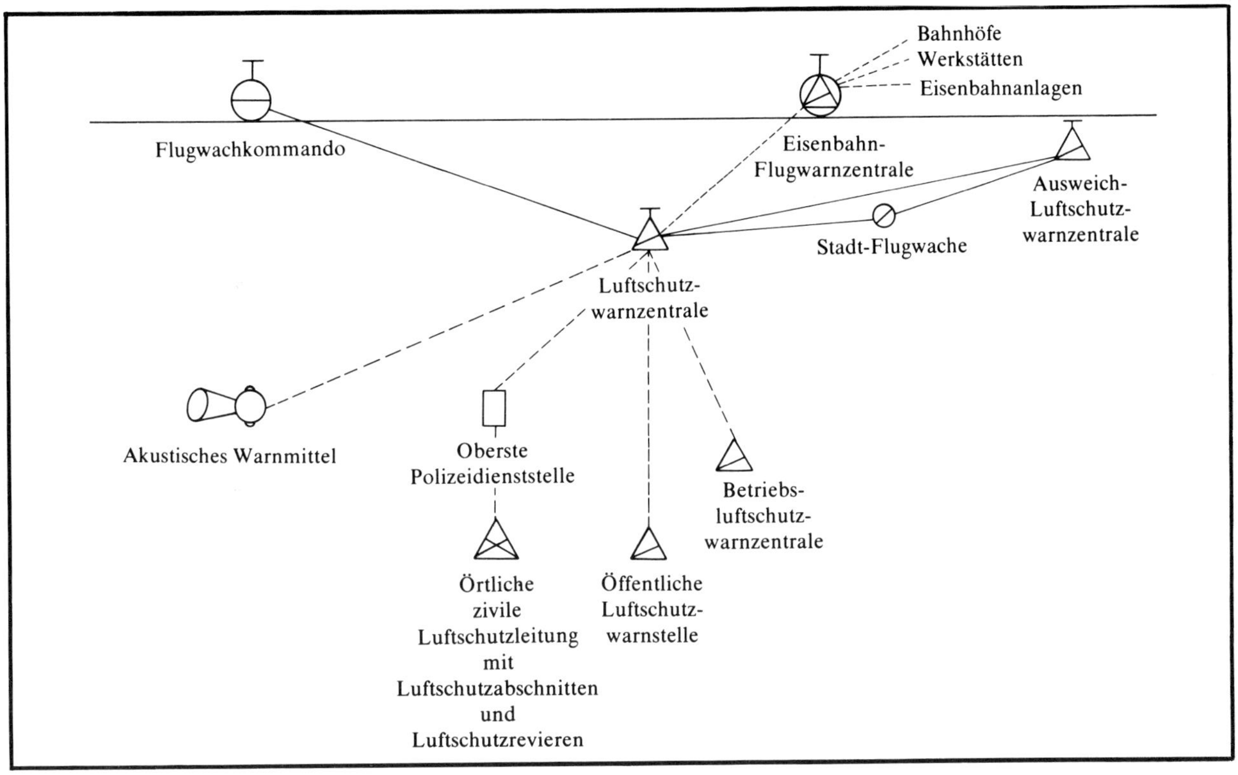

—— Nachrichtennetz des allgemeinen Luftschutzwarndienstes
– – – Nachrichtennetz des örtlichen Nachrichtendienstes
- - - - Verbindung mit Eisenbahnanlagen

Das Nachrichtennetz des Luftschutzwarndienstes

wenn die feindlichen Flugzeuge den Alarmring nicht berührt oder den Alarmring überflogen hatten. Verdunkelungsbefehle wurden nach den Richtlinien für die Verdunkelung von Wirtschaftsbetrieben und Privathäusern gegeben.

Für die Auslösung von Fliegeralarm galten folgende Grundsätze:

1. Bei Tage wurde kein Alarm ausgelöst, wenn einzelne feindliche Aufklärungsflugzeuge gemeldet wurden.
2. Die Annäherung von Bomberverbänden verlangte in jedem Fall die Auslösung des Alarms.
3. Nachts entschied der Leiter des Luftschutzwarnkommandos (der Luftschutzwarnzentrale), ob bei einzeln fliegenden Feindflugzeugen Alarm ausgelöst werden sollte oder nicht.
4. Flugzeuge, deren Nationalität nicht festgestellt werden konnte, wurden wie feindliche Flugzeuge behandelt.

Das Betriebspersonal der Luftschutzwarnkommandos (-zentralen) arbeitete in drei Schichten rund um die Uhr. Die Bedienung der Fernsprecher und der Rundspruchеinrichtungen erfolgte durch Luftschutzwarndiensthelferinnen. Das nachrichtentechnische Aufsichtspersonal stellte die Deutsche Reichspost.

Luftschutzwarnstellen befanden sich bei den öffentlichen Luftschutzleitungen, bei den Luftschutzabschnitten und Luftschutzrevieren und bei allen Behörden und Betrieben, die an den Luftschutzwarndienst angeschlossen waren. Die Unterbringung und personelle Ausstattung der öffentlichen Luftschutzwarnstellen regelte die örtliche Polizeiverwaltung, während die Betriebsluftschutz-Warnstellen von der Leitung des jeweiligen Betriebes organisiert wurden. In keiner Luftschutzwarnstelle sollten mehr als vier Personen arbeiten. Alle eingehenden Meldungen wurden in ein Meldeheft eingetragen. Die öffentlichen Luftschutzwarnstellen alarmierten die Bevölkerung, indem sie die Sirenen auslösten. Die Form der Alarmierung der

Werksbelegschaften war nach den örtlichen Verhältnissen organisiert; es mußte sichergestellt sein, daß jeder die Alarmsignale hören konnte.
Die militärischen Luftschutztruppen (5) – die *Luftschutzregimenter* – bestanden aus motorisierten Luftschutzeinheiten, Nebeleinheiten, Sprengkommandos und Feldballonbatterien. Als Führungsreserven dienten sie im Rahmen der Luftverteidigung zur Überwindung von Großnotständen, die mit örtlichen Luftschutzkräften nicht behoben werden konnten. Im Luftgau XI wurden im Juni 1940 aus drei Feuerwehrbereitschaften, einer Instandsetzungsbereitschaft und einer Sanitätsbereitschaft die Sicherheits- und Hilfsdienstabteilung (SHD-Abteilung) des Luftgaus gegründet. Am 1. 4. 1942 wurde die Truppe als Luftschutzabteilung mit drei Kompanien in die Luftwaffe übernommen. Jede Kompanie umfaßte drei Züge Feuerwehr und einen Zug Instandsetzungspersonal mit jeweils einem Offizier und 150 Unteroffizieren und Mannschaften, vier Löschfahrzeugen LF 20, zwei Löschfahrzeugen LF 8, zwei Tanklöschfahrzeugen TLF 15, drei Schlauchwagen, eine Drehleiter, zwei Entgiftungsfahrzeugen, drei Mannschaftswagen und drei Gerätewagen. Im November 1942 gab es im Reich insgesamt acht Luftschutzregimenter. (6) Die Aufgaben der Luftschutztruppe waren im einzelnen:

- ☐ Löschen von Großbränden,
- ☐ Bergung von Menschen bei Flächenbränden unter Ausnutzung der Feuerlöschfahrzeuge zur Bildung von Wassergassen,
- ☐ Beseitigung gefährlicher Großtrümmer,
- ☐ Bergung verschütteter Personen und wertvollen Materials,
- ☐ Beseitigung von Rauch-, Qualm- und Gasschäden,
- ☐ Entschärfen von Blindgängern,
- ☐ Entgiften.

Die ortsfesten und motorisierten *Nebeleinheiten* der Luftwaffe (7) wurden zum Schutz von militärischen und wehrwirtschaftlich wichtigen Anlagen eingesetzt. Sie hatten die Aufgabe, das zu schützende Objekt der Sicht feindlicher Flugzeuge zu entziehen und einen gezielten Bombenabwurf zu verhindern bzw. zu erschweren. Auch markante Geländepunkte und -linien, die den Flugzeugführern, besonders den „Pfadfindern", als Orientierung dienen konnten, sollten auf diese Weise verwischt werden. Mit Scheinvernebelungen verfolgte man die Absicht, feindliche Bomber an Orte zu dirigieren, wo sie ihre Bombenlast abwerfen konnten, ohne Schaden anzurichten. Der Einsatz der Nebelgeräte erfolgte nach folgenden Grundsätzen:
Die vernebelten Flächen mußten um ein Vielfaches größer sein als die zu schützenden Objekte, bei kleineren etwa das 50fache, bei größeren das Zehnfache der Fläche. Die Nebelstellen lagen in der Regel außerhalb der Wurfzone und bezogen wichtige Bezugspunkte wie Straßenkreuzungen, Brücken, Inseln usw. in die Vernebelung ein. Zweckmäßigerweise lagen die Nebelstellen in mehreren Ringen um das Objekt. Der Zwischenraum sollte etwa 80 m betragen. Die Nebelstellen des äußeren Ringes waren bis zu 4 km entfernt vom Schutzobjekt. Die günstigste Windgeschwindigkeit lag zwischen 2 und 6 m/sek. Windgeschwindigkeiten über 10 m/sek, völlige Windstille, große Kälte, trockene Luft und starker Regen setzten die Nebelwirkung herab. Luftfeuchtigkeit und leichter Regen begünstigten sie. Eine ausreichende Nebeldecke war zwischen 50 und 150 m dick.
Lag Flak in der Nähe, so mußten die Nebelstellungen mindestens 350 m luvwärts von den Stellungen der Batterie liegen.
Die Einsatzbefehle für die Nebeleinheiten in flakgeschützten Räumen kamen vom örtlichen Flakführer entsprechend der Luft- und Wetterlage und unter Berücksichtigung der Wirkungsmöglichkeiten der Flakkräfte. Der Nebelbefehl mußte so rechtzeitig gegeben werden, daß spätestens beim Anflug der feindlichen Flugzeuge auf Sichtentfernung eine geschlossene Nebeldecke vorhanden war. Besonders geeignet für den Nebelschutz waren solche Objekte, die mit den Zielfindungsgeräten des Feindes nicht ausgemacht werden konnten.
Die am Beginn des Krieges zum Schutz wichtiger Anlagen vorgesehenen Nebelflugzeuge wurden nur ganz selten eingesetzt. Am häufigsten griff man auf Nebelzerstäuber zurück. Die kleine Ausführung enthielt zehn Liter Nebelsäure und die große 25 Liter. (8) Zur Ausbildung der Soldaten und Helferinnen in den Nebelabteilungen gab es die Luftschutzersatzabteilung 1. Aus den sechs Nebelkompanien, über die die Luftwaffe Anfang 1943 verfügte, wurden innerhalb eines Jahres 46 Kompanien. (9) Am Ende des Krieges wurden auch diese Einheiten auf frontverwendungsfähiges Personal „ausgekämmt". An die Stelle der Männer rückten Frauen. Sie waren ihrer Aufgabe nicht immer gewachsen, wie die mangelhafte Einnebelung des Obersalzbergs vor seiner Zerstörung beweist. (10)
Zur Errichtung von Scheinanlagen und Scheinmarkierungen gab es die *Luftschutzabteilungen z. b. V.* Auch sie unterstanden einsatzmäßig den örtlichen

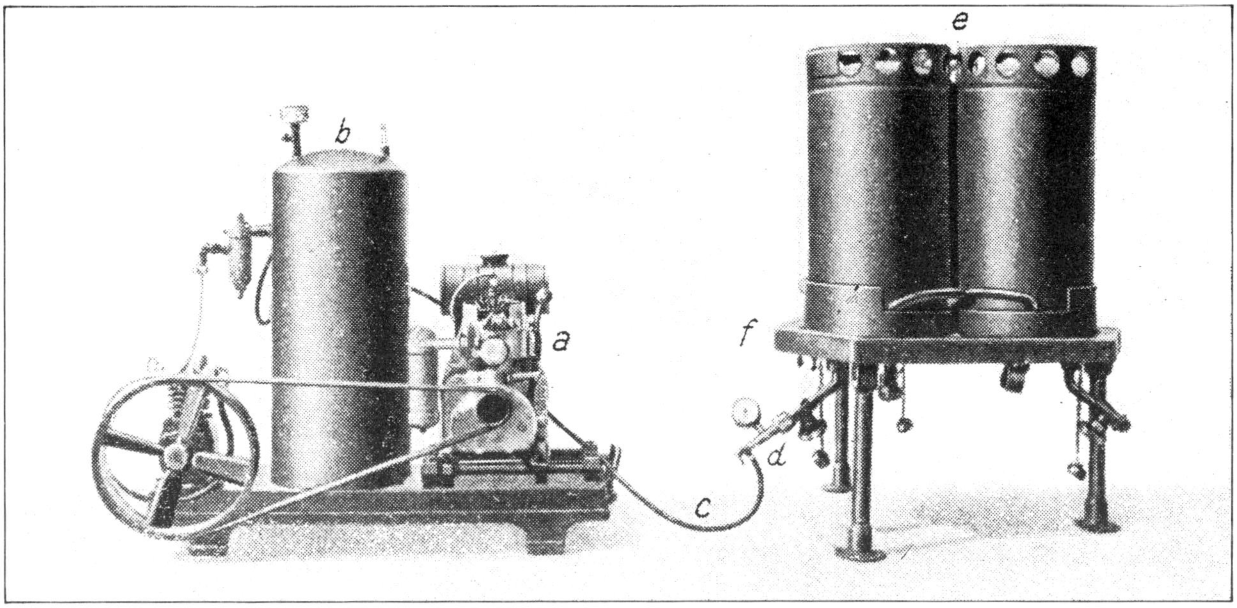

Nebelzerstäuber mit angeschlossener Kraftpumpe

a Explosionsmotor
b Luftkessel der Kraftpumpe
c Druckschlauch der Kraftpumpe
d Übergangsstück mit Rückschlagventil und Druckmesser
e Nebelzerstäuber
f Untersatz für drei Nebelzerstäuber

Aufbau der Füllvorrichtung (11)

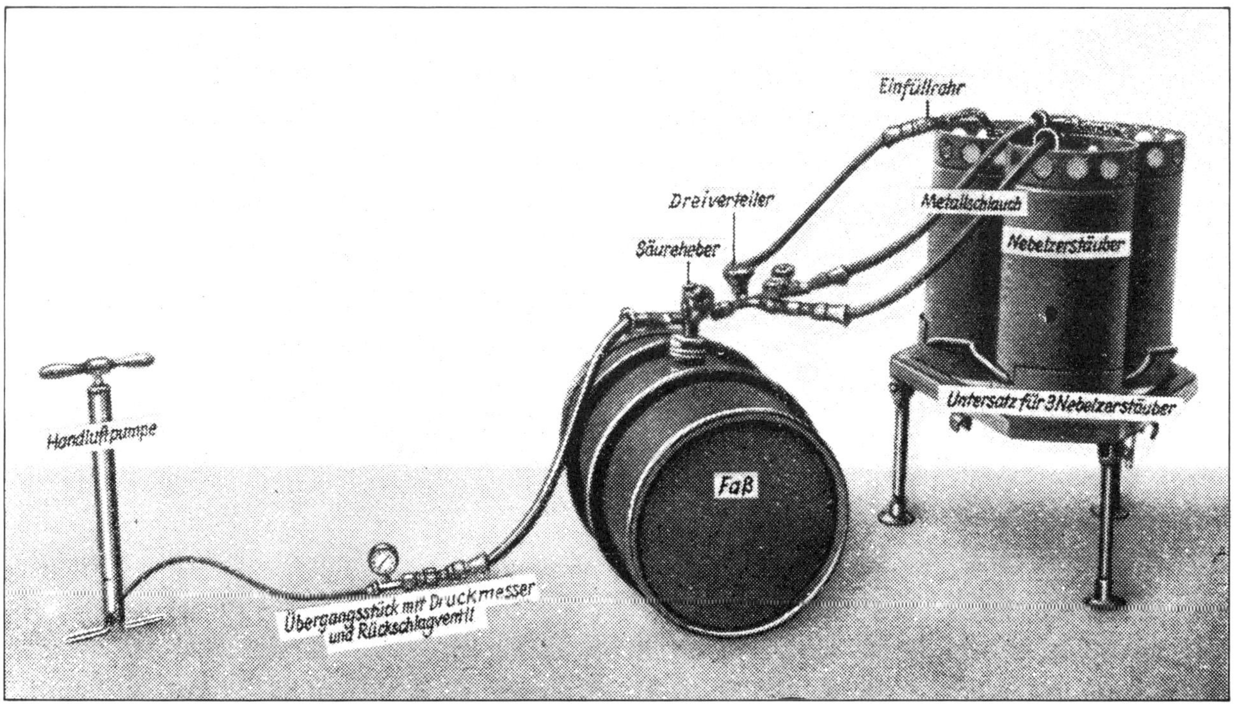

Flakführern. Scheinanlagen sollten dem Feind Angriffsziele vortäuschen, ihn von wichtigen Schutzobjekten ablenken und zum unschädlichen Bombenabwurf veranlassen. Man unterschied Groß-S-Anlagen zur Darstellung von großen Städten oder Industriezentren, S-Anlagen zur Darstellung einzelner Objekte, S-Flugplätze zur Darstellung befeuerter oder unbefeuerter Flugplätze, Kleinst-S-Anlagen zur Darstellung von Einzelobjekten, Großbrandanlagen zur Darstellung von Großbränden, Erfolgsfeuer zur Branddarstellung kleiner oder mittlerer Einzelbrände, S-Schiffe zur Darstellung von Kriegs- oder Handelsschiffen und S-Flakstellungen. Bei Nacht sollte der Feind mit Hilfe von lichttechnischen Mitteln irregeführt werden. Um die Täuschung bei Mondschein, im Licht abgeworfener Leuchtbomben oder im Feuerschein von Branddarstellungen zu gewährleisten, sollten die Scheinanlagen wirklichkeitsgetreu nachgebaut werden. Scheinflugplätze brauchten nur auf Tageswirkung bedacht zu sein. Man stellte Flugzeugattrappen, Windsäcke und Begrenzungsreiter auf, täuschte Zufahrtswege, Hangars und Unterkünfte vor und tarnte alles mit Maßen.

Das Personal der Luftschutzabteilungen z. b. V. bestand aus älteren männlichen Jahrgängen. Eine Anlage wurde von drei bis acht Mann bedient. Nach dem Überfliegen der ersten Welle feindlicher Flugzeuge zündeten sie „Erfolgsfeuer“, indem sie Brandplatten von der Größe 6 bis 8 m aus teergetränkter Holzwolle in Brand steckten. Ab 1944 wurden Erfolgsfeuer auch elektrisch gezündet und zu Reihenfeuern geschaltet. Im Luftgau XI gab es 1943 über 300 Scheinanlagen. Daß 1944 etwa 35.000 Bomben auf die Scheinanlagen des Luftgaus fielen, war ein Beweis, daß die Irreführung gelungen war. (12)

Die Entscheidung darüber, wo Scheinmarkierungen einzusetzen waren, lag beim Luftgaukommando. Sie sollten die vom Feind verwendeten Leucht- und Markierungsmittel nachahmen und wurden mit Werfern hochgeschossen oder als Bodenmarkierungen auf der Erde eingesetzt. Man unterschied Leuchtbomben (einzelne am Fallschirm schwebende Leuchtsätze), Leuchttrauben (mehrere dicht beieinander schwebende Leuchtsätze), Kaskaden (zahlreiche aus einer Bombenhülle kommende, brennend herabfallende Leuchtstäbe), Tagesrauchzeichen (freifallende oder an Fallschirmen herabgleitende Nebelkörper) und Bodenmarkierungen (auf der Erde brennende Leuchtsätze oder Stäbe und Rauchkörper für die Tageswirkung).

Die *Luftwaffen-Feld-Ballonbatterien* hatten die Aufgabe, die Tarnungen, Täuschungsvorhaben und Verdunkelungsmaßnahmen sowie die künstliche Vernebelung auf ihre Wirksamkeit zu überprüfen. Mit Kameras in den Ballonen und mit bemannten Ballonen optimierte man die Anlagen aus der Luft.

Die *Sprengkommandos* der Luftwaffe (13) wurden eingerichtet, um nichtdetonierte Abwurfmunition zu beseitigen und Betriebsstörungen in militärischen Anlagen, Produktionsausfälle in der Industrie, Verkehrsstörungen und Gefährdungen von Menschenleben durch schnellen Einsatz einzuschränken. Die Sprengkommandos der Luftschutzregimenter bestanden jeweils aus einem Offizier, 16 Unteroffizieren und Mannschaften, die mit zwei PKW, einem Krad und einem LKW ausgerüstet waren. Jedes Regiment verfügte über mehrere Sprengkommandos, der Luftgau XI z. B. über Gruppen in Hamburg, Bremen und Hannover. Sie wurden fernmündlich an die Einsatzstellen befohlen.

Luftschutzorte, die kriegswirtschaftlich, politisch oder militärisch besonders wichtig waren, besaßen eine eigene *Luftschutzpolizei*. Sie stellte einen Feuerlöschdienst, Entgiftungsdienst, Instandsetzungsdienst, Sanitätsdienst, Veterinärdienst und Havariedienst auf und verfügte in der Regel über folgende ortsfesten Einrichtungen: Sanitätsstellen, Rettungsstellen, Sanitätsmittellager, Tierrettungsstellen, Tiersammellazarette, Veterinärmittellager, Entgiftungsparks und Instandsetzungsparks.

Alle für die Kriegsführung wichtigen Industriebetriebe besaßen einen *Werkluftschutz*. Seine Aufgabe war, den Betrieb gegen die Auswirkungen von Luftangriffen zu schützen. Aus den Betriebsangehörigen wurden geeignete Männer und Frauen für die verschiedenen Dienste, z. B. Feuerlöschdienst, Wiederherstellungsdienst, Sanitätsdienst usw. eingeteilt. (14)

Der *Erweiterte Selbstschutz* hatte die Aufgabe, in den Industriebetrieben alle Maßnahmen zu treffen, um eine sofortige Bekämpfung von Luftschutzschäden mit Hilfe der Belegschaft durchzuführen. Er wurde bei Behörden, in Theatern, Lichtspielhäusern, Schulen, Warenhäusern usw. unter Leitung eines Betriebsluftschutzleiters eingerichtet. Die Betriebe des Erweiterten Selbstschutzes wurden vom örtlichen Luftschutzleiter festgelegt. Die Ausbildung der Helfer des Erweiterten Selbstschutzes lag beim Reichsluftschutzbund.

Zum *Selbstschutz* war nach dem Luftschutzgesetz vom 26. 6. 1935 jeder Deutsche verpflichtet. (15) Er sollte mit einfachen Mitteln und Geräten bei Luftangriffen die entstandenen Schäden bekämpfen und verhindern, daß aus kleinen Bränden Großfeuer würden. Innerhalb der Luftschutzgemeinschaften übernahmen die Selbstschutzkräfte einer Hausgemeinschaft die Aufgaben des Luftschutzwarts, der Hausfeuerwehr, der Ersten Hilfe und des Meldedienstes. Dem Luftschutzwart unterstanden alle im Bereich der Luftschutzgemeinschaft weilenden Personen. Zur wirksamen Brandbekämpfung stellte er eine Hausfeuerwehr von mindestens drei Personen auf. Er wählte die Helferinnen für Erste Hilfe aus und bestimmte einen Melder. Vor dem Krieg war es eine der Aufgaben der NSDAP, die Bevölkerung von der Notwendigkeit des Selbstschutzes zu überzeugen. Als die Bombenangriffe der Briten einsetzten, wuchs die Einsicht der Stadtbewohner von selbst. (16)

Im März 1945 trat das Oberkommando der Luftwaffe die Kompetenzen für den Selbstschutz und den Erweiterten Selbstschutz an die NSDAP und die Verantwortung für den Werkluftschutz an den Reichsminister für Rüstung und Kriegsproduktion ab. Die Wehrmachtteile besaßen in ihren Standorten *Wehrmachthilfskommandos*, die zum Unschädlichmachen abgeworfener Bomben, zur Bekämpfung von Schäden und zur Freimachung von Straßen zur Verfügung standen, wenn die örtlichen Luftschutzkräfte nicht ausreichten. Der Standortälteste war für den Einsatz dieser Wehrmachthilfskommandos in seinem Bereich verantwortlich. (17)

Belegstellen

(1) Vgl. Ziviler Bevölkerungschutz 6/1962; Hans Rumpf, Die Verluste der westdeutschen Zivilbevölkerung im Luftkrieg, in: Wehrwissenschaftliche Rundschau 1953, S. 493 ff.

(2) Merkblattreihe Reichsluftverteidigung, Heft 6, Der Luftschutz, OKL Lw.-Führungsstab Ausb. Abt. Nr. 1410/44 geh., S. 5.

(3) Ebenda.

(4) Vgl. Erich Hampe, Der zivile Luftschutz im Zweiten Weltkrieg, Frankfurt 1963, S. 298 ff.

(5) Vgl. Erich Hampe, a. a. O., S. 345 ff.; Gerhard Ross, Die Mitwirkung des Heeres im zivilen Luftschutz während des Zweiten Weltkrieges, in: Wehrwissenschaftliche Rundschau 1960, S. 431 ff.; Merkblattreihe Reichsluftverteidigung, Heft 6, a. a. O., S. 8 ff.

(6) Ludwig Wolff, Die Geschichte des Wehrkreises XI (Manuskript), Bundesarchiv/Militärarchiv RL 19/427; vgl. Bundesarchiv/Militärarchiv RL 2 II/366.

(7) Vgl. Richtlinien für die Ausbildung bei den Nebelkompanien der Luftwaffe, Bundesarchiv/Militärarchiv RL 2 II/62; Erich Hampe, a. a. O., S. 354 ff.

(8) Vgl. H. Dv. 211/4, Die Nebelmittel und ihre Handhabung, Heft 1, Grundsätze für Nebelverwendung, September 1939.

(9) Karl-Heinz Völker, Die deutsche Heimatluftverteidigung im Zweiten Weltkrieg, in: Wehrwissenschaftliche Rundschau 1966, S. 107.

(10) Vgl. Franz W. Seidler, Frauen zu den Waffen?, Bonn 1978, S. 198.

(11) H. Dv. 211/4, Die Nebelmittel und ihre Handhabung, Heft 4, August 1939, S. 10 und 13.

(12) Vgl. Ludwig Wolff, a. a. O., Erich Hampe, a. a. O., S. 559 ff.

(13) Vgl. Erich Hampe, a. a. O., S. 543 f.; Merkblattreihe Reichsluftverteidigung, a. a. O., S. 14.

(14) Vgl. Erich Hampe, a. a. O., S. 452 ff.

(15) Reichsgesetzblatt 1935, Teil I, S. 327.

(16) Erich Hampe, a. a. O., S. 430 ff.

(17) Gerhard Ross, a. a. O., S. 433; L. Dv. 400/10, Ausbildungsvorschrift für die Flakartillerie, Heft 10, Führung und Kampf der Flakartillerie, Teil II, Einsatz und Kampfführung in der Luftverteidigung, März 1943, S. 38 f.

Bildteil

Einberufung, Unterbringung, Versorgung

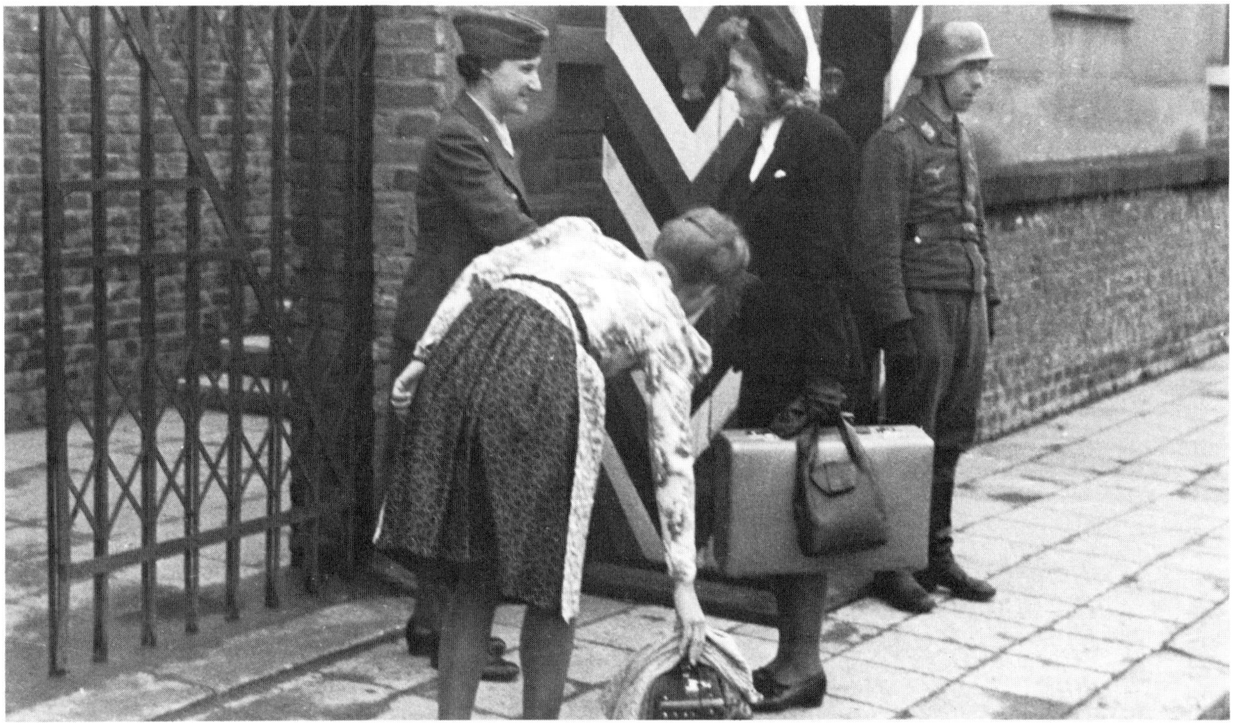

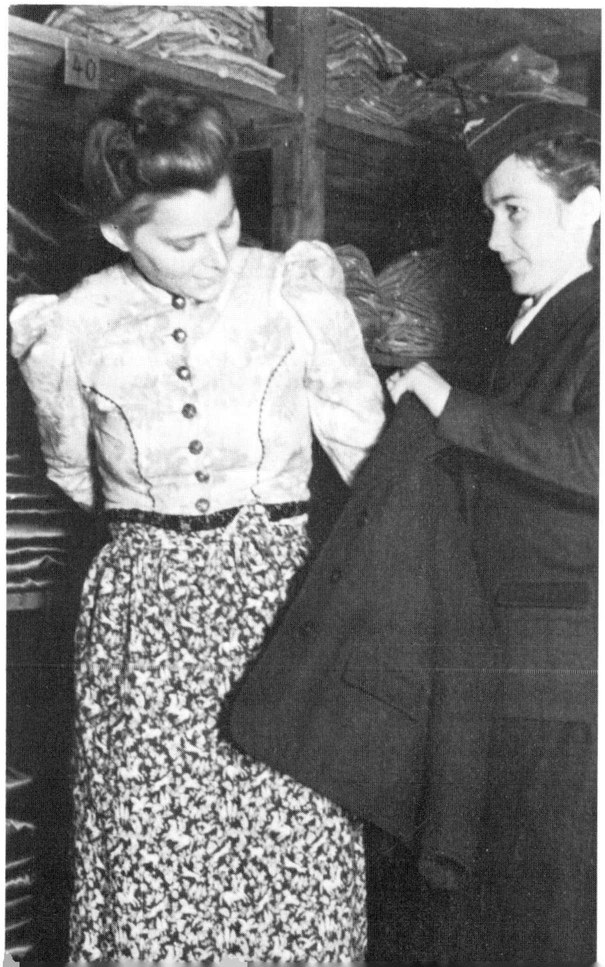

Die Kriegsberichterstatter der Wehrmachtteile besuchten gerne die Ausbildungsstätten und Dienststellen der Helferinnen. (1) Die Wehrmachtpropagandaabteilung und das Reichspropagandaministerium hielten jedoch nicht viel von Veröffentlichungen über die Frauen in der Wehrmacht. Deshalb verschwanden die meisten Bilder in den Archiven. Auch dieser Serie erging es so. Sie stellt den Einzug einer Helferin bei der Luftnachrichtenausbildungsabteilung Aussig, ihre Einkleidung und ihre Einweisung in den Dienstplan dar. Dabei sollte der Öffentlichkeit – und den Eltern – gezeigt werden, mit welcher Freundlichkeit und Fürsorge die Mädchen aufgenommen wurden, wie sorgfältig sie eingekleidet wurden und wie persönlich der Kontakt zwischen Helferinnen und Führerinnen war.

Ein halbes Jahr vor dem Kriegsende erfaßte die Reichsregierung mit der Zweiten Anordnung zur Durchführung des totalen Kriegseinsatzes vom 29. 11. 1944 150.000 Mädchen und Frauen für das neu zu bildende Wehrmachthelferinnenkorps. Sie sollten frontverwendungsfähige Soldaten aus den militärischen Dienststellen im Reich ablösen. Die NSDAP richtete Meldestellen ein. Die Aufnahme der über 21jährigen erfolgte durch Funktionäre der NS-Frauenschaft und die der Jugendlichen und Heranwachsenden durch Beauftragte des BDM. In Röntgen-Reihenuntersuchungen wurde der Gesundheitszustand der Helferinnen-Anwärterinnen überprüft. Die Reichsbahn beförderte die Frauen und Mädchen in die Ausbildungsorte. Die Abfahrt eines Transportes aus Berlin bot die Gelegenheit für ein Foto, dessen Propagandatext folgendermaßen lautete: „Die strahlenden Gesichter der Mädchen und Frauen sprechen dafür, mit welcher Begeisterung sie aus ihren verschiedenen Berufen heraus an die neue Aufgabe herangehen werden." Der Einzug in die Kasernen war für die Einberufenen das Ende ihres zivilen Lebens bis zum Mai 1945. Von Helferinnen-Führerinnen eingewiesen, erhielten sie eine kurze Ausbildung, um möglichst schnell die letzte Frontreserve der Wehrmacht, vor allem zur Verteidigung der Oder gegen die sowjetischen Truppen, freizumachen. (2)

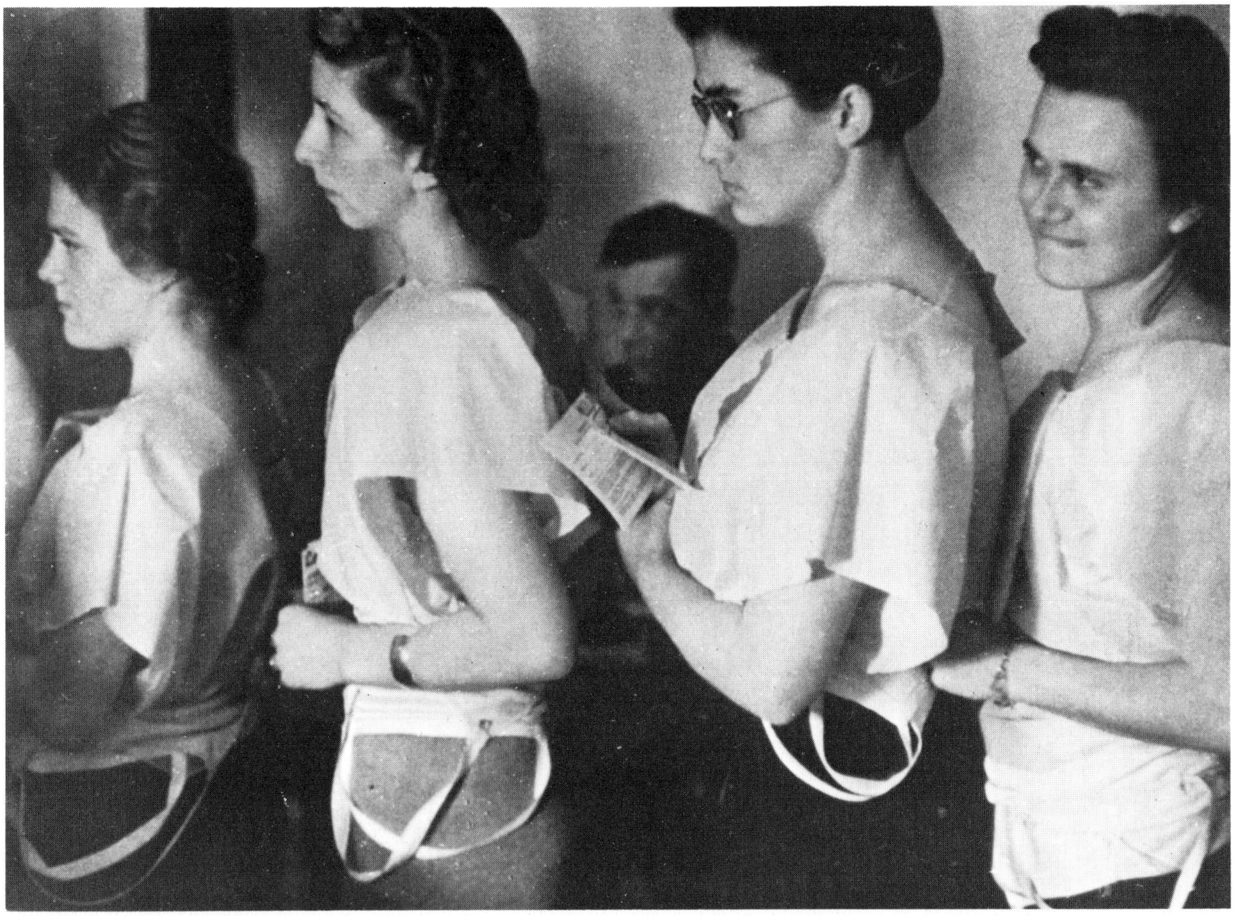

Die Helferinnen wurden in den besetzten Gebieten ausschließlich, im Reichsgebiet vorwiegend in Gemeinschaftsunterkünften untergebracht. Man sprach von der „Kasernierung der Helferinnen“ oder von der „Einrichtung von Frauenlagern“. Im Ausland wurden die den Ortskommandanten geeignet erscheinenden Gebäude beschlagnahmt und als Frauenwohnheime möbliert. Meistens handelte es sich um große Privatvillen, um Hotels und öffentliche Gebäude, je nach der Zahl der zu erwartenden Helferinnen. Im Inland wurden, wenn keine öffentlichen Gebäude verfügbar waren, Häuser angemietet oder Baracken aufgestellt. Es gab äußerst luxuriöse Unterkünfte und sehr schäbige Lager, in denen der Schlamm knöcheltief war. Benachteiligt waren allgemein die Flakwaffenhelferinnen, für die in der Nähe ihrer Stellungen Behelfsquartiere eingerichtet wurden.

Nach den Weisungen der Wehrmacht-Intendanturen sollte die Ausstattung der Wohnheime „einfach und dem fraulichen Charakter ihrer Bestimmung angepaßt sein". (4) Übertriebener Aufwand war verboten. Außer den Wohn-Schlaf-Räumen der Helferinnen gab es eine Reihe von Gemeinschaftsräumen mit entsprechender Ausstattung, z. B. Aufenthalts- und Empfangszimmer und einige Funktionsräume wie Waschraum und Bügelzimmer. Heimordnungen regelten den Betrieb in der Gemeinschaftsunterkunft. Gäste durften nur in den Gemeinschaftsräumen empfangen werden. Sie mußten sich mit Namen und Feldpostnummer bzw. Privatanschrift in das Gästebuch eintragen. Die Besuchszeit endete um 22.00 Uhr.

Der Einzug der Helferinnen in die neuen Garnisonen – vor allem im Ausland – war 1941 und 1942 fast immer von Hochstimmung und Begeisterung geprägt. Es lockte der militärische Rahmen ebenso wie das kavalierhafte Benehmen der männlichen Kameraden. Harter Schichtdienst, Fliegerangriffe und dergleichen blieben im Verlauf des Krieges jedoch nicht ohne Einfluß auf die Arbeitsmoral der Frauen. Die zahlreichen Krankmeldungen waren ein Zeichen dafür. (Filmaufnahmen)
◄

Auf die Formalausbildung der Helferinnen wurde kein besonderer Wert gelegt. Um ihnen jedoch „ein der deutschen Frau würdiges Auftreten im Ausland“ zu ermöglichen, erhielten sie Unterricht im korrekten Melden, im Antreten in Formation, im Marschieren in Kolonne und im Grüßen. Der Gruß der Helferinnen sollte „in guter Haltung, rechtzeitig, freimütig, aufmerksam, aber in natürlich-ungezwungener Art“ (5) ausgeführt werden. Mit erhobenem Arm zu grüßen hatten die Helferinnen wie alle Deutschen die Fahnen und Standarten der Wehrmacht und der NSDAP. Der gleiche Gruß war obligatorisch beim Abspielen der Nationalhymne und des Horst-Wessel-Liedes. Grußpflicht bestand gegenüber allen Wehrmachtangehörigen im Generalsrang, gegenüber den Führern ihrer Einheit bzw. den Leitern ihrer Dienststelle und gegenüber ihren Führerinnen. Von den Wehrmachtangehörigen aller Dienstgrade hatten sie „einen kameradschaftlichen Gruß“ zu erwarten.

Die Helferinnen waren feldpostberechtigt. Sie durften alle Briefe und Pakete bei der zuständigen Feldpoststelle zum kostenlosen Versand aufgeben. Erreichbar waren sie nur über ihre Feldpostnummer. Wie in allen militärischen Gemeinschaften war die Postverteilung ein spannungsreicher Höhepunkt des Tagesablaufes.

Bis April 1944 gab es zwei verschiedene Verpflegungsordnungen für die Helferinnen der Wehrmachtteile: In den besetzten Gebieten durften sie an der Truppenverpflegung teilnehmen; im Reichsgebiet mußten sie zu den Sätzen der Lebensmittelkarten ihrer Altersstufe beköstigt werden. Für die zweite Gruppe wurden Gemeinschaftsküchen nach den Richtlinien für Werkküchen eingerichtet, wenn die Zahl der zu beköstigenden Frauen hierfür groß genug war. Andernfalls waren sie auf Selbstverpflegung angewiesen und erhielten das Verpflegungsgeld ausgezahlt. Nur die Flakwaffenhelferinnen hatten von Anfang an auch im Inland Anspruch auf den Wehrmachtverpflegungssatz III. Die Küchen für die Helferinnen blieben in Händen der Wehrmachtverwaltung. Sie wurden meistens von den Helferinnen selbst geführt. (6)

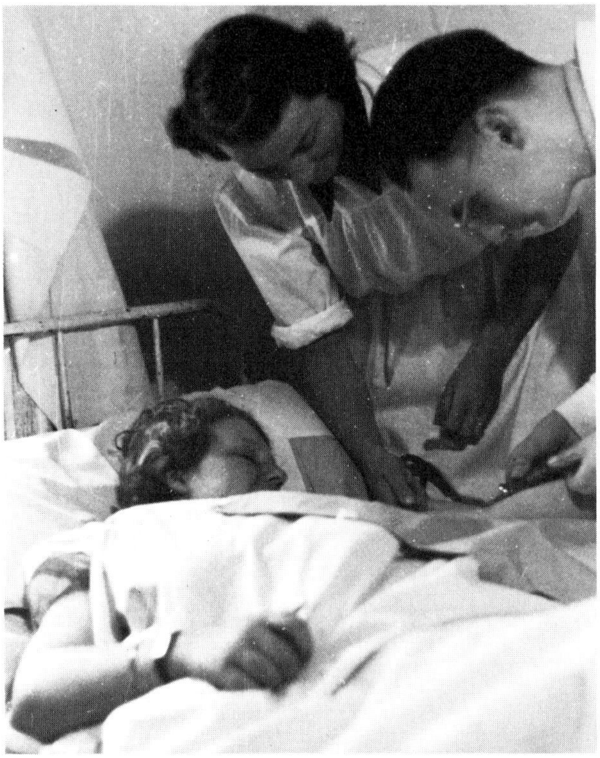

Für die ärztliche Versorgung der Helferinnen waren in den besetzten Gebieten die Truppenärzte verantwortlich. Im Reichsgebiet mußten sich die Helferinnen an Privatärzte ihrer Wahl wenden. Nur im Ausland konnten sie bei ernsteren Erkrankungen in die Wehrmachtlazarette aufgenommen werden. Im Inland wurden sie in die öffentlichen Krankenhäuser überwiesen. Die Unterkünfte der Helferinnen besaßen nur selten eigene Revierstuben. In den meisten Fällen wurden für die Erkrankten durch Umlegungen von gesunden Helferinnen Krankenzimmer freigemacht. (7)

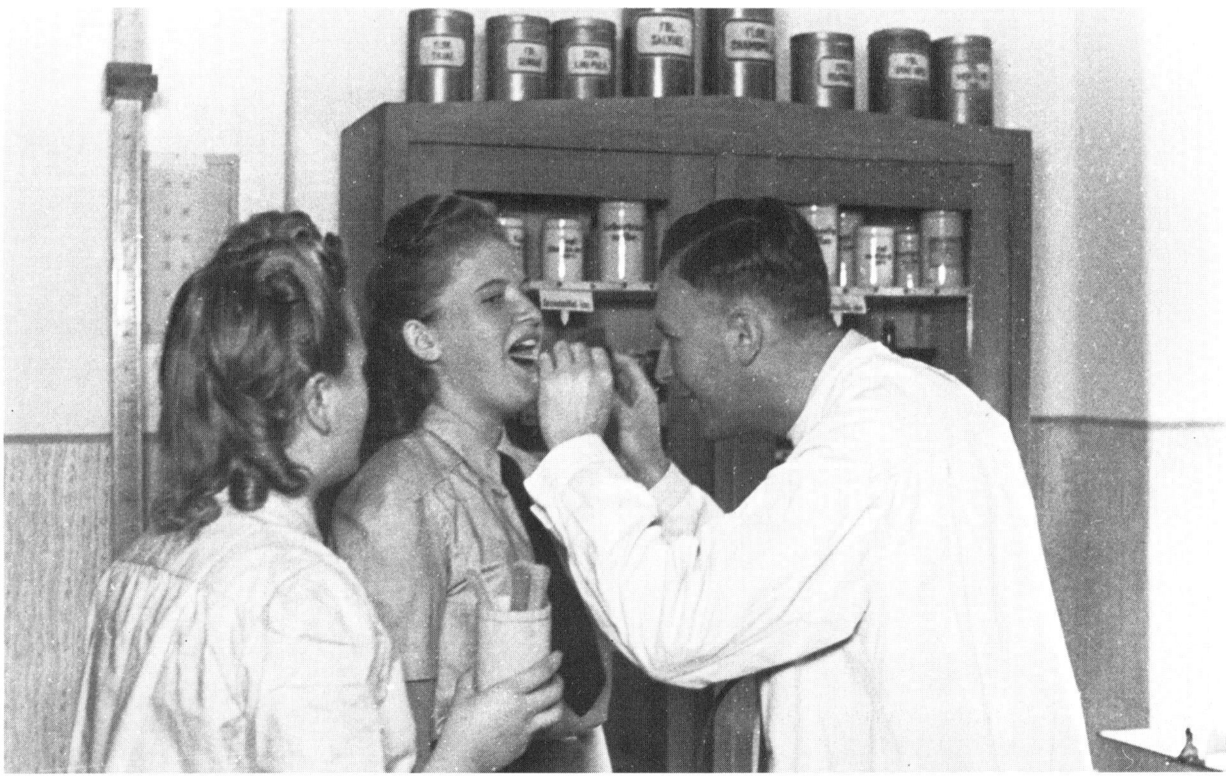

Führung und Betreuung

Die Führung der Helferinnen in den Einsatzorten lag in den Händen desjenigen Offiziers, der vom Dienststellenleiter oder Einheitsführer, der mindestens den Rang eines Dizplinarstrafberechtigten haben mußte, mit dieser Aufgabe betraut war. Er übernahm damit die Funktion eines Gefolgschaftsführers. Unteroffiziere kamen hierfür nicht in Frage. Der mit der Führung der Helferinnen beauftragte Offizier war für alle Einsatzerfordernisse zuständig. (8) Er konnte die Einweisung in die Aufgabenstellung der Helferinnen und in die Bedienung der Geräte selbst vornehmen oder an Unterführer delegieren.

Fragen der Operationsführung hatte er selbst darzulegen. Das konnte bei den Flakwaffenhelferinnen z. B. in der Nähe der Batterie oder bei den Hilfsgeräten erfolgen.

Die weiblichen Führerinnen der Helferinnenschaft stellte man sich als „Persönlichkeiten von charakterlicher Reife, persönlicher Energie, guter Erziehung und Ausbildung, mit umfassendem Wissen, großer Lebenserfahrung“ vor. Sie sollten über eine höhere Schulbildung verfügen, im Zivilleben möglichst schon erzieherische Funktionen wahrgenommen haben und sich in den weiblichen Gemeinschaften der Partei bewährt haben. Auf Führerinnenschulen erhielten sie eine zusätzliche Einweisung in ihre Aufgaben bei Einsatzgruppen oder Unterkunftsgruppen. Gemeinschaftsunterkünfte mit mindestens 50 Helferinnen hatten Anspruch auf eine eigene Heimleiterin mit dem Dienstgrad Haupthelferin oder Führerin. Diese war verantwortlich für Ordnung und Disziplin in den Unterkünften und hatte die Hausordnung zu überwachen. Sie führte die Aufsicht über die ihr unterstellten Helferinnen außerhalb des Dienstes. Sie beriet den militärischen Dienststellenleiter über alle fraulichen Angelegenheiten. Die wichtigste Aufgabe aber lag in in der Betreuung. Eine Dienstanweisung besagte: „Fürsorge für ihre Untergebenen und Wahrung der Ehre und des Ansehens der deutschen Frau in den besetzten Gebieten sind die Gesichtspunkte, die bei der Erfüllung ihrer Aufgaben bestimmend sind.“ (9) Im einzelnen organisierte die Führerin die Freizeitbeschäftigung der Helferinnen (Abb. 1), führte Gespräche in persönlichen Angelegenheiten (Abb. 2), teilte im Wechsel die Helferinnen vom Dienst ein (Abb. 3), die für pünktliches Wecken und für die Ausgangsüberwachung verantwortlich war und das Unterkunftsbuch führte, sorgte durch Zimmerbegehungen und Spindkontrollen für die Ordnung in den Stuben (Abb. 4).

Die Dienstgradbezeichnungen und die Dienstgradabzeichen der Führerinnen waren in den Helferinnenschaften des Heeres, der Luftwaffe, der Marine und des RAD-Frauenhilfsdienstes (Flakhelferinnenschaften) verschieden. Sie änderten sich obendrein im Laufe des Krieges. Meistens wurde das Dienstgradabzeichen am linken Oberarm getragen (Abb. 3). Die Führerinnen der Luftwaffenhelferinnenschaften hatten darüber hinaus am rechten Unterärmel einen silbernen Ring (Abb. 4), die Oberhelferinnen zwei Ringe (Abb. 2). Die Führerinnen der Helferinnenschaften des Heeres und der Flakwaffenhelferinnenschaften des RAD-Kriegshilfsdienstes waren an der silbernen Kordelumrandung des Kragens zu erkennen (Abb. 1). Silberne Flachwinkel oder Sterne im Krageneck waren ein zusätzliches Kennzeichen (Abb. 1).

1

2

3

4▼

Die politische, weltanschauliche und kulturelle Führung und Betreuung der Helferinnen riß die NS-Frauenschaft gegen die Konkurrenz von Deutscher Arbeitsfront und Reichsarbeitsdienst an sich. Der Anspruch konnte jedoch nur teilweise realisiert werden. Die große Zahl von Helferinnen überforderte die NSDAP. Ließen sich die Schulungsaufgaben in den Ausbildungsstätten noch laut Dienstplan wahrnehmen, in den Einsatzstellen blieben die meisten Gruppen von allzu intensiver Indoktrination verschont. (11) Um so größer waren die Freiheiten der Frauen. Es hing weitgehend von den Führerinnen ab, wo die Akzente der Freizeitgestaltung lagen. Ein Heimabend in der Woche „zur Stärkung des Gemeinschaftsgefühls" war die Regel. Dabei wurde viel gesungen: nationalsozialistisches Liedgut und Volkslieder. Ein Instrument war überall zur Hand. Die meisten Frauen genossen die Singstunden.

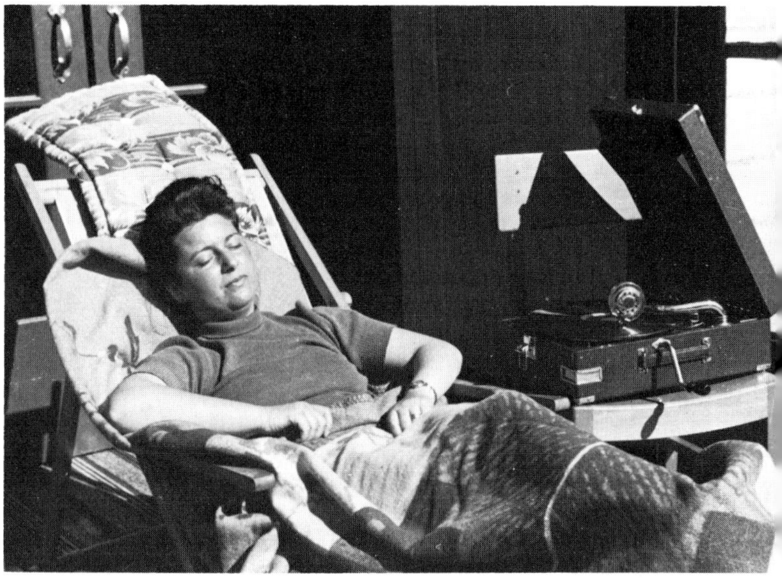

In den Rundschreiben der Reichsfrauenschaftleitung wurde den Führerinnen der Helferinnenschaft nahegelegt, die Eigeninitiative der Frauen zu wecken und die individuellen Neigungen der einzelnen Helferinnen nicht zu hemmen. Das Ziel der Gesamtbetreuung sollte sein, den Frauen im Wohnheim das Gefühl des Zuhauses zu vermitteln. So wie ihnen die persönliche Ausstattung der Zimmer weitgehend freigestellt war, sollten sie sich auch in ihren Lieblingsbeschäftigungen entfalten. Die Freizeit war nur soweit zu regulieren, wie es für das Gemeinschaftsleben erforderlich war. (12)

Viele Helferinnen verbrachten die Abende lesend – jedes Wohnheim hatte eine Grundausstattung an Literatur –, andere bastelten, besonders in der Weihnachtszeit zur Vorbereitung der NSV-Bazare. Wiederum andere hörten Musik – wenn das Radio nichts ergab, dann die eigenen Schallplatten. Die vierten genossen das dolce far niente im Liegestuhl. Viel Zeit verwandten die Helferinnen für die Pflege ihrer Wäsche. Strümpfestopfen gehörte z. B. zu den Erfordernissen des Krieges, weil es Textilien nur bei Vorlage von Bezugsscheinen zu kaufen gab.

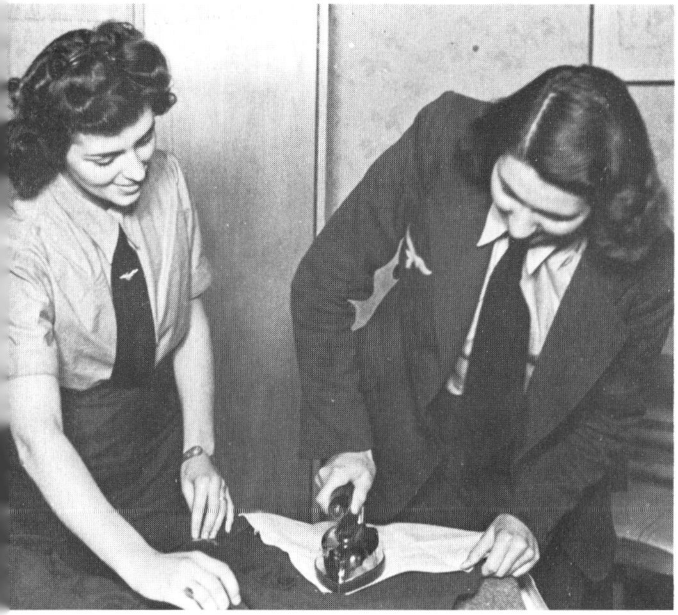

Entsprechend den nationalsozialistischen Leitlinien stand Sport auf den Dienstplänen aller Ausbildungsstätten und Einsatzdienststellen der Helferinnen. Die Leitung hatten ausgebildete Sportwartinnen. Es wurden alle Sportarten gepflegt, auch exquisite wie Fechten – und das manchmal neben den Unterkunftsbaracken vor den Flakhilfsgeräten.

Die Angehörigen des Kriegshilfsdienstes des RADwJ behielten die Sportkleidung des RAD. Die Helferinnen der Wehrmachtteile hatten sie wie die Unterwäsche selbst zu besorgen. Dafür bekamen sie eine verkürzte Kleiderkarte. In manchen Fällen halfen die Kleiderkammern aus, um die Einheitlichkeit zu gewährleisten. Die erzieherischen Funktionen des Sports sah man in zweierlei: Zum einen sollte das Gemeinschaftsgefühl der Gruppen gestärkt werden und zum anderen sollten die Mädchen so ermüdet werden, daß sie von keinen Amüsements angezogen wurden. Wettkampfspiele standen für die erste Funktion und Dauerläufe für die zweite. (4) Die Helferinnen begrüßten die Sportstunden als Ausgleich für ihre arbeitsplatzgebundene sitzende Schichtdiensttätigkeit, oft in luft- und lichtarmen Kellern, Bunkern und Hallen.

Den Dienststellen in den besetzten Gebieten, in denen Helferinnen arbeiteten, wurde befohlen, die Frauen mit den Besonderheiten ihrer Umgebung vertraut zu machen und ihnen neben Vorträgen über die Geschichte und Kultur des Landes auch Führungen zu den Kunststätten und Sehenswürdigkeiten im näheren Bereich zu vermitteln. Für die in Griechenland stationierten Helferinnen war der Besuch auf der Akropolis (Abb. 1) ebenso selbstverständlich wie für die in Ostfrankreich stationierten Frauen der des Schlachtfeldes von Verdun (Abb. 2). Zu den obligatorischen Betreuungstouren für die in Nordskandinavien stationierten Helferinnen gehörte die Fahrt zum Polarkreis. Das Foto, das dabei entstand (Abb. 3), bewies immerhin, daß die Helferinnen überall dort waren, wo es Soldaten gab: von Narvik bis Neapel. Die Luftflotte 3 regte an, daß die Helferinnen nach ihrer Rückkehr Bilder der besichtigten Einrichtungen und Kunstwerke in ihren Zimmern anbringen sollten; „dadurch wird die Geschmacksrichtung der Frauen und Mädchen gebessert, niveaumäßig erhöht und die Neigung zu Kitsch unterdrückt". (4)

1 ▼2 3

Zum Betreuungsprogramm (15) aller großen Garnisonen gehörten die Aufführungen der Theatergruppen der Organisation „Kraft durch Freude“. An vielen Orten der Etappe bildeten sich auch Spielgruppen, die selbst Theater- und Konzertaufführungen arrangierten. Die Ortskommandanturen förderten solche Initiativen und stellten Finanzmittel bereit. Helferinnen und Soldaten beklatschten die Vorführungen der Kameraden und Kameradinnen: Komödien, Parodien und Klamotten kamen in der Regel besser an als klassische Stücke.

Üblicherweise hatten die Helferinnen keinen Zutritt zu den Soldatenheimen. Einladungen von Soldaten dorthin durften sie nur gruppenweise und mit Zustimmung ihrer Führerinnen annehmen. Die Erlaubnis wurde im allgemeinen zu Kameradschaftsabenden und Festen erteilt. Eine psychologische Handreichung riet den Führerinnen: „Die Abende sind rechtzeitig zu beenden ... Am Schluß des Abends sind Soldaten und Helferinnen getrennt, geschlossen (abzählen lassen!) in die Unterkünfte zu führen. Erst die Frauen, dann die Männer.“ (16) Die Weihnachtsfeiern wurden regelmäßig von den Helferinnen für die Soldaten vorbereitet. Sie verpackten die „Liebesgaben“, deckten die Tische und sorgten für Gemütlichkeit und gute Stimmung.

In den Geschäften der besetzten Gebiete konnten bis 1944 Waren gekauft werden, die in Deutschland nicht mehr erhältlich waren. Die Einsatzzulagen – in Norwegen täglich 2,63 Kronen, in Frankreich 24 Francs und in Belgien 16,10 belgische Franken – gaben den Helferinnen die Möglichkeiten dazu. Geldsendungen aus der Heimat waren jedoch limitiert. Die Einfuhr deutscher Zahlungsmittel zog strenge Bestrafung nach sich. (8)

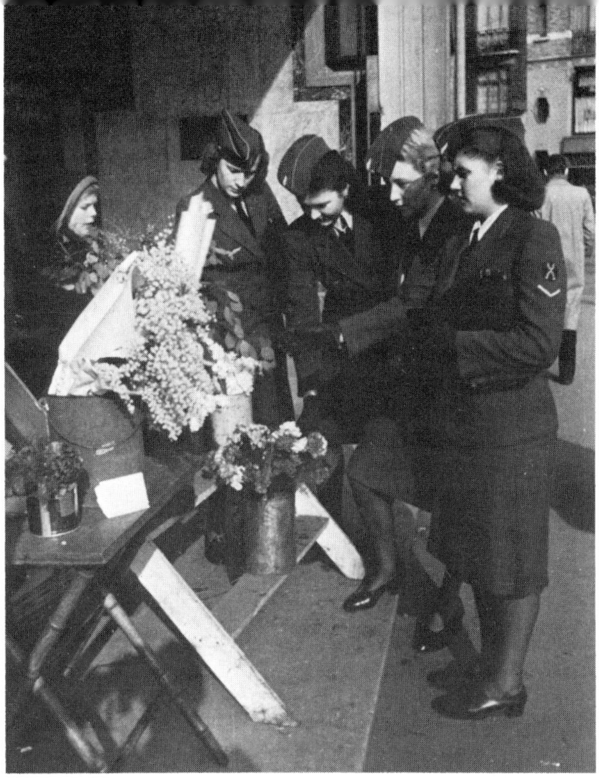

1 ▼2

„Aus Gründen der eigenen Sicherheit", d. h. um Belästigungen und Beschimpfungen zu vermeiden, durften die Helferinnen in den besetzten Gebieten nur gruppenweise ausgehen – mindestens zu zweit. Die Führerinnen sahen es nicht ungern, wenn Soldaten die Begleitung übernahmen. Das machte das Ausgehen noch risikoloser. Die Helferinnen ihrerseits freuten sich über die Kontakte in der Garnison. Mit Einbruch der Dunkelheit war der Besuch bestimmter Stadtteile untersagt. Persönliche Kontakte mit der einheimischen Bevölkerung waren aus Sicherheitsgründen unerwünscht. Man fürchtete den feindlichen Nachrichtendienst. (17) Da die meisten Museen geschlossen waren, beschränkten sich die Ausgänge der Helferinnen auf die Besichtigung von architektonischen Sehenswürdigkeiten und auf ein Einkehren in Restaurants. In Oslo bot sich der Besuch des Vigeland-Parks oder des Hafens an (Abb. 1) und in Rouen (Abb. 2) ein Blick auf den Dom und die Fassaden der Altstadt. Zahlreiche Gaststätten waren für deutsches Personal gesperrt. In Frankreich war das Einnehmen von Speisen und Getränken an Theken, das Herumstehen vor Ausschanktischen und das Herumsitzen auf Barstühlen verboten. Auch die „Einnahme von Speisen in den Restaurants ohne Abgabe der entsprechenden Lebensmittelmarken" wurde disziplinarisch geahndet.

FIX

Die Führungsstäbe der Wehrmachtteile sahen in den Helferinnen ausschließlich das, was der Namen besagte: Hilfskräfte für Soldaten. (19) Wenn die Frauen die Plätze der Männer, die sie übernommen hatten, nicht nur voll, sondern vielleicht sogar besser ausfüllten als diese, dann war man bereit zuzugeben, daß sie „ihren Mann stellten“. Als Frauen traten die Helferinnen offiziell ganz selten auf. Einer der wenigen Anlässe war, wenn in Brest, Lorient, St. Nazaire oder Nantes deutsche Boote von großer Feindfahrt zurückkehrten. Dann bildeten die dort stationierten Marinehelferinnen Spalier, dekorierten die Ankommenden mit Blumen, überreichten ihnen Geschenkkörbe und Gebinde und zeigten sich von Amts wegen als Vertreterinnen des weiblichen Geschlechts – zur Freude der Matrosen.

Das Kriegsverdienstkreuz konnte Frauen verliehen werden, die „in Durchführung kriegswichtiger Aufgaben eine Leistung aufweisen, die derjenigen von Männern, die dafür mit dem Kriegsverdienstkreuz ausgezeichnet werden, gleichwertig ist“. Bei „tapferem persönlichen Einsatz unter unmittelbarer feindlicher Waffeneinwirkung“ konnten sie auch das Kriegsverdienstkreuz mit Schwertern erhalten. Das war z. B. der Fall, wenn sie sich bei Luftangriffen in besonderem Maße hervortaten. Das Kriegsverdienstkreuz war die übliche Kriegsauszeichnung für Frauen, auch wenn bis 1945 insgesamt 39 weibliche Gefolgschaftsmitglieder das Eiserne Kreuz II. Klasse und zwei das Eiserne Kreuz I. Klasse verliehen bekamen. (20) Hitler stiftete das Kriegsverdienstkreuz am 18. 10. 1939 als „Zeichen der Anerkennung für Verdienste in dem uns aufgezwungenen Krieg, die keine Würdigung durch das Eiserne Kreuz finden können“. Insgesamt wurde das Kriegsverdienstkreuz mit Schwertern 6,6 Millionen mal ausgehändigt. Die Helferinnen der Wehrmachtteile durften außer dem Kriegsverdienstkreuz auf der Uniform nur das Luftschutzabzeichen, das Parteiabzeichen, das DRK-Abzeichen, das Reichssportabzeichen und das Flugmeldeabzeichen, wenn es vor 1938 erworben wurde, tragen. (21)

1

Das Schicksal der Helferinnen, die in die Hände der Alliierten fielen, war sehr unterschiedlich. Die Sowjetrussen erkannten ihnen nicht den Charakter von Kriegsgefangenen zu, sondern behandelten sie wie Zivilgefangene. Die meisten wurden in Arbeitslager eingewiesen. Die westlichen Alliierten richteten sich nach den Bestimmungen der Haager Landkriegsordnung und der Genfer Konvention und gestanden ihnen die gleichen Rechte zu wie den anderen Angehörigen des Gefolges der Wehrmacht. Sie wurden in speziellen Kriegsgefangenenlagern für Frauen untergebracht. Für die, die nach Großbritannien transportiert wurden, dauerte die Gefangenschaft bis Ende 1945. Die Zeit hinter Stacheldraht verging mit Appellen (Abb. 1), Befragungen (Abb. 2) und körperlicher Arbeit (Abb. 3). Der Schrecken der Gefangennahme, wie er aus dem Gesicht der bei Gronwhold am 2. 5. 1945 gefangengenommenen Luftwaffenhelferin hervorgeht (Abb. 4), wich im Lauf der Monate der Lagerlethargie.

2

▼3

4

Ehe und Familie

Es gibt keine Statistik darüber, wie viele Helferinnen der Wehrmacht während ihrer Dienstzeit die Ehe eingingen. Es müssen viele gewesen sein, denn die Zusammenarbeit zwischen Soldaten und Helferinnen am Arbeitsplatz und die Stationierung in der gleichen Garnison führten – vor allem im Ausland – oft schnell zu persönlichen Neigungen. In den besetzten Gebieten wurde die Ehe vor dem richterlichen Militärjustizbeamten geschlossen, der die Urkunde dem Standesbeamten des Standesamtes I in Berlin zur Registrierung übersandte. Das Ehegesetz vom 6. 7. 1938 konstituierte die Ehe als Rechtseinrichtung im Interesse des Fortbestandes des Volkes. Die kirchliche Trauung hatte keine bürgerlich-rechtliche Wirkung. (22) Sie wurde trotzdem von vielen Soldaten und Helferinnen nach der standesamtlichen Trauung vollzogen. Nicht immer waren die Kommandeure bereit, den Paaren beim Verlassen der Kirche zu gratulieren und die kirchliche Trauung zum Anlaß einer Feier im Kameradenkreis – mit Ehrenspalier und Hochzeitsmahl – zu machen.

Während des Zweiten Weltkrieges wurden von den 2,2 Millionen Eheschließungen mehr als 100.000 als Ferntrauungen (Kriegstrauungen) vollzogen. Diese Form der Eheschließung war möglich, wenn die Ehewilligen aus militärischen Gründen getrennt waren. In der Regel war der Mann abwesend. Er konnte seinen Willen, die Ehe einzugehen, zur Niederschrift des Bataillonskommandeurs erklären. Dieser sandte das Schriftstück an das Standesamt der zukünftigen Ehepartnerin. Die Erklärung verlor ihre Gültigkeit, wenn die Frau ihre Erklärung, die Ehe einzugehen, nicht binnen zwei Monaten beim Standesbeamten abgab. Die Gültigkeit der Ehe wurde nicht davon berührt, daß der Ehemann zu dem Zeitpunkt, in dem die Frau ihre Erklärung abgab, möglicherweise bereits tot war. In diesem Falle galt die Ehe zu dem Datum geschlossen, an dem die Eheerklärung des Mannes abgegeben wurde. (23) Es war ein guter Brauch bei den Einheiten und bei den Helferinnen, die Erklärungen zur Ferntrauung in einem feierlichen Rahmen stattfinden zu lassen. Es gab Blumen, Geschenke, Ehrengeleit und verbesserte Truppenverpflegung.

Der Führererlaß über den Einsatz von Männern und Frauen für Aufgaben der Reichsverteidigung vom 13. 1. 1943 und die Anordnungen zur Durchführung des totalen Kriegseinsatzes vom 25. 7. und 29. 11. 1944 nahmen auf die Familien insoweit Rücksicht, als Frauen mit schulpflichtigen Kindern von der Erfassung befreit waren. Mütter wurden nur dann kriegsdienstverpflichtet, wenn ein anderer Familienangehöriger – meistens die Großmutter – die Sorge für die Kinder übernahm oder wenn die Kinder im Rahmen der Kinderlandverschickung in Heimen untergebracht waren. (24) Wenn eine Frau mit zwei vorschulpflichtigen Kindern in eine der Helferinnenschaften eintrat, war das ein Anlaß für Propagandafotos. Aus ihnen sollte hervorgehen, zu welchen Opfern die deutsche Frau und Mutter um des Schicksals der Nation willen bereit war. Die Vereinbarkeit von Familien- und Berufspflichten, die bisher den Arbeiterschichten vorbehalten war, wurde nun als vorbildliches nationalsozialistisches Verhalten dargestellt.

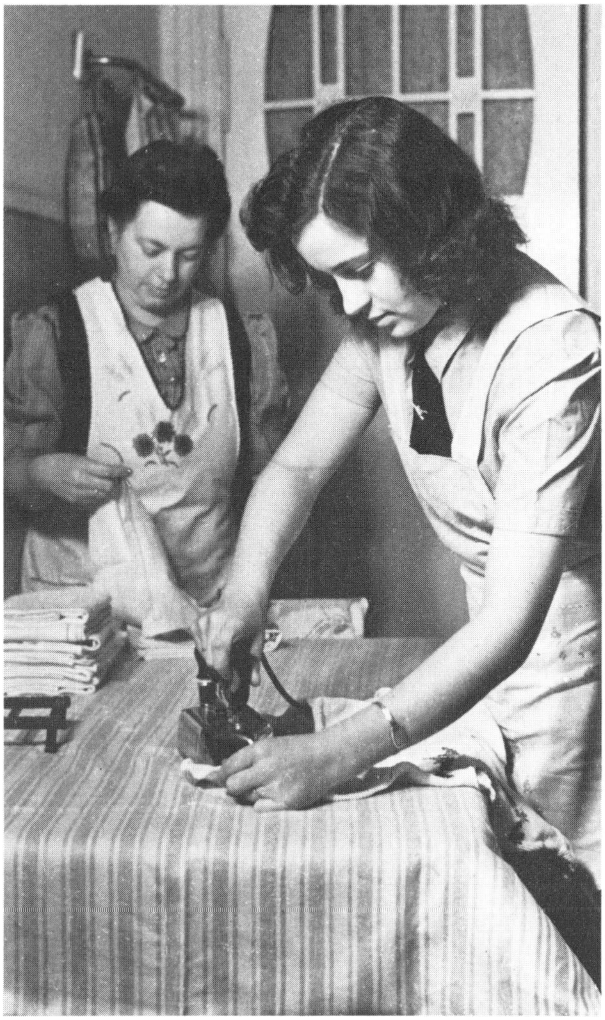

Fernmeldedienst

Die Wehrmacht verfügte über mehrere Arten von Vermittlungsschränken. Der Große Feldklappenschrank für mittlere und größere Ämter arbeitete nach dem Zweischnursystem in OB-Schaltung (Ortsbatterie) oder OB/SB-Schaltung (Ortsbatterie und Schlußzeichen-Batteriebetrieb). Das Baukastensystem ermöglichte einen schnellen Auf- und Abbau. Der Abfragekasten enthielt 50 Anrufklappen und -klinken, der Vielfachkasten brachte es auf 150 Klinken. Der Fernschrank 36 (Rostocker Schrank) stand überwiegend in Luftwaffendurchgangs- und -verteilervermittlungen. Auch er arbeitete nach dem Zweischnurprinzip mit Abfrage- und Verbindungsstöpsel mit und ohne Endverstärker. Die Durchgangsverbindungen zwischen Fernleitungen ließen sich schnell herstellen. Das Fernvermittlungssystem F 36 war ausschließlich für Zwecke des Fernverkehrs entwickelt. Die bisher zur Lieferung des Rufstroms benötigten Rufmaschinen wurden durch Polwechsler ersetzt. Sämtliche Verbindungen wurden doppeldrahtig hergestellt. Besondere Durchruf-Schnurpaare waren nicht vorgesehen. Eingang und Beendigung eines Gesprächs wurden durch Glühlampen signalisiert, besetzte Leitungen durch Schauzeichen. Sämtliche Fernleitungen endeten im Fernschrank auf Klinke. Jeder Arbeitsplatz war mit neun Schnurpaaren ausgerüstet. Die schaltungsmäßig zu jedem Schnurpaar gehörenden Relais, Kondensatoren usw. befanden sich auf der Rückseite des Schrankes in einem schwenkbaren Relaisrahmen. Das in drei Paneele geteilte Klinkenfeld jedes Schrankes enthielt 120 einheitlich ausgerüstete Leitungen. Die sechs Paneele des kombinierten Schrankes verfügten also über 240 Leitungen. Wurden mehr als zwei Schränke benötigt, so wurden die auf den beiden ersten Plätzen liegenden Leitungen in den weiteren Plätzen durch Parallelschaltung der Klinkenfelder wiederholt. Diese Art der Schaltung nannte man auch Vielfachschaltung und die so entstandenen Klinkenfelder Vielfachschaltungen. In dem unterhalb des Klinkenfeldes gelegenen Spiegelbrett befand sich die Frittertaste zum Einschalten des Glimmschutzgerätes und die Kontrollampen AKL (Auflaufen eines Anrufs), SKL (Eintreffen des Schlußzeichens) und SiL (Durchbrennen einer Sicherung). Im Januar 1944 wurde der Fernschrank F 36a eingeführt. Er hatte erheblich kleinere Abmessungen und ein geringeres Gewicht, benötigte keine besonderen Transportkisten und war mit einem Durchrufschnurpaar ausgerüstet. (25)

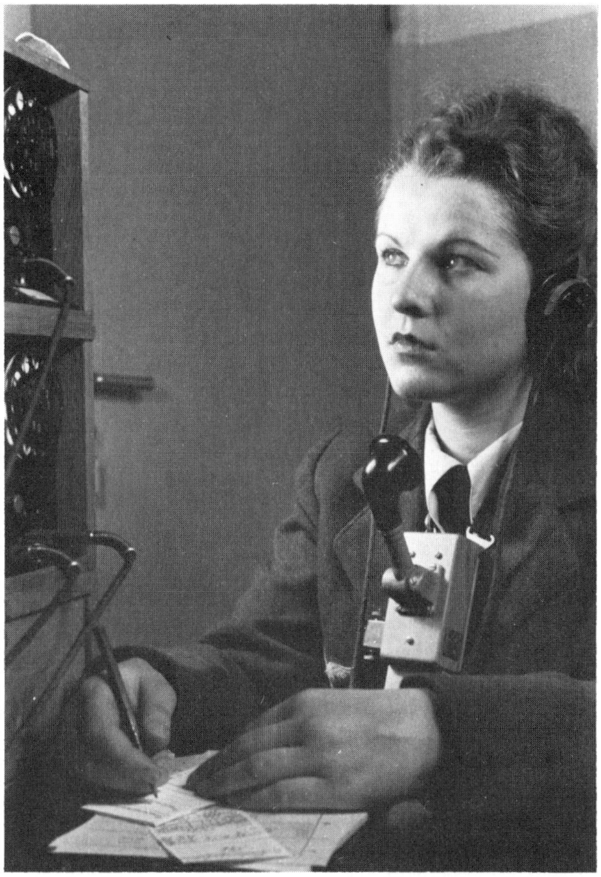

Die Nachrichtenhelferinnen für den Fernmeldedienst (auch im Rahmen des Flugmeldedienstes) wurden in den Nachrichtenschulen ausgebildet. Das Lehrpersonal bestand aus erfahrenen Soldaten. Der Lehrgang dauerte acht Wochen. Die Hauptunterrichtsfächer waren Spracherziehung, Physik und Übungen am Feldfernsprecher 33 und am Vermittlungsschrank. Die physikalischen Grundlagen der Nachrichtentechnik wurden in einfachen Unterrichtsversuchen mit Kleingruppen und die Wirkungsweise der Fernsprecher anhand des Modells 33 erklärt. (26)

Fernschreibdienst

Die Ausbildung der an Fernschreibern eingesetzten Helferinnen erfolgte gleichfalls in den Nachrichtenschulen der Wehrmachtteile. Sie dauerte zwei Monate. Frauen mit Schreibmaschinenkenntnissen wurden bevorzugt. Da das Tastenfeld der Fernschreibmaschinen im großen und ganzen identisch war mit der Tastatur der Schreibmaschinen, erreichten sie schnell eine hohe Schreibgeschwindigkeit mit der erforderlichen Fehlerfreiheit. Sobald die Schreibsicherheit vorhanden war, wurde der Sicherheitsgrad durch Herstellen von Lochstreifen erprobt. Dazu eignete sich besonders der Handlocher, der keinen Mitlesestreifen im Klartext ergab.
Die fernmeldetechnischen Grundlagen und die Informationen über das Streckennetz erhielten die Schülerinnen von erfahrenen Wehrmachtangehörigen, meistens Dienstgraden, vermittelt. Die entsprechenden Lehrmodelle waren in den Schulen verfügbar.

Am häufigsten wurde in der Wehrmacht der Fernschreiber T 36 Lo verwendet. Er war ein Sende-Empfangs-Gerät der Firma Lorenz mit 34,5 kg Gewicht und arbeitete nach dem Start-Stop-Prinzip. Für den Funk-Fernschreibverkehr war er ungeeignet. Der gesendete Text erschien zur Kontrolle auf einem Streifen, weshalb dieser Fernschreiber auch Streifendrucker genannt wurde. Das Gerät wurde als Endstelle oder in Vermittlungen als Abfragemaschine eingesetzt. Erforderlich waren zwei Stromquellen: der Motorstromkreis mit 220 Volt Wechselstrom und der Telegrafierstrom mit 110 Volt Gleichstrom. (28)

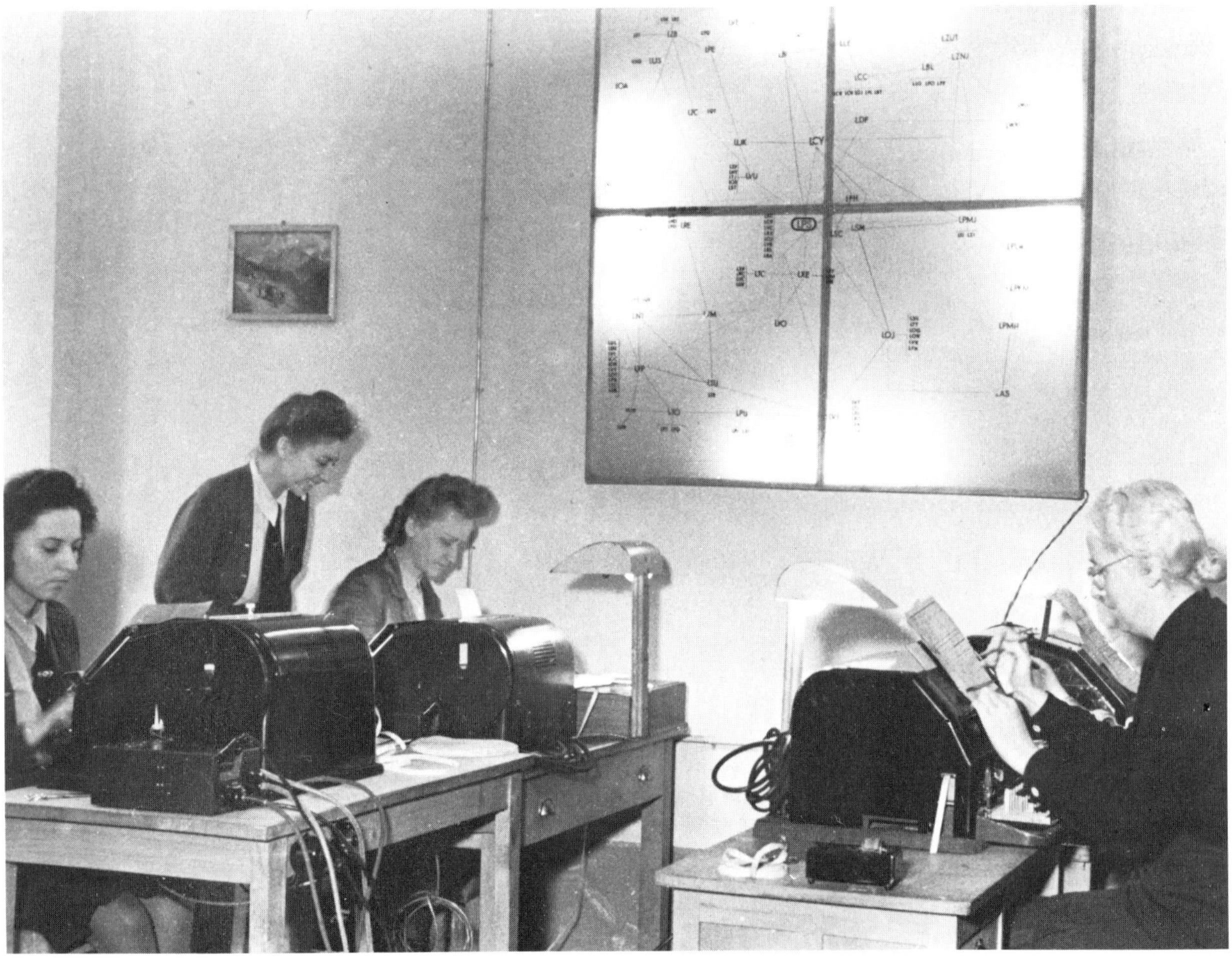

1

2

Neben dem Fernschreiber T 36 Lo gab es in der Wehrmacht – vor allem beim Heer – den sogenannten Hellschreiber, ein 25 kg wiegendes leicht transportables Gerät, das bis zu 150 Zeichen in der Minute bewältigte (Abb. 1).

Als Schlüsselmaschine diente die Enigma (Abb. 2), mit der alle wichtigen Texte bis zu 250 Buchstaben kodiert wurden. Der Umfang der Verwendung der Enigma wurde vom OKW befohlen. Der Schlüssel wechselte täglich. Um 0.00 Uhr mußten die Walzenlage (römische Zahlen), die Ringstellung (arabische Zahlen oder Buchstaben) und die Steckerverbindungen (Buchstaben) verändert werden. Verschlüsseln und Entschlüsseln erfolgte nach dem gleichen System. (29)

In den großen Stäben arbeiteten bis zu 40 Fernschreiberinnen in drei Schichten an den Geräten. Die Fernschreibaufsicht – meistens Dienstgrade der Nachrichtentruppe – verteilten die Aufträge über ein Förderband an die einzelnen Helferinnen. Die Norm lag bei 160 Anschlägen in der Minute. Der Leistungsstand wurde halbjährlich in Form von Wettschreiben überprüft. Jede Übung bestand aus zwei Prüfungsstreifen von je 1.860 Anschlägen. Davon waren 1.400 Anschläge deutscher Text, 200 Anschläge fremdsprachiger Text und 180 Anschläge fünfstellige Gruppen aus Ziffernzeichen. Die Grundzeit für jeden Streifen betrug zwölf Minuten. (30)

In den Fernschreibannahmestellen übertrugen jeweils zwei Helferinnen die Bänder des Empfangslochers EL 35 Lo in Klartext. Er arbeitete mit einer Geschwindigkeit bis zu 400 Zeichen pro Minute. Die Fernschreibstreifen ließ man über die Klebemaschine laufen und befestigte sie mit leichtem Druck der Schere auf das Formblatt. Jede Zeilenlänge wurde abgeschnitten. Die Vorschriften erwähnten ausdrücklich, daß die Rückseite nur benutzt werden durfte, wenn die Vorderseite des Formblatts nicht ausreichte. (31)

In den meisten Fernschreibstellen der Wehrmacht wurde der Fernschreibvermittlungsschrank T 38 der Firma Siemens verwendet. Er besaß 80 Teilnehmerklinken mit Anruflampe und Besetztzeichen und acht Verbindungsschnurpaare, so daß maximal acht Fernschreiber gleichzeitig in Betrieb sein konnten. (32)

Im Winter 1941/42 wurden die Vorteile des Funk-Schreibverkehrs in der Wehrmacht erkannt. Die von Leningrad bis an die Pyrenäen reichenden Fernschreibleitungen waren streckenweise überbelastet. Die Übermittlungsfehler häuften sich. Beim Funk-Fernschreibverkehr wurden die Fernschreibmaschinen T 32 der Firma Horn und Görwitz mit dem Kurwellenempfänger a kombiniert. Dieser hatte eine Abmessung von 275×695×350 mm, wog 38 kg und erfaßte die Frequenzen von 1.000 bis 10.000 kHz. Gleichzeitig wurde in der Luftwaffe auch die Funk-Schreibmaschine T 35 eingeführt, mit der die Morsezeichen der Schnellfunktexte in Schreibmaschinentext übernommen wurden. Bei der T 32 wurden die Morsezeichen über Kopfhörer aufgenommen und mit der Funk-Schreibmaschine übersetzt. (33)

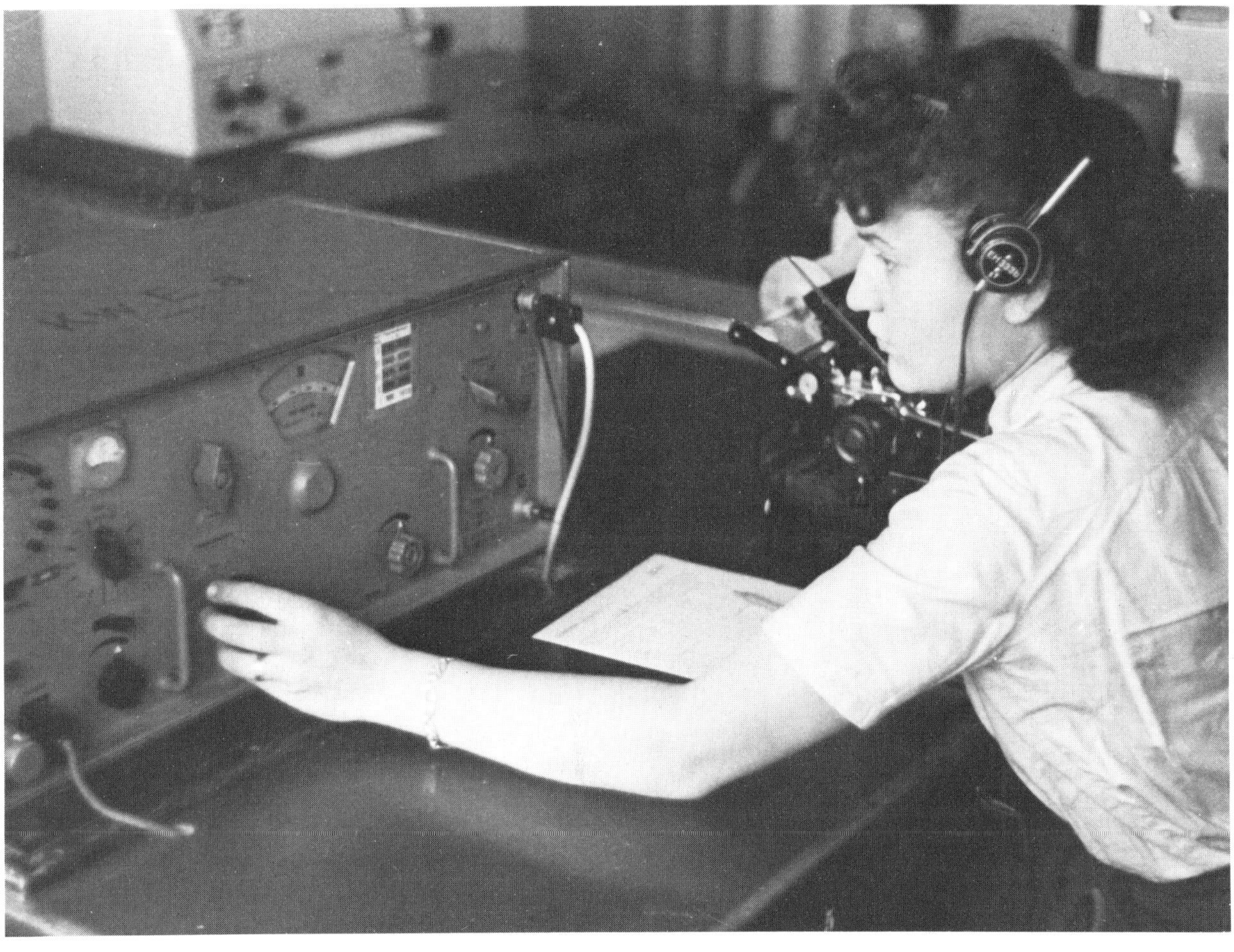

Funkdienst

Für den Funkunterricht standen den Nachrichtenschulen der Wehrmachtteile Streifenschreiber zur Verfügung. Mit ihnen übten die Schülerinnen individuell das Morsen anhand vorgegebener Texte aus Lehrbüchern. Aus den Papierstreifen konnte der Lernfortschritt ersehen werden. Richtigkeit und Schnelligkeit waren überprüfbar. Zur gleichmäßigen Leistungssteigerung im Klassenverband simulierte die Ausbilderin die Funkgebung, um die Schülerinnen im Hören und Aufnehmen zu schulen. (34)

Als Empfangsgerät diente der Tornisterempfänger b mit Frequenzen zwischen 100 und 6.970 kHz. Er wurde im Unterricht vielfach mit dem 5-Watt-Sender kombiniert, der einen Frequenzumfang von 950 bis 3.150 kHz und eine Reichweite von 70 km hatte. Eine Schülerin funkte, die andere an ihrer Seite empfing. Eine dritte mußte das Stromaggregat, den Tretsatz T 5, in Bewegung halten, der unter den Helferinnen auch „Tretmax" hieß. (35)

Bis 1942 benutzte die Wehrmacht ausschließlich Handtastgeräte. Die Hubhöhe des Tastenhebels betrug für den Anfänger 1 bis 2 mm, bei höheren Geschwindigkeiten war er kleiner. Die Federspannung durfte nicht zu groß sein, weil stark angezogene Federn zum Ausruhen auf der Taste verleiteten oder Muskelverkrampfungen verursachten. Verunreinigungen und Kontaktstörungen beseitigte man, indem bei leichtem Tastendruck ein sauberes Stück Papier zwischen den Kontakten durchgezogen wurde. (36)
Anfang 1942 wurde der Siemens-Schnellmorsegeber in die Truppe eingeführt. Er ermöglichte eine größere Funkgeschwindigkeit und -genauigkeit als die Handtastgeräte. Der mit dem Morsetastenlocher vorgelochte Papierstreifen wurde eingespeist und ergab beim Aufnahmegerät einen Papierstreifen, der ohne die Fehlerquellen, die bei handschriftlichen Aufnahmen vorkamen, abzulesen war. (37)

Flugmeldedienst

Bei der Einrichtung von Flugwachen mußte darauf geachtet werden, daß freie Sicht nach allen Seiten und gute Horchmöglichkeiten gewährleistet waren. Um Sinnestäuschungen durch Wind auszuschalten, wurden – wo es möglich war – Horchgruben in die Erde eingelassen. Bei Hochständen diente zur Windabschirmung ein Horchtrichter aus Holz. Er war brusthoch und hatte die Form eines Käfigs, in dem der Luftspäher saß. Bei ungünstigen Witterungsbedingungen und in der Nacht mußte sich der Flugwachposten ausschließlich auf sein Ohr verlassen und bei der Registrierung von Fluggeräuschen die Schallgesetze berücksichtigen. Eingehend ausgebildet wurde das Flugwachpersonal im Flugzeugerkennungsdienst: Identifizieren der Flugzeuge nach Form, Motorengeräusch, Einsatzmöglichkeiten, Eindringtiefe, Nationalitätenzeichen, Signalgebung usw. Frauen arbeiteten in den Flugwachen in der Regel zu zweit, die eine als Lauscherin, die andere als Beobachterin. Für häufige Ablösung wurde Sorge getragen, weil die Sinnesorgane während des Dienstes sehr angestrengt waren und die Aufmerksamkeit nach spätestens zwei Stunden nachließ. (38)

Im Aufnahmeraum des Flugwachkommandos waren die Zellen bzw. Plätze für die Meldungen der Flugwachen. Die Sprüche wurden auf Flugmeldevordrucken aufgenommen (siehe S. 38), wobei der Text unter gleichzeitigem Mitschreiben von den Flugmeldehelferinnen nachzusprechen war. Durch Unterstreichen von vorgedruckten Alternativen wurde die Aufnahme beschleunigt. An einem Flugwachkommando hingen 20 bis 100 Flugwachen. An einem Tag konnten bis zu 10.000 Flugmeldungen und Flugansagen eingehen. Um den Fernmelde- und Funkverkehr störungsfrei zu halten, mußten alle Namen ungekürzt ausgesprochen werden, bis auf „mot“ (motorig), „Geräusch“ (Flugzeuggeräusch), „Fluwa“ (Flugwache) und „Fluko“ (Flugwachkommando). Nur bei mangelhafter Sprechverständigung durften die Buchstaben der Signaltafel benutzt werden. Nach Beendigung der Durchgabe wurde die Uhrzeit auf dem Meldeblatt vermerkt. (41)

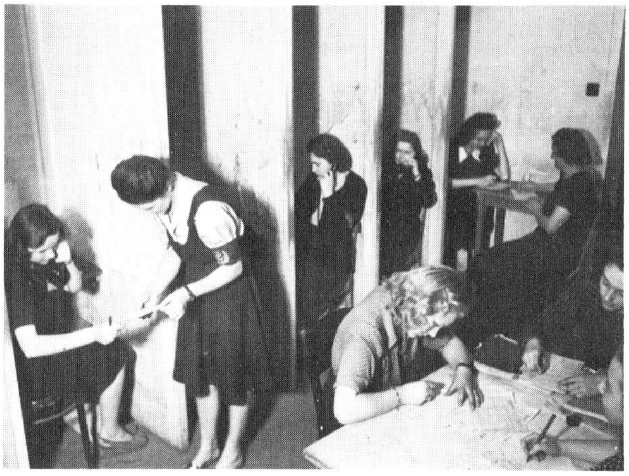

Die kartenmäßige Darstellung der Wahrnehmungen der Flugwachen erfolgte auf den Flugmeldearbeitskarten. Im Maßstab 1 : 300.000 gezeichnet, enthielten sie die Reichsgrenzen, größere Städte, Gewässer, Reichsautobahnen usw. mit der Gradnetzeinteilung in Violettdruck. Deutsche Flugzeuge wurden in blauer Farbe, Flugzeuge unbekannter Nationalität in schwarzer Farbe und feindliche Flugzeuge in der Regel in roter Farbe eingezeichnet. Die Zahl der gemeldeten Flugzeuge stand vor dem Querstrich, die Beobachtungszeit unter dem Richtungsstrich hinter dem Querstrich. 9‡$\overline{1045}$ war z. B. das Zeichen für neun zweimotorige Eindecker um 10.45 Uhr. Die Flugwege von Verbänden kennzeichnete man durch Striche und die von Einzelflugzeugen durch Punkte. Die Angaben wurden den Zeichnern nach den Flugmeldeblättern der Annahmestellen diktiert. Bei kleineren Flugwachen befand sich der Zeichentisch im Aufnahmeraum. (40)

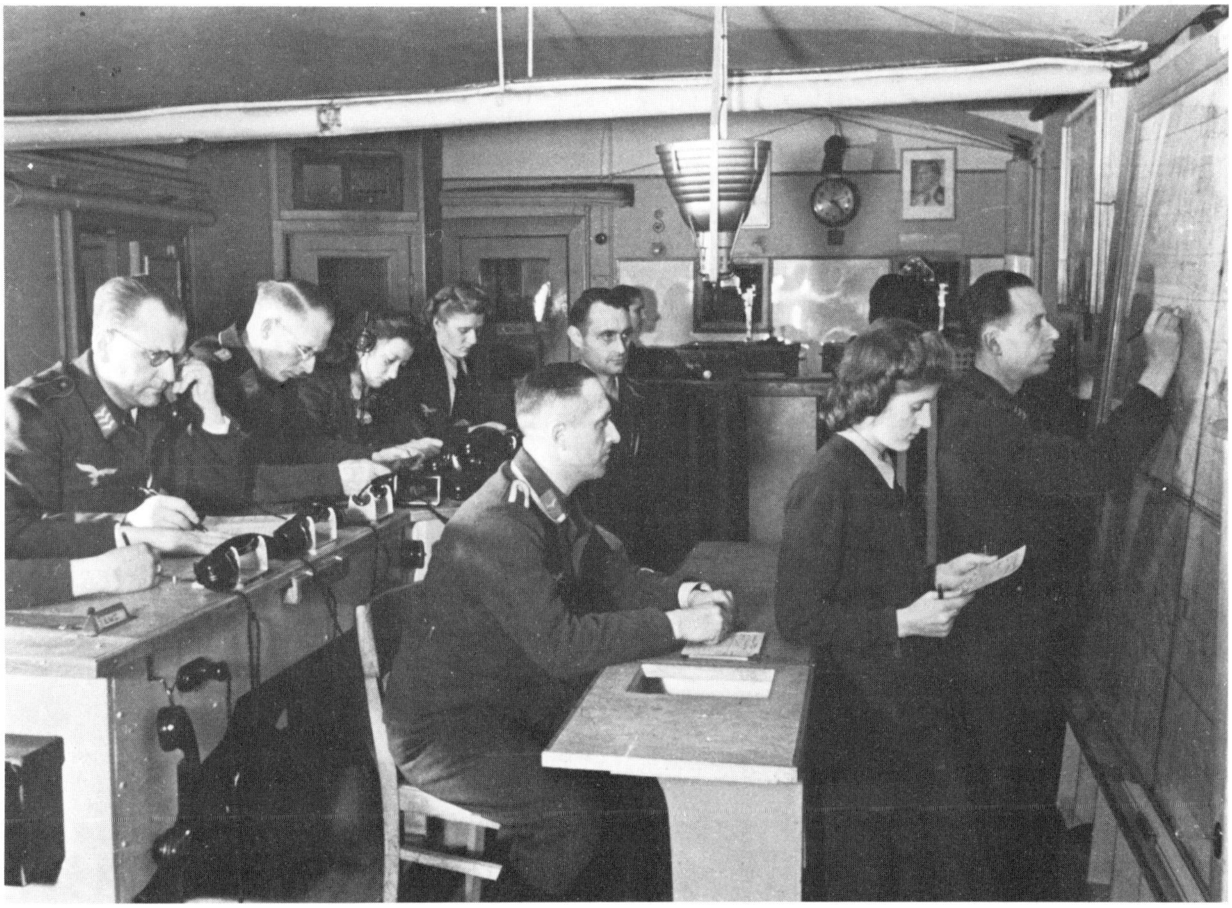

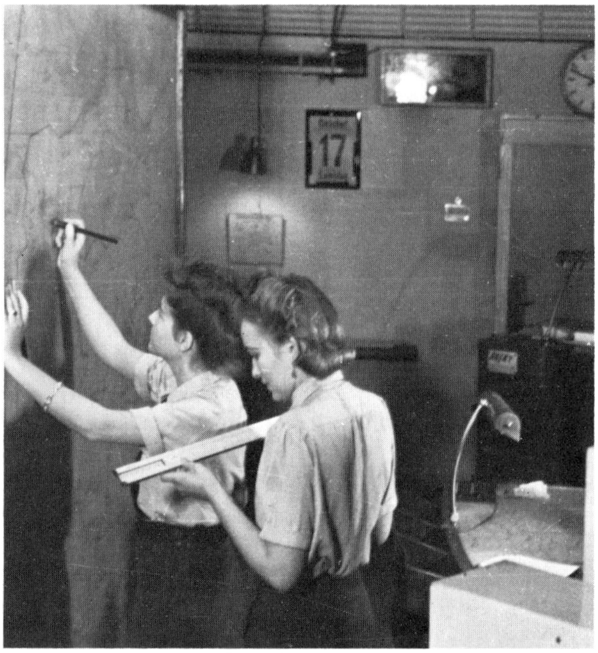

Die Flugrichtung feindlicher Verbände wurde mit Hilfe der Melderose und des Geschwindigkeitslineals vorausberechnet. Das Geschwindigkeitslineal hatte die Form eines Rechenschiebers und ermöglichte die schnelle Berechnung von Flugzeit, Flugstrecke und Fluggeschwindigkeit in ihrer Abhängigkeit voneinander. Die Melderose wurde mit dem Mittelpunkt auf den in der Meldung angegebenen Standort gelegt und so der vermutliche Flugweg unter Berücksichtigung der gemeldeten Flugrichtung festgestellt. Auf dem Geschwindigkeitslineal wurde dann die Zeit, in der der gefährdete Ort erreichbar war, errechnet. Auf diese Weise konnte der voraussichtliche Angriffszeitpunkt für Vorwarnung und Alarm festgestellt werden. (42)

Die Anschluß- und Weitergabestelle in den Flugwachkommandos reichte die durchfließenden und die ausgewerteten Nachrichten an die angeschlossenen Verbände und Dienststellen weiter. Auch die Nachbarflugwachkommandos wurden über die Luftlage informiert. Die für den Fernflugmeldedienst eingesetzten Helferinnen betreuten die Jagdgruppen, Fliegerhorste, Einsatzhäfen und Feldflugplätze, die Luftmeldesammelstellen und die Eisenbahn-Luftschutzbezirksstellen. Die Helferinnen des Nahflugmeldedienstes hatten Anschlüsse zu den Flakartillerieeinheiten, den Dienststellen des Luftschutzwarndienstes und des Eisenbahnflugwarndienstes. Die Funkbetriebsstelle gab die vom Leiter der Anschluß- und Weitergabestelle entsprechend gekennzeichneten Meldungen weiter und hörte die Reichsflugmeldefrequenz ab. Beim Ausfall der Fernsprechverbindungen übernahmen die Funkerinnen den gesamten Meldeverkehr. (39)

In allen Flugmeldezentralen und Flugwachkommandos wurde rund um die Uhr Dienst getan. Es arbeiteten drei Schichten von Helferinnen sechs bis zehn Stunden pro Tag. Ein großer Teil ihrer Tätigkeit bestand in Bereitschaftsdienst. Außer einigen Probeanrufen passierte in dieser Zeit nichts. Die Helferinnen waren jedoch an die Bereitschaftsplätze in der Flugmeldeleitstelle gebunden. Sie beschäftigten sich mit Handarbeiten. An einigen Orten wurde ihnen sogar Arbeit zugeteilt: Näharbeiten für die NSV, Mullbindenwickeln für den Sanitätsdienst usw. Es durfte sich jedoch nur um Arbeiten handeln, bei denen die Geräte nicht beschädigt wurden und die schnell abgebrochen werden konnten, wenn es Alarm gab. (43)

Ab 1944 wurden in den Klein-Flugwachkommandos die Meldungen der Flugwachen über Fernsprecher als Reportage entgegengenommen. Wenn eine Flugwache eine Mel-

dung abgeben wollte, leuchtete am Auswertetisch des Klein-Flukos eine Lampe auf. Die zuständige Helferin schaltete sich ein und zeichnete die Meldungen auf der Tischkarte (Maßstab 1 : 100.000) mit. Der oder die Sprecher des Flukos gaben die Meldung über Sammelschaltung an alle angeschlossenen Nutznießer und an das zuständige Haupt-Flugwachkommando weiter, sobald aus der Eintragung deutlich wurde, worum es sich handelte. Auf diese Weise kamen die Meldungen der Flugwachen über den Filter der Klein-Flukos innerhalb von Sekunden bei den Haupt-Flukos an. (44)

In den Haupt-Flugwachkommandos standen ab 1944 Mattglaskarten im Maßstab 1 : 200.000, auf denen die eingehenden Nachrichten über Flugbewegungen des Feindes eingetragen wurden. Jede Helferin zeichnete die in ihrem Horchgerät einlaufenden Meldungen ein. Gleichzeitig gab sie der Fluko-Sprecher über Fernsprecher an die Nutznießer weiter. Die Zahl der Helferinnen, die an den Karten arbeiteten, entsprach der Zahl der angeschlossenen Meldeleitungen aus den Klein-Flukos, den Nachbar-Haupt-Flukos und den Fern-Flukos. Das waren zwischen sechs und 40 Anschlüsse. Zum Haupt-Fluko Osnabrück gehörten z. B. die Klein-Flukos Hengelo, Fürstenau und Heide. Das Haupt-Fluko Bremen wertete die Meldungen der Klein-Flukos Oldenburg, Bassum, Zeven und Stade aus. An das Haupt-Fluko Hannover waren die Klein-Flukos Steinhude, Fallingbostel, Braunschweig und Einbeck angeschlossen. Das Haupt-Fluko Hamburg wurde von den Klein-Flukos Lüneburg, Hittfeld, Itzehoe und Hoisdorf beliefert. (45)

In den Fern-Flugwachkommandos und in den Gefechtsständen der Jagddivisionen liefen die Meldungen der Haupt-Flukos und der Nachbar-Fern-Flukos zusammen. Dazu kamen die Reportagen der sogenannten Geräte-Igel, d. h. spezialisierter Flugmeßstellungen im Divisionsbereich zur Ortung feindlicher Flieger. Nach ihrer Auswertung auf den Flugmeldeauswertetischen wurden sie auf der Hauptlagekarte (Glaskarte im Maßstab 1 : 400.000) von hinten eingetragen. Schon während der Aufzeichnungen konnten sie fehlerbereinigt an die Nachbar-Fern-Flukos und an die Haupt-Flukos weitergegeben werden, wenn es sich nicht um Doppelmeldungen handelte. (46) Die Einzeichnungen erfolgten entweder mit Tusche (Abb. 1) oder mit Farbstiften (Abb. 2) oder mit Steckfiguren bzw. Figurenstempeln.

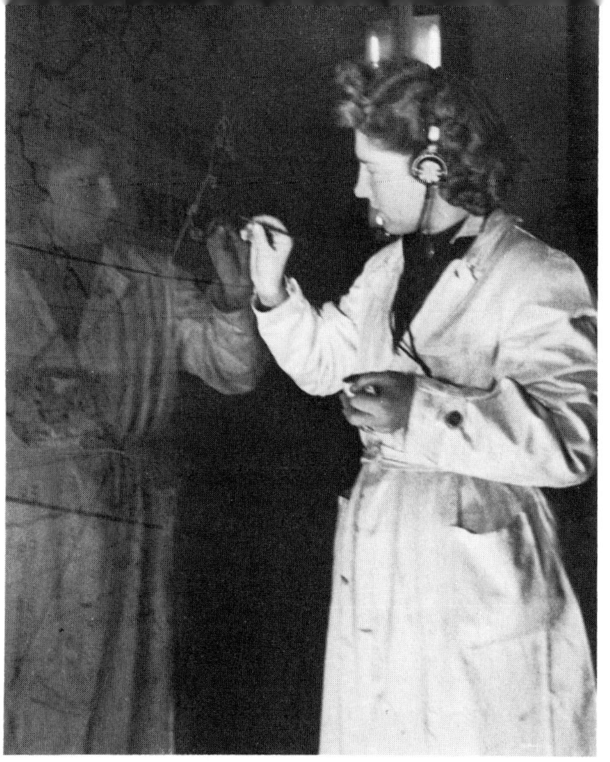

1

▼2

Als das Flugmeldewesen 1944 den Jagddivisionen unterstellt wurde, wurden die Kampf- bzw. Gefechtsräume der Divisionen völlig umgebaut. Es waren riesige Komplexe. Nach oben gestaffelt mußten Platz finden die Pulte der Jagd- und Flakkommandeure, des technischen Ingenieurs, der Jägerleitoffiziere für Sprech- und Tastführung und des Funkhorchdienstes, die Klotzschetische mit Lichtspuckern, die Lichtmeßbatterie, die Karten mit ihrem Bedienungspersonal und die Kabinen der einzelnen Flugmeldestellen. Der im November in Betrieb genommene Kampfstand „Sokrates" der 2. Jagddivision bei Stade war vorbildlich. Er umfaßte beinahe 1.000 Fernmeldeleitungen und bot gleichzeitig etwa 300 Soldaten und Helferinnen Platz. (47) Es gab wenige Funktionen, die nicht von Frauen wahrgenommen wurden: Sie waren Zeichnerinnen, Auswerterinnen, Fernmelderinnen, Funkerinnen, Botinnen und auch Jägerleithelferinnen.

Die im Funkhorchdienst eingesetzten Frauen lieferten dem Kommandeur die Basisinformation über die feindlichen Verbände, bevor die Nachrichten des Flugmeldedienstes eingingen. Ihre Tätigkeit war für die Entscheidungen der Jägerführung von besonderer Wichtigkeit.

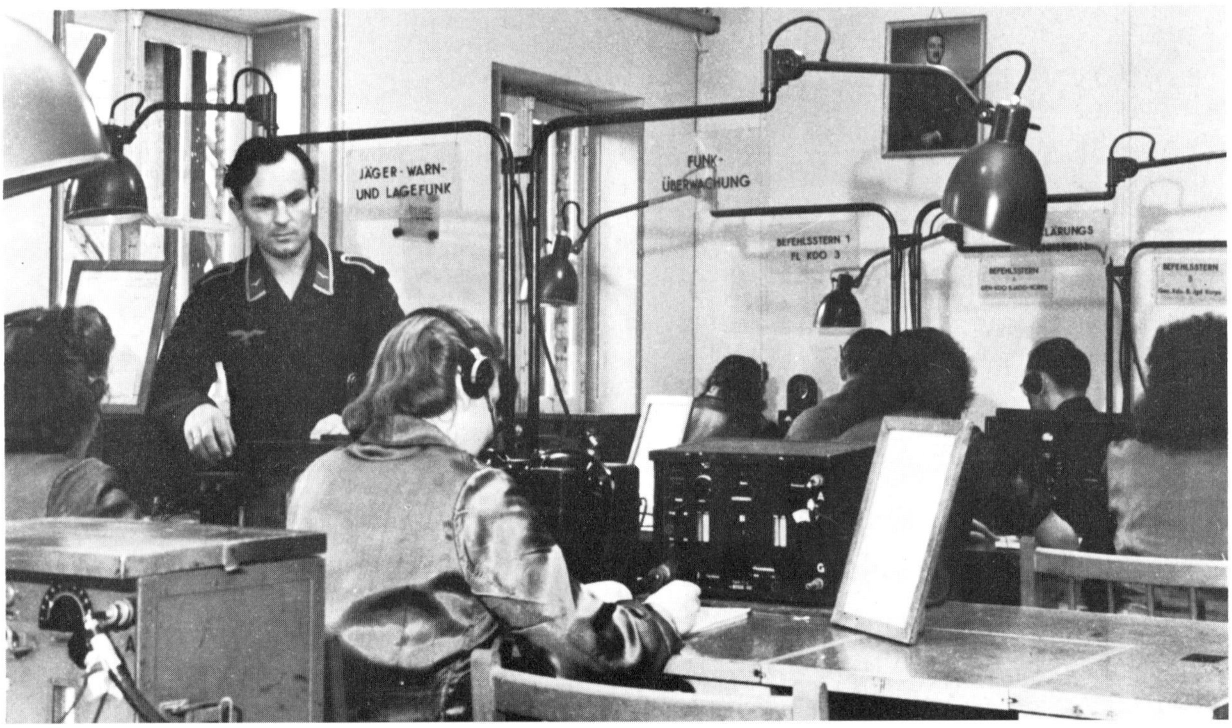

Die Himmelbettaktionen der Nachtjagdgeschwader gegen die Angriffe der Royal Air Force wurden von den Geschwadergefechtsständen gesteuert. Den Gefechtsstand des Nachtjagdgeschwaders 1 in Deelen/Holland entwikkelte 1941 Major i. G. Falck. Auf der Brücke kommandierte der Einsatzleiter, im allgemeinen der Kommodore, bei geringer Feindtätigkeit ein Offizier seines Stabes. Er konnte sich von seinem Kommandopult aus jederzeit in alle Leitungen zu den Flugmeldestellungen einschalten, Rückfragen stellen und Suchaufträge geben. Die Helferinnen besetzten jeweils einen Kartentisch, auf dem die Meßwerte der Freya- und Würzburggeräte eingetragen wurden. (48)

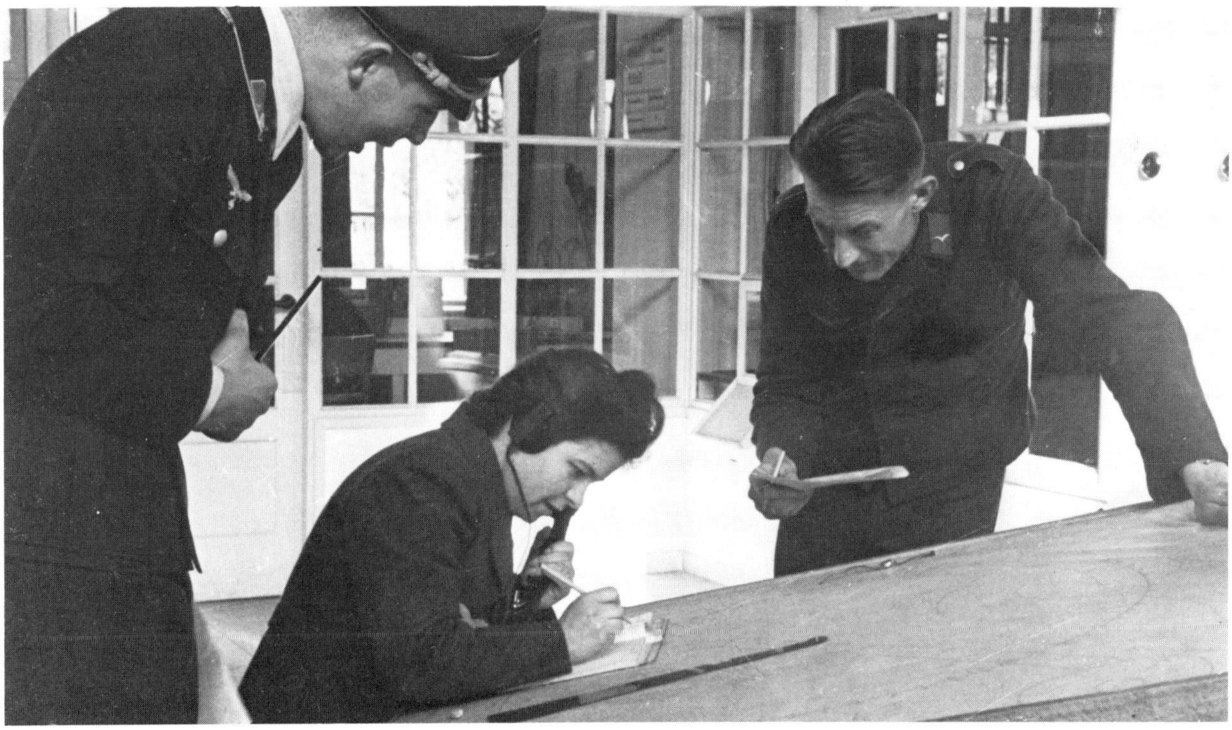

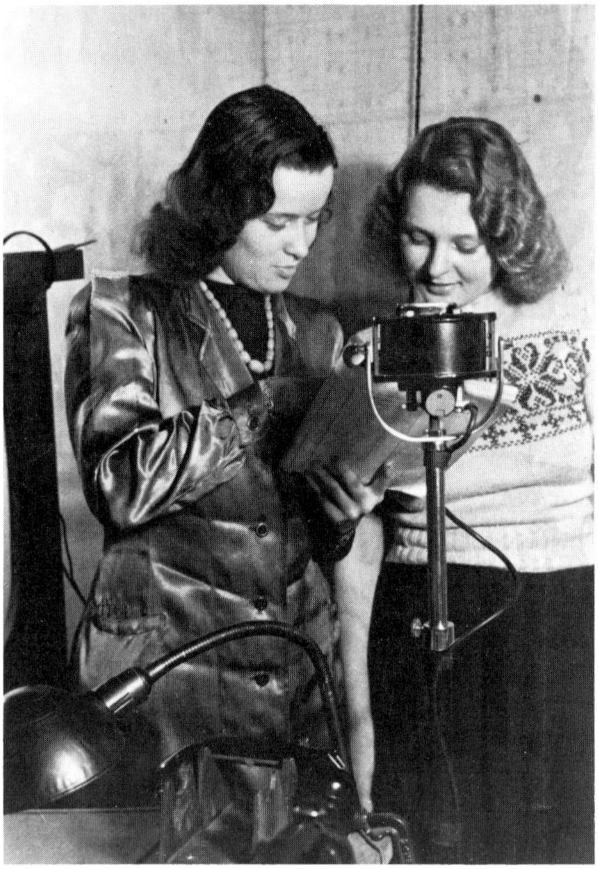

Entsprechend der Jägergliederung wurden im Frühjahr 1944 Abschnitts-, Divisions- und Korpsflugmeldezentralen aufgebaut. Die Divisions-Flugmeldezentralen erhielten für die Luftlagenreportagen an die Nutznießer auch 20-kW-Rundfunksender. Ab August versuchte die 3. Jagddivision in Deelen versuchsweise eine unmittelbare Unterrichtung der Bevölkerung über die Luftlage im Klartext mittels eines Senders, der mit jedem Rundfunkgerät empfangen werden konnte. Der Sender meldete sich auf einer gleichbleibenden Frequenz mit dem Decknamen „Primadonna". Die anderen Jagddivisionen folgten Ende des Jahres dem Beispiel, sehr zum Ärger der Luftlagestationen der Gauleitungen, die sich die Information der Zivilbevölkerung vorbehalten wollten. (49)

Jägerleitdienst

In den Leitständen der Jagddivisionen, „Gefechts-Opernhäuser“ genannt, projizierten die Luftwaffenhelferinnen rote Punkte (Feindflugzeuge) und blaue Punkte (eigene Jagdflugzeuge) auf die Lagekarten. Die einzelnen Positionen erfuhren sie von den Flugmeldezentralen und den Gerätestellungen über Kopfhörer. Es konkurrierten zwei Zeichenverfahren: das Lichtpunktwerfen und das Lichtpunktschreiben. Die Lichtpunktschreiberinnen zeichneten die Flugwege auf eine Tischkarte, die auf eine große Lagekarte übertragen wurde, auf der die Gesamtlage verfolgt werden konnte. Die Lichtpunktwerferinnen projizierten mit ihren Linsenrohren Zahl, Standort, Richtung und Höhe der Flugzeuge auf die Glaswand und verfolgten die Objekte entsprechend der durchgegebenen Meldungen. Auf der Glaswand waren die wichtigsten geographischen Merkmale des Divisionsbereichs und das Jägergitternetz eingezeichnet. Es teilte den Raum in Quadrate mit Buchstabenbezeichnungen und diese in 3×3 Quadrate mit Ziffernbezeichnungen. Ein Großtrapez umfaßte etwa 70×111 km. 100 Großtrapeze gaben zwei Jagdtrapeze. Jedes Großtrapez war in neun Mitteltrapeze, 81 Kleintrapeze und 729 Meldetrapeze unterteilt. Jedes Meldetrapez gliederte sich in neun Arbeitstrapeze. (50)

Ab 1944 übernahmen immer häufiger Frauen die Funktionen der Jägerleitoffiziere. Eine sorgfältige Führung vom Boden aus garantierte den Jägern erfolgreiche Aktionen. Das verband die im Jagdleitdienst eingesetzten Frauen mit den Nachtjägern. Zwischen den Helferinnen und „ihren“ Piloten entwickelte sich im Laufe der Zeit ein persönliches Verhältnis. Besuche in den Einsatzhäfen gaben den Frauen ein Gefühl ihrer Verantwortung für das Leben des Piloten und Einblick in die Navigationsprobleme der Jäger in der Luft. (51)

Wetterdienst

In fast allen Wetterstationen und -warten der Wehrmachtteile – auch in den besetzten Gebieten – arbeiteten Helferinnen. Zu ihren Aufgaben gehörten die täglichen Messungen, z. B. das Bestimmen der Niederschlagsmenge. Zu diesem Zweck wurde die im Regenauffangtopf angesammelte Flüssigkeitsmenge in ein Meßglas geschüttet. Der Skalenstand wurde ins Meßheft eingetragen. Auch das Ablesen der Instrumente in der Wetterhütte – Trockenthermometer, Feuchtigkeitsthermometer, Maximum- und Minimumthermometer, evtl. Druckschreiber – war Sache der Wetterdiensthelferinnen. (52)

Flakwarndienst und Schießauswertung

Die deutsche Flakkanone vom Kaliber 8,8 cm wird in der Literatur gelegentlich als das gefürchtetste deutsche Geschütz des Zweiten Weltkriegs bezeichnet. Am Anfang des Krieges hatte sie eine Rohrlänge von 4,93 m und erreichte bei einer Mündungsgeschwindigkeit der Geschosse von 820–840 m/sek eine Schußweite von 14.860 m mit einer Scheitelhöhe von 10.600 m. Die 1941 herausgebrachte 8,8-cm-Flak-41 steigerte die Rohrlänge auf 6,55 m und die Mündungsgeschwindigkeit auf 1.020 m/sek, was eine Schußweite von 20.000 m und eine Scheitelhöhe von 15.000 m bedingte. Die letzte Weiterentwicklung im Krieg war die 8,8-cm-Flak-43-Kanone mit einer Mündungsgeschwindigkeit von 1.200 m/sek. Die funkgesteuerten Granaten für diese Waffe befanden sich am Kriegsende erst in der Erprobung. Die Geschütze der schweren Batterien wurden in Abständen von etwa 40 m aufgestellt, damit die Feuerwirkung durch die enge Sprengpunktlage und die größere Splitterdichte verstärkt wurde. Zweckmäßig war die Form eines regelmäßigen Fünfecks mit dem 6. Geschütz in der Mitte. (53)

Zur Überprüfung der Treffgenauigkeit einzelner Batterien wurden gelegentlich während simulierter Angriffe Kontrollfilme gedreht. Auf diese Weise konnten u. a. Visierfehler und sonstige Abweichungen beim Zielschießen festgestellt werden. Die Filme wurden im Flakdivisionsstab ausgewertet. Die Helferinnen hatten die vorgeschriebenen Vordrucke auszufüllen. Das Zahlenmaterial wurde dann graphisch ausgewertet. Die Rekonstruktion von Zielweg und Trefferlage war die Grundlage für verbesserte Schießergebnisse. (54)

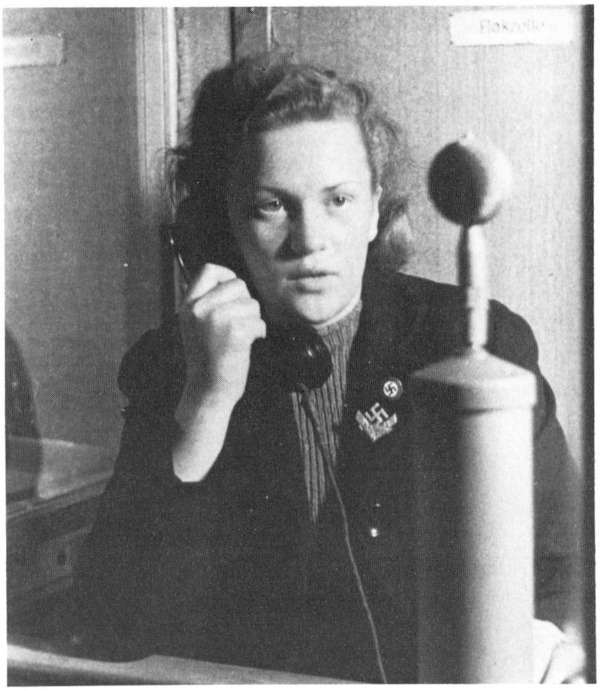

Die Divisionsstäbe der Flakartillerie – in besonderen Fällen auch einzelne Batterien – waren unmittelbar an die zuständigen Flugwachkommandos angeschlossen. Zur Herstellung der rechtzeitigen Feuerbereitschaft bekamen sie „warnende Meldungen", wenn die feindlichen Flugzeuge etwa 120 km von der Flakstellung entfernt waren und unausgewertete „alarmierende Meldungen" zur schnellen Zielerfassung mit Hinweisen auf Flugrichtung und Flughöhe nach ihrem Einflug in den Warnkreis. Ohne in die Feuerleitung der Batterien einzugreifen, gaben die Flakabteilungskommandeure aufgrund der Flugmeldungen Befehle zu Zielwahl und Feuertätigkeit. Sie hatten das Recht, Sperrfeuer anzuordnen. (55) Die Flugmeldehelferin in der Flakzelle trägt neben dem Parteizeichen das Abzeichen des Kriegshilfsdienstes der RADwJ.

Flakscheinwerferdienst

Der Flakscheinwerfer 60 cm hatte bei klarem Wetter eine Reichweite von 2.000–2.500 m. Seine Leistung betrug 8 kW. Er diente der Unterstützung der leichten und mittleren Flak. Die Hochangriffe der Alliierten auf deutsche Städte verminderten die Bedeutung dieser Waffen, obwohl noch Ende 1944 623 leichte Batterien zur Reichsverteidigung eingesetzt waren.

Wenn möglich wurden die Flakscheinwerfer auf Dächern, Hochhäusern und Hochständen aufgebaut. In Niederungen mit starken Bodennebeln erfolgte der Einsatz nur auf Bauten. Am Kriegsende wurden viele Flakscheinwerfer 60 cm zur Nachtstarthilfe auf Feldflugplätzen benötigt, wo jeweils drei mit Leuchtrichtung in Verlängerung der Startbahn den Start der Nachtjäger ermöglichten. (56)

Die Grundausbildung der Flakwaffenhelferinnen fand in einer der Nachrichtenschulen der Luftwaffe statt, z. B. in Nachod im Protektorat oder in Pullach bei München. Sie dauerte bis zu sechs Wochen. Zu den wichtigsten Unterrichtsfächern gehörte der Flugzeugerkennungsdienst. Dabei lernten die Helferinnen die verschiedenen Flugzeugtypen der Alliierten kennen, deren Manöver sie bei den Nachteinflügen mit den Suchgeräten zu verfolgen hatten, auf der nebenstehenden Abbildung z. B. eine Flying Fortress. (57)

Die Einweisung in die Geräte der Batterien war in der Regel Sache von Unteroffizieren. Nur gelegentlich kam ein Offizier dazu. Wegen der verschiedenen Scheinwerfertypen, mit denen die Batterien ausgestattet waren, fand dieser Teil der Ausbildung am Einsatzort statt. Das galt besonders für den 200-cm-Scheinwerfer, der ab 1942 produziert wurde und bei 450 Ampère und 100 Volt eine Lichtstärke von 2,4 Milliarden HK erreichte. Der geplante 300-cm-Scheinwerfer mit einer Lichtstärke von 10 Milliarden HK befand sich beim Kriegsende noch in der Entwicklung. (58)
Das Ärmelabzeichen weist die dem Ausbilder zuhörenden Mädchen mit dem Dienstgrad „Helferinnen" als Angehörige der Luftnachrichtenhelferinnenschaft aus. Sie sind nicht Mitglieder des Reichsarbeitsdienstes der weiblichen Jugend, dem die meisten Flakhelferinnen zugehörten.

Am Flakscheinwerfer 150 cm 24 kW und seinen Zusatzgeräten bestand die Bedienungsmannschaft aus 10 Helferinnen. Außer dem Scheinwerferführer gab es Helferinnen in folgenden Funktionen: Der Höhenrichtkanonier H. 1 stellte die Höhenwerte am Scheinwerfer ein und beobachtete Volt- und Ampèremeter. H. 2 fungierte als Leuchtkanonier. Sie führte den Lichtkegel nach Weisung oder nach eigener Beobachtung. H. 3 war der Lampenwart. Er überwachte die Kohlenstellung und den Abbrand der Kohlen während der Leuchttätigkeit und stellte das Sammel- oder Streulicht ein. H. 4 war der Beobachter am abgesetzten Scheinwerfer-Richtungsweiser. H. 5 stellte als Seiten-Richtkanonier die Seitenwerte am Scheinwerfer ein. H. 6 war der Maschinist; er betreute die Stromquelle, den Maschinensatz 110 Volt, der durch zwei Gummischlauchleitungen mit dem Scheinwerfer verbunden war. H. 7 und H. 8 arbeiteten an den Horchgeräten und H. 9 bediente Fernsprecher und Fernschreiber. (59)

Der Flakscheinwerfer 150 cm konnte für vier unterschiedliche Leuchtverfahren gebraucht werden: Leuchten mit Richtungshörer; Leuchten mit abgesetztem Beobachter; Leuchten mit Dunkelsuchgerät 41; Leuchten mit Funkmeßgerät. Beim Leuchten mit Richtungshörer erfolgte das Kommando „Licht auf!", sobald durch Bewegen des Höhenrades und des Brustlenkers die Lampen des Übertragungsgerätes mit den Folgezeigern der Empfänger in Deckung gebracht waren. Beim Leuchten mit abgesetzten Beobachter wurde versucht, das Ziel durch kreisförmige Bewegungen des Flakfernrohrs im Lichtkegel eines Nachbarflakscheinwerfers oder bei den Sprengpunkten der Granaten zu erfassen. Beim Leuchten mit dem Dunkelsuchgerät wurde das Ziel durch das Doppelfernrohr des D. S. G. 41 gesucht, während Höhen- und Brustrad des Scheinwerfers entsprechend der aufleuchtenden Richtungslinie an den Lichtpfeilkästen bewegt wurden, bis diese als Zeichen dafür, daß das Flugobjekt erfaßt war, erloschen. Beim Leuchten mit dem Funkmeßgerät erhielt die Scheinwerferbesatzung alle Werte von der Umwertung fernmündlich genannt, so daß H. 2 und H. 3 lediglich die Höhen- und Seitenwerte einzustellen hatten.

Die Leuchtweite des Geräts betrug bis zu 15 km senkrecht und bis zu 10 km waagrecht. Das Streulicht reichte etwa 70 m und das Sammellicht 20–25 m. Die Lichtstärke war mit 1.200 Millionen HK angegeben. Das war mehr als 1 Milliarde Kerzenlichter von 4 cm Docht und 0,8 cm Durchmesser. (60)

Bei Übungen trugen die Flakwaffenhelferinnen den damals üblichen Turban als Kopfbedeckung. Bei Alarm hatten sie den Stahlhelm aufzusetzen. Am rechten Oberarm ist das Flakwaffenzeichen und auf der rechten Brustseite das Luftwaffenabzeichen. H. 2 führte über den Brustlenker den Lichtkegel, während H. 3 mit dem Zieldiopter das Grobziel einstellte.

Der Scheinwerferführer war für die gesamte Leuchttätigkeit verantwortlich. Er gab die erforderlichen Kommandos, wenn sie nicht vom Batterieführer kamen. Er beobachtete mit dem Doppelglas das Flugziel sowie die Lage des Lichtkegels und befahl die notwendigen Verbesserungen. (61) Es gab nur wenige Helferinnen, die als selbständige Scheinwerferführerinnen fungierten. Meistens übernahm diese Funktion ein Unteroffizier.

Die Lampe des Flakscheinwerfers 150 cm war eine selbstregelnde Invert-Hochleistungs-Gleichstrombogenlampe, hängend im Scheinwerfergehäuse angeordnet. Der Vorschub der Kohlen erfolgte selbsttätig. Die Flamme des Lichtbogens zeigte im Scheinwerferstrahl nach oben, was die Beobachtung begünstigte und die Vorfeldbeleuchtung verringerte. Nach jedem Brennen mußten die Kohlenhalter gereinigt und der Kohledampfniederschlag auf Spiegel, Abschlußglas und Umlenkspiegeln beseitigt werden. Besondere Sorgfalt verdienten die Spiegel. Es handelte sich um Glas-Parabolspiegel von 150 cm Durchmesser und 650 mm Brennweite. Ihre Säuberung war ursprünglich so vorgeschrieben: Reinigen mit flachem Haarpinsel von oben nach unten, Niederschlag mit feuchtem Lederlappen abwischen, Spiegel mit Wollappen trockenreiben, mit Putzpuder betupfen und mit trockenem Lederlappen nachpolieren. Zur Reinigung des Spiegels mußten jeweils das Abschlußglas und die dahinter liegenden Labyrinthblendringe entfernt werden. Das Gewicht der mehr als 2 m^2 großen Scheibe verlangte den Einsatz von vier Helferinnen. Zu allem Überfluß bestimmte die Vorschrift: „Beschädigungen des Spiegels durch Stiefel oder Seitengewehr beim Reinigen oder Einsetzen der Kohlen sind zu vermeiden.“ (62)

Zwischen den Einsätzen wurde der Scheinwerfer mit dem Verschlußdeckel abgedeckt. Die Kohlen wurden herausgenommen, um sie vor Nässe und Kälte zu schützen, und trocken gelagert. Jede Übung und jeder Alarm begann deshalb mit dem Öffnen des Scheinwerfers und mit dem Einsetzen der Kohlestäbe. Die positive Kohle war 80 cm lang und 16 mm dick, die negative Kohle 54 cm lang und 13 mm dick. Die Länge der Zündkohle betrug 16 cm. Dafür konnten Reste der Minuskohle verwendet werden. Eine Zündkohle reichte für etwa 700 Zündungen. Das Einsetzen der Kohlenstäbe war Sache der H. 3, während die H. 1 die Scheinwerferstellung am Höhenrand sicherte, bis der Deckel geschlossen war. (63)

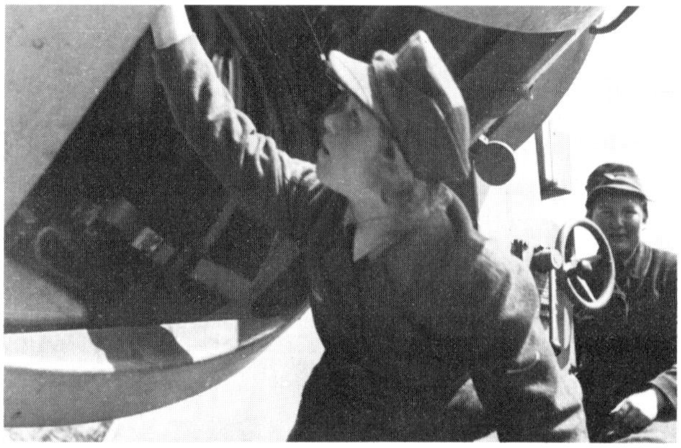

Das Auflegen der Schutzdecke beim Scheinwerfer 200 cm 40 A war in der Dienstvorschrift Handgriff für Handgriff geregelt: „H. 1 bis 4 holen die Schutzdecke, legen sie auf der freien Seite neben dem Scheinwerfer nieder, breiten sie auseinander und legen die Oberkante dicht an die Bettung (Karabinerhaken oben) heran. H. 1 und 2 steigen auf die Auftritte (H. 1 am linken, H. 2 am rechten Tragearm). H. 3 und 4 (H. 3 am rechten, H. 4 am linken Tragearm) erfassen die Schutzdecke bei den Karabinerhaken und reichen sie H. 1 und 2 hinauf, die die Karabinerhaken in die oberen Handgriffe des Abschlußglases einhängen. H. 3 und 4 nehmen je 2 Zipfel der nach außen gerichteten Hälfte der Schutzdecke und reichen sie H. 1 und 2 hinauf. H. 1 und 2 ziehen die äußere Hälfte der Schutzdecke bis über den oberen Rand des Verschlußdeckels hoch. H. 4 tritt an das Handrad für Höhe, hält es fest und ruft: „Handrad fest!" H. 3 rastet die Gehäusezurrung aus und ruft: „Gehäusezurrung ausgerastet!" H. 4 kippt das Gehäuse auf 90°. H. 3 rastet die Gehäusezurrung ein. H. 3 und 4 treten auf die Kabelseite. H. 1 und 2 ziehen, unterstützt von H. 3 und 4 die Schutzdecke über das Gehäuse und bringen das Rundteil der Schutzdecke mit dem Gehäuse überein. H. 1 und 2 steigen von den Auftritten und nehmen dabei die Seiten der Schutzdecke mit herunter. H. 1 bis 4 schließen die Reißverschlüsse und befestigen die Schutzdecke mit den Zurrleinen." (64)

Die Helferin am Flakfernrohr (H. 4) hatte eine doppelte Funktion. Beim Aufbau einer Scheinwerferstellung ermittelte sie die Richtung Magnetisch-Nord für alle Geräte. Dazu stellte sie den Richtkreis an dem vom Scheinwerferführer befohlenen Platz mit der Dosenlibelle waagrecht und justierte die Marke auf 3.200 des Teilrings. Dann befestigte sie die Bussole in dem schwalbenschwanzförmigen Einschnitt, drehte den Meßkreis so lange, bis die Nordnadel auf Magnetisch-Nord eingespielt war und klemmte das Unterteil des Meßkreises fest. Nach dem Herausnehmen der Bussole wurde das Doppelfernrohr 10×80 aufgesetzt. Den anderen Flakhilfsgeräten teilte H. 4 die allgemeine Richtung mit, indem sie beide Arme entsprechend der 3.200-Linie ausstreckte. Durch Drehen des Oberteils des Richtkreises ermittelte sie die Teilringzahl nach dem Zielrohr des Ringtrichter-Richtungshörers oder dem Richtfernrohr des Scheinwerfers oder dem roten Hals des Scheinwerfer-Richtungsweisers und meldete die ermittelten Ergebnisse den Geräteführern. Beim Leuchten mit abgesetztem Beobachter ortete die Helferin am Flakfernrohr das Ziel im Luftraum nach freiem Gehör. H. 10 war ihr dabei behilflich, indem sie durch Zurufe wie „Höher!", „Tiefer!", „Rechts!", „Links!" die Richtungsveränderung bestimmte. War das Zielobjekt erfaßt, erhielt H. 2 am Scheinwerfer den Höhen- und Seitenwert, z. B. „Ziel mit Flakfernrohr aufgefaßt! Richtung 7! 35!", so daß sie das Gerät ausrichten und die Scheinwerferblende öffnen konnte. H. 4 und H. 10 waren mit einer Dunkelanpassungsbrille ausgestattet. Bei fernmündlicher Übertragung setzten sie die Fernsprechgarnitur auf. (65)

Das Flakrichtgerät 40 B mit einem Doppelglas und das Flakrichtgerät 40 A mit zwei Doppelgläsern dienten wie das Flakfernrohr zum Erfassen der Flugziele und zur Weitergabe der Daten an die Scheinwerfer. Am Flakrichtgerät 40 A arbeiteten 4 Helferinnen. H. 13 und H. 14 suchten das Ziel, während H. 11 und H. 13 die Anzeigentafeln beobachteten und die Angaben an den Scheinwerferführer weitermeldeten. Beim Einsatz mit dem Flakscheinwerfer 200 cm 40 A erfolgte das meistens fernmündlich. Das Flakrichtgerät 40 B arbeitete im Prinzip wie das Flakfernrohr, jedoch wurden Richtung und Höhe des Flugobjekts automatisch gemessen. Für die Auswertung der Daten am Gerät waren H. 12 und H. 13 zuständig, während H. 11 die Beobachtung des Luftraums durchführte. (66)

Fliegerhorchdienst

Die Stellungen der Ringtrichter-Richtungshörer waren wie die Scheinwerferstellungen in Erdwällen anzulegen, um einen größtmöglichen Splitterschutz für die Geräte zu erreichen. Die Leitungen mußten eingegraben werden. Die Bedienungsmannschaften sollten nicht weiter als 200 m vom Gerät entfernt untergebracht sein. Meistens wurden Baracken erstellt. Vom Beginn der Dämmerung bis zum Sonnenaufgang herrschte Alarmbereitschaft. An den Ringtrichter-Richtungshörern waren 4 Helferinnen eingesetzt: H. 7, H. 8, H. 9 und H. 10. (67) Gasmaske und Stahlhelm gehörten zur Alarmausrüstung.

▶
Am Ringtrichter-Richtungshörer bediente H. 7 den Verzugsrechner. H. 8 und H. 9 waren die Horcher. H. 8 zog den Seitenkopfhörer über und H. 9 den Höhenkopfhörer. Durch Auf- und Abpendeln mit den Seiten- bzw. Höhentrichtern stellten sie auf Mitteneindruck ein und achteten auf die gegenseitigen Lichtsignale. H. 10 hatte den Hauptbeobachtungsraum mit freiem Auge und Ohr zu beobachten. Er stand am Rande der Grube.
Die beiden Horcher drückten unabhängig voneinander einen Handkontakt, wenn sie Mitteneindruck hatten. Hatten beide gleichzeitig Mitteneindruck, so meldete H. 7 mit einem Glockenzeichen dem Scheinwerfer die Stellung „Null". Auch während des Leuchtens setzten die Horcher ihre Tätigkeit fort. Bei fernmündlicher Übertragung gab H. 7 die Zahlen für Zielhöhen und Zielseitenwinkel auf 10 Teilstriche abgerundet an den Flakscheinwerfer durch. Alle Helferinnen am Ringtrichter-Richtungshörer sollten so ausgebildet sein, daß sie ihre Plätze beliebig tauschen konnten. (68) Ihre sechswöchige Grundausbildung erhielten sie in den Luftwaffennachrichtenschulen, z. B. in Baden bei Wien. Die praktische Ausbildung vollzog sich bei den Geräten am Einsatzort. Die Reichweite war auf 6.000 m beschränkt.

Luftsperrdienst

Die Sperrseile der Luftsperrbatterien wurden von Sperrballonen getragen. Es gab die Modelle 200 m^3 (Abb.) und 77 m^3. Beide bestanden aus gummiertem Baumwollstoff. Die windschnittige Form und die drei Flossen am Ballonkörper vermittelten die Eigenschaften von Ballon und Drachen. Die Füllung bestand aus Wasserstoffgas. Das Volumen betrug 200 m^3 bzw. 77 m^3. Der größte Durchmesser des Ballons 200 m^3 betrug 5,33 m; er war 18 m lang und hatte ein Gewicht von 115 kg. Der Gasüberlaufschlauch in Bugnähe kompensierte den Überdruck. Ein Staudruckventil verhinderte Gasdruckerhöhungen beim Steigen und bei höheren Temperaturen, z. B. bei größerer Sonnenbestrahlung. Ösengurte mit 29 eingestanzten Ösen zum Einknoten der Takelung verteilten die Zugbeanspruchung auf den ganzen Ballonkörper. (69)

Die Sperrballone waren gefechtbereit auf Holzrosten festgezurrt. Jede Bedienungsmannschaft bestand aus sieben Helferinnen. H. 3 – H. 6 bedienten die Halteleinen. Zur Vorbereitung des Starts schloß H. 1 den Ballon ans Sperrseil an. Auf Kommando des Ballonführers ließen H. 1 und H. 2 die Tiefholer, H. 3 und H. 6 die Halteleinen Hand über Hand aus, bis der Ballon am Sperrseil hing. Auf der Backbordseite verbanden H. 1 und H. 3, auf der Steuerbordseite H. 2 und H. 4 die Backbord- bzw. Steuerbordleinen. Dann wurde die Winde in Betrieb gesetzt. Sie stand etwa 40 m von der Erdrolle des Ballons entfernt. Während H. 1 den Ballon ausließ, hatte H. 2 Winde und Erdrolle zu beobachten und auf Fehler im Seil zu achten. Die Auslaßgeschwindigkeit sollte 2 m/sek nicht überschreiten. Nur bei Alarm waren 6 m/sek erlaubt. Vor dem Start hatte H. 1 die Funktionsfähigkeit des Motors zu prüfen und die Winde in Auslaßstellung zu bringen. Die Ballone konnten hecklastig oder buglastig getakelt sein. Dementsprechend veränderten sich der Winkel zur Windrichtung und die Drachenwirkung. (70) ▶

Die Füllung des Ballons mit Gas erfolgte durch den Gasfüllstutzen mit dem Füllgerät 28, eine Trägerkombination von 28 Gasflaschen, die nacheinander in den Ballon entleert wurden. Die Luftfüllung kam aus einem Gebläse (Pumpenaggregat). Dabei mußten die Stropps und die Bugleine gelöst und die Tiefholleinen und Halteleinen verankert sein, so daß der Ballon etwas über dem Verankerungsgerät schwebte. Wegen der möglichen Knallgasbildung durften die Ballone nur bei kühler Temperatur oder nachts (Vorschrift: nach 19.00 Uhr) gefüllt, nachgefüllt oder entleert werden. An der Füllmaschine stand H. 2. Nach dem Füllen wurde der Ballon „abgewogen", d. h. die Undurchlässigkeit der Hülle geprüft. Die Kommandos hierfür lauteten: „Ballon zum Abwiegen besetzen!"; „Stropps lösen!"; „Bugleine und Reißleine lösen!"; „Tiefholer und Halteleine lösen!"; „Ballon außer Zug lassen!"; „Ballon einholen!". (72)

Das Sollbruchgerät in der Nähe des Erdrades sollte das Sperrseil vor dem Zerreißen schützen. Der Reißstab saß zwischen Oberteil und Unterteil. Er sollte bei 75% der Bruchlast des Sperrseils brechen. Diese Grenze wurde beim Sperrseil 2,9 mm bei 600 kg und beim Sperrseil 3,6 mm bei 800 kg erreicht. Vor dem Start hatte H. 2 die Reißleine am unteren Teil des Sollbruchgerätes mit zwei halben Schlägen so anzuschließen, daß sie außerhalb der Takelung und lose am Ballon hing. Die Reißleine sollte bei abgerissenen Ballonen den Gasraum öffnen und das Abtriften der Ballone verhindern. (73) ▶

Zum Bereitschaftsdienst an den Sperren – die Wachdauer betrug zwei Stunden – gehörte neben der Wetterbeobachtung, dem Telefondienst und dem Führen des Gerätebuches auch das Messen des Seildurchhangs. Dazu wurde der Seilwinkel mit dem Ballonwinkel verglichen. Der Seilwinkel wurde durch Anlegen des Meßgerätes am Sperrseil berechnet und der Ballonwinkel durch Anvisieren des Ballons mit dem gleichen Gerät. (74) Die Ausbildung des Sperrstellenpersonals erfolgte in der Luftsperr-Flak-Ausbildungsabteilung und bei der Truppe. Sperrstellenführer erhielten eine sechswöchige Zusatzausbildung. ▼

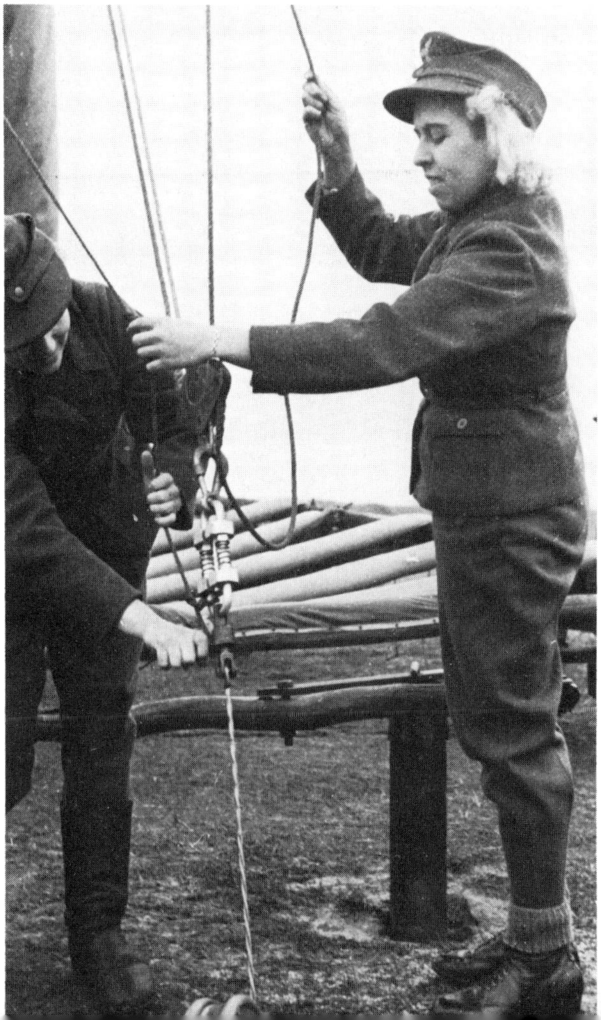

Fliegertechnischer Dienst

Die Werfthelferinnen, die Ende 1944 eingezogen wurden, erhielten ihre Ausbildung bei den fliegertechnischen Schulen. Es waren 200 Anlernstunden bei einer wöchentlichen Arbeitszeit von 52 Stunden vorgesehen. Die Schulung der Hilfsflugzeugmechanikerinnen (fliegertechnische Helferinnen) wurde an die Fliegerschulen verlegt. Sie dauerte drei Monate. Bis zum Kriegsende wurden bis zu einem Drittel des Flugzeugwartungspersonals durch Frauen ersetzt. Im Luftgau XI allein waren es 3.000 Frauen, die am 15. 12. 1944 die Ausbildung begannen, um einen Teil der 4.100 Handwerker-Soldaten in den 47 Vollwerften, 10 Behelfswerften, 2 Instandsetzungswerkstätten für Bodengerät und 39 Bergetrupps im Bereich des Luftgaus zu ersetzen. „Klobiges Schuhwerk an den Füßen, in verschmutzten Overalls und mit rissigen Händen leisteten die Frauen zur Verwunderung der Kommodore Erhebliches." (75)

87
Aero Shell imittell
Rotring
oder Stanavo 100

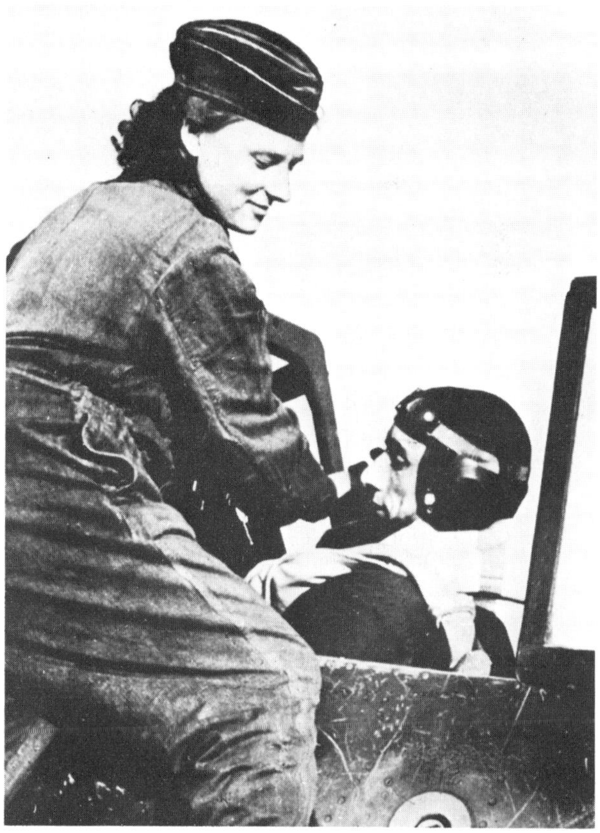

Stabsdienst – Geschäftszimmertätigkeit

Die Stabshelferinnen des Heeres, der Luftwaffe und der Kriegsmarine erhielten keine wehrmachtspezifische Ausbildung. Es waren genügend erfahrene und tüchtige Kräfte aus dem öffentlichen Dienst und der Wirtschaft rekrutierbar. Sie arbeiteten in den Wehrmachtdienststellen als Stenotypistinnen, Maschinenschreiberinnen, Übersetzerinnen, Rechnungsführerinnen, Karteiführerinnen, Botinnen usw. Im Ausland gehörten praktisch alle weiblichen Zivilangestellten der Militärverwaltung den Helferinnenschaften der Wehrmachtteile an. Im Inland trugen die Stabshelferinnen grundsätzlich keine Uniform. (76)

Reit- und Fahrschuldienst

Bei den Helferinnen, die 1943 in die Reit- und Fahrschulen der Wehrkreise einzogen, handelte es sich um Frauen, die schon vorher im Reitsport tätig gewesen waren. Deshalb trafen sich hier die Töchter besserer Kreise. Jede Bereiterin erhielt drei Pferde zur Ausbildung. Zu dieser Zeit konzentrierte sich die Arbeit auf die Gewöhnung der Remonten an den Zug. Die Tiere sollten eine „hohe und sichere Marschleistung auf der Straße und im Gelände" erreichen. (77) Sooft wie möglich sollte der Unterricht ins Gelände verlegt werden, damit die Pferde sich auf langen Linien über unebenem Boden bewegen konnten. Bei dieser Gelegenheit erfolgte auch die reiterliche Durchbildung. (78) Besonders hohe Anforderungen stellte das mehrspännige Fahren vom Sattel bei Nacht mit Auf- und Abprotzübungen oder das Überwinden schwieriger Hindernisse an Pferde und Fahrerinnen.

Jeder Reitlehrer in den Reit- und Fahrschulen mußte zugleich Fahrlehrer sein, jeder Reiter zugleich Fahrer und jedes Reitpferd auch als Zugpferd verwendet werden können. Die Helferinnen wurden zu einer sorgfältigen Pflege ihrer Tiere angehalten, weil „das kostbare und unersetzliche Pferdematerial richtig verwendet und in brauchbarem Zustand erhalten" werden sollte. (79) Die Bereiterinnen trugen die Uniform der Stabshelferinnen mit kleinen Varianten: Jacke und Mantel mit Schlitz, Reithosen, schwarze Reitstiefel. (80)

Fallschirmpackdienst

Die Verantwortung für die Wartung der Fallschirme trug in allen Einheiten der Fallschirmwart. Er hatte die Fallschirmpackerinnen einzuweisen und zu überwachen. Die Fallschirme durften nur im Fallschirmraum auf den vorgeschriebenen Packtischen von mindestens 12 m Länge und 90 cm Breite mit dem vorgeschriebenen Packwerkzeug gepackt werden. Das Trocknen feuchter Fallschirme erfolgte im Trockenraum. In Werkstätten und Flughallen durften keine Fallschirme ausgehängt werden. Über jeden Fallschirm wurden folgende Papiere geführt: der Prüfschein zum Nachweis der Zulassung, regelmäßigen Überprüfung und der Betriebszeit, der Fallschirmausweis zum Nachweis der laufenden Wartung und die Fallschirmausgabekarte mit Angaben über Benutzungs- und Lagerzeiten.

Unbenutzte Fallschirme mußten alle vier Wochen überprüft und ggf. neu gepackt werden. Die Packvorschriften waren rigoros. Beim Modell 30 I S 24 sahen sie z. B. folgende Reihenfolge vor: Zuerst mußte die Begurtung geordnet, dann die Fallschirmkappe von der 13. Bahn aus geordnet werden. Auf die Lagerung der Tragegurte erfolgte das Einschlaufen der Fangleinen und das Legen der Fallschirmkappe. Waren die Seitenklappe und die erste Breitseite geschlossen, wurde der Hilfsfallschirm zusammengelegt und eingeführt. Schließlich schloß der Packer die letzte Klappe, glättete das Paket und sicherte den Stiftverschluß. (81)

Da die Fallschirmtruppe in der zweiten Kriegshälfte zu keinen größeren Fallschirmeinsätzen verwendet wurde, war die Zahl der Frauen, die als Fallschirmpackerinnen verwendet wurden, gering. Sie eigneten sich jedoch gut zu Propagandazwecken, weil mit ihnen demonstriert werden konnte, daß sich der deutsche Mann auf die deutsche Frau verlassen konnte. Der NS-Bildkommentar zur Abbildung lautete: „Frauen lösen Soldaten ab. Auf langen Tischen werden die Fallschirme sorgfältig zusammengelegt. An jedem Fallschirm hängt das Leben eines Kameraden."

Ordonnanz- und Küchenhilfsdienst

In den letzten sechs Monaten des Krieges wurden Frauen auch im Ordonnanzdienst und als Aufwarterinnen und Küchenhilfen herangezogen. Die bisher mit diesen Aufgaben beschäftigten Männer kommandierte man zur unmittelbaren Reichsverteidigung an die Waffen. Diese Helferinnen wurden unter der Bezeichnung Truppenhelferinnen geführt. Soweit erforderlich erhielten sie eine kurze Einweisung in ihre Aufgaben, z. B. in die Besonderheiten von Großküchen. Verantwortlich für den Küchenbetrieb einer Einheit war der Kommandeur. In seinem Auftrag bearbeitete der Leiter der Zahlmeisterei alle einschlägigen Angelegenheiten. Er regelte auch den Einsatz der Truppenhelferinnen. (83)

Luftschutz- und Feuerwehrdienst

Jede Luftschutzwarnzentrale verfügte über folgendes Kartenmaterial: eine Luftschutzwarndienstkarte 1 : 300.000, eine Arbeitskarte 1 : 300.000, einen Lageplan 1 : 25.000, einen Plan des Großalarmnetzes 1 : 25.000 und eine Nachrichtenkarte 1 : 300.000. (83) Neben dem Führer der Luftschutzwarnzentrale (auf dem Bild im Range eines LSW-Hauptgruppenführers) gehörten zum Personal die Auswerter und die Fernsprecherinnen.

Das Regiepult einer Luftschutzwarnzentrale war mit allen Luftschutzwarnstellen des Alarmrings und den benachbarten Luftschutzwarnzentralen telefonisch verbunden. Bei kleinen Alarmringen, in denen alle Stellen gleichzeitig gefährdet waren, wurde die Warnmeldung im allgemeinen durch Rundspruch weitergegeben. Die Auswahl einzelner Luftschutzwarnstellen in verschiedenen Regionen war jedoch ebenfalls möglich. In jeder Luftschutzwarnzentrale befand sich eine Anlage zur zentralen Auslösung der Sirenen des gesamten Bereichs. Von ihr wurde Gebrauch gemacht, wenn einzelne Warnstellen nicht erreichbar waren. (84)

Die Vermittlungen der Luftschutzwarnzentralen waren verschieden groß, je nachdem wie viele Luftschutzwarnstellen Warn- und Alarmmeldungen zu bekommen hatten und von wie vielen Flugwachkommandos Nachrichten zu erwarten waren. Die Luftschutzwarndiensthelferinnen nahmen die eingehenden Meldungen auf und gaben die Warnmeldungen fernmündlich weiter. „Luftgefahr" wurde angezeigt, wenn in weniger als 30 Minuten mit einem Angriff zu rechnen war. „Fliegeralarm" gab es, wenn feindliche Flugzeuge den Warnring überflogen. Die Meldung „Luftgefahr vorbei" erfolgte, wenn der Alarmring entweder nicht berührt wurde, weil die Flugzeuge abdrehten, oder wenn er überflogen war. (85) Wie die Luftschutzwarnzentralen auf feindliche Flugzeuge zu reagieren hatten, war im Verlauf des Krieges unterschiedlich geregelt. Die Richtlinien des OKL vom 27. 8. 1944 sahen folgende Verfahren vor: Bei Aufklärern gab es weder öffentliche Luftwarnung noch Fliegeralarm; bei Fernnachtjägern wurde Fliegeralarm für die Fliegerhorste ausgelöst; auf Jagdflugzeuge und einzelne schnelle Kampfflugzeuge wurde mit öffentlicher Luftwarnung reagiert; bei Verbänden schneller Kampfflugzeuge oder Bombern mußte Fliegeralarm gegeben werden. (86)

Träger der Selbstschutzarbeit waren die Ortsgruppen des Reichsluftschutzbundes. Während in den örtlichen Luftschutzschulen – von denen es 1944 etwa 2.800 gab – die Bevölkerung mit den Forderungen des Selbstschutzes vertraut gemacht wurde, bildeten die LS-Hauptschulen die Lehrkräfte der Luftschutzschulen, die haupt- und ehrenamtlichen Amtsträger des Reichsluftschutzbundes und die Betriebsgruppen für den Erweiterten Selbstschutz aus. Zu allen Gruppen gehörten zahlreiche Frauen. Sie wurden wie die Männer in die Aufgaben des Brandschutzes, der Brandbekämpfung, des Personenschutzes und der Entgiftung eingewiesen. (87) Zum theoretischen Unterricht gehörten die praktischen Übungen auf dem Schulhof.
◀

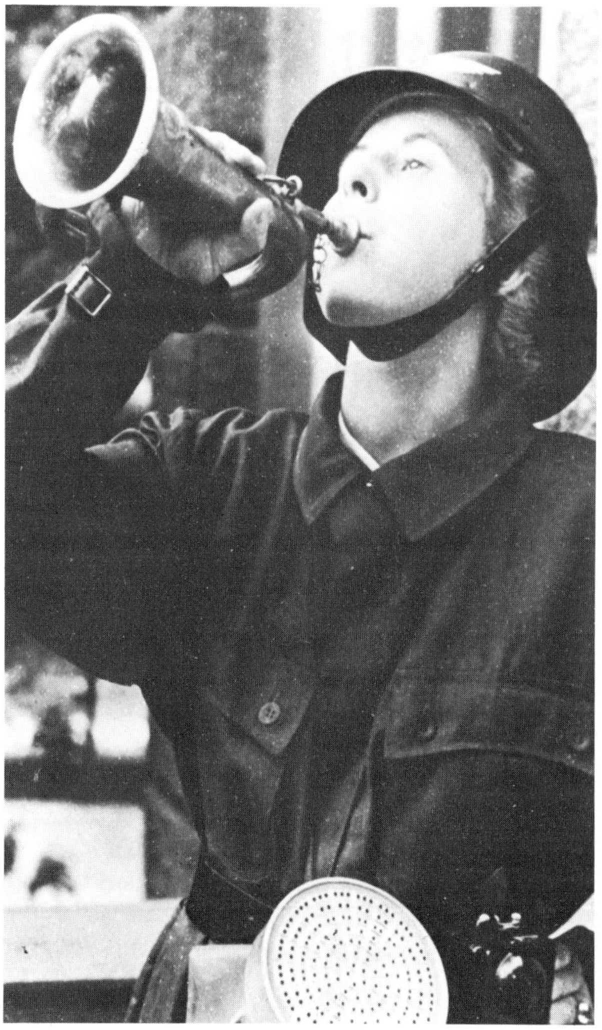

Die Luftschutzsirenen wurden entweder über das Fernmeldenetz der Post oder über das Feuermeldenetz gesteuert. Bei den zahlreichen Bombenteppichen auf deutsche Städte fielen beide Systeme häufig aus. Dann mußten die Sirenen mit der Hand bedient werden, wenn das Starkstromnetz noch intakt war. War das nicht der Fall, dann schwiegen alle elektrischen Sirenen. Fahrbare Handsirenen bewährten sich nicht, weil die Wagen in den mit Trümmern übersäten Straßen stecken blieben. In solchen Fällen mußten die Warnzeichen von Luftschutzhelfern und Luftschutzhelferinnen „geblasen" werden. Sie trugen dabei die blaue Drillichkleidung des Luftschutzes und nicht die Luftwaffenhelferinnenuniform mit dem LSW-Zeichen. (88) ▶

Aus den Resten der Freiwilligen Feuerwehren, die 1939 nicht in den Luftschutz einbezogen wurden, befahl der Reichsinnenminister 1942 Feuerwehrbereitschaften aufzustellen. 1943 und 1944 bildeten sich in rund 1.000 Stadt- und Landkreisen 872 Bereitschaften in einer Stärke von etwa 54.000 Mann. Der Anteil der Frauen ist unbekannt. Dem Amt für Freiwillige Feuerwehren gelang es in dieser Zeit, die Ausstattung der Feuerwehrbereitschaften erheblich zu verbessern. Zahlreiche Übungen zur Schulung des neuen Personals machten die Feuerwehren populär. Als auch Orte in die Bombardierung einbezogen wurden, die ▶ damit nie gerechnet hatten, konnten sich die örtlichen Feuerwehren im Brandschutz und im Löschdienst bewähren. Ihr Vorteil bestand im persönlichen Engagement der Frauen und Männer, die das nebenberuflich machten, in der Ortskenntnis und in der „Freiwilligkeit" ihres Einsatzes. Im Frühling 1944 wurden auch die weiblichen Ergänzungskräfte der Feuerwehren (Feuerwehrhelferinnen) der SS- und Polizeigerichtsbarkeit unterworfen, damit alle im Dienst oder in Uniform begangenen Straftaten, z. B. Plünderungen und Diebstahl, wie bei den Angehörigen der Ordnungspolizei, bestraft werden konnten. (89)

Pol
33803

Belegstellen

(1) Unter den 2 Millionen PK-Fotos im Bundesarchiv befinden sich verstreut Serien über den Einsatz der Helferinnen. Da die Bestände nicht registriert sind, ist ihr Auffinden Glückssache. Alle folgenden Aufnahmen, die nicht besonders gekennzeichnet sind, stammen aus dem Bundesarchiv in Koblenz.
(2) Vgl. die ausführlichen Darlegungen bei Franz W. Seidler, Frauen zu den Waffen? Marketenderinnen – Helferinnen – Soldatinnen, Bonn 1978, S. 54 f.
(3) Franz W. Seidler, a. a. O., S. 100 f.
(4) OKH Chef HRüst und BdE Nr. 12765/41 vom 18. 12. 1941, Bundesarchiv/Militärarchiv RH 30/227.
(5) Vgl. Adjutant Chef Luftflotte 3 vom 21. 9. 1943, Bundesarchiv/Militärarchiv R 214/7.
(6) Franz W. Seidler, a. a. O., S. 99 f.
(7) Franz W. Seidler, a. a. O., S. 112 ff.
(8) Franz W. Seidler, a. a. O., S. 120 ff.
(9) Dienstanweisung für die Stabshelferinnen-Führerinnen des Heeres vom 5. 3. 1942, Bundesarchiv/Militärarchiv RH 36/227.
(10) Vgl. Franz W. Seidler, a. a. O., S. 135 ff.
(11) Vgl. Franz W. Seidler, a. a. O., 126 ff. und S. 150.
(12) Franz W. Seidler, a. a. O., S. 126.
(13) Driest, Die Frau in der Wehrmacht, Manuskript 1943, Bundesarchiv/Militärarchiv MSg/v. 127.
(14) Richtlinien für die Wehrbetreuung der Luftwaffen- und Luftnachrichten-Helferinnen im Bereich des Luftflottenkommandos 3 vom 24. 6. 1943, Bundesarchiv/Militärarchiv R 214/7, S. 2.
(15) Vgl. Franz W. Seidler, a. a. O., S. 126 ff.
(16) Driest, a. a. O., S. 15.
(17) Merkblatt für die Luftwaffenbetriebshelferinnen der Luftflotte 3, Bundesarchiv/Militärarchiv RL 14/7.
(18) Ebenda.
(19) Vgl. Franz W. Seidler, a. a. O., S 91 ff.; Der Reichsminister der Luftfahrt und ObdL Az. 12b 22 Nr. 6720/44 vom 11. 2. 1944, Bundesarchiv/Militärarchiv RL 19/192.
(20) Kurt-Gerhard Klietmann, Deutsche Auszeichnungen, Band 2, Berlin 1971, S. 98 und S. 104 f.
(21) Vgl. Luftgaukommando Westfrankreich vom 9. 10. 1943, Bundesarchiv/Militärarchiv RL 19/189.
(22) Vgl. Ehegesetz vom 6. 7. 1938 i. V. m. Durchführungsverordnung vom 27. 7. 1938 und 28. 9. 1939; Familienrechtsnovelle vom 12. 4. 1938 i. V. m. Durchführungsverordnung v. 23. 4. 1938; Ehegesundheitsgesetz vom 18. 10. 1935; Blutschutzgesetz vom 15. 9. 1935 i. V. m. Ausführungsverordnung vom 14. 11. 1935.
(23) Vgl. Personenstandsverordnung der Wehrmacht vom 4. 11. 1939, in: Heeresverordnungsblatt B 1939, S. 348 f.
(24) Vgl. Franz W. Seidler, a. a. O., S. 50 f.
(25) Vgl. Werkschrift 3004/1, Die Fern-Vermittlung F 36st, Oktober 1941, hrsg. von Siemens & Halske Berlin.
(26) Bericht General Fahnert über die Ausbildung der Luftnachrichtentruppe vom 12. 12. 1955, Bundesarchiv/Militärarchiv L 10–31/2; vgl. Franz W. Seidler, a. a. O., S. 79.
(27) Vgl. Franz W. Seidler, a. a. O., S. 79 f.; L. Dv. 704/1c, Die Ausbildung im Fernschreiben.
(28) L. Dv. 702/1, Der Fernschreiber T 36 Lo.
(29) Vgl. H. Dv. g. 14, M. Dv. Nr. 168, L. Dv. g. 14, Schlüsselanleitung zur Schlüsselmaschine Enigma vom 13. 1. 1940; H. Dv. g. 7, M. Dv. Nr. 534, L. Dv. g. 7, Allgemeine Schlüsselregeln für die Wehrmacht.
(30) L. Dv. 704/1c, Die Ausbildung im Fernschreiben.
(31) Ebenda.
(32) Vgl. D. (Luft) T. 9101.
(33) Vgl. D. (Luft) T. 9218, Die Funkschreibmaschine T 36.
(34) L. Dv. 704/1d, Betriebsvorschriften, Teil 1, Allgemeine Ausbildung; L. Dv. 704/4, M. Dv. Nr. 840/3 Funkbetriebsvorschrift, Heft d, 1941.
(35) Vgl. D. (Luft) T. 9218, Die Funkschreibmaschine T 36.
(36) Vgl. Dv. 704/1, Beiheft 2, Luftnachrichtengruppe, Betriebsvorschriften.
(37) Vgl. D. (Luft) T. 9218, Die Funkschreibmaschine T 36.
(38) L. Dv. 28, H. Dv. 28, M. Dv. Nr. 465, Der Flugmeldedienst, November 1939, S. 14 ff.; Merkblattreihe Reichsluftverteidigung, Heft 4, Der Flugmeldedienst, September 1944, S. 11.
(39) Vgl. L. Dv. 28, Der Flugmeldedienst, November 1939, S. 52 f.; Merkblattreihe Reichsluftverteidigung, Heft 4, Der Flugmeldedienst, September 1944, S. 15 f.
(40) L. Dv. 28, Der Flugmeldedienst, November 1939, S. 28 f.
(41) Ebenda S. 26 f.
(42) L. Dv. 401, H. Dv. 401, M. Dv. Nr. 401, Anweisung für den Luftschutzwarndienst vom 1. 2. 1935, S. 19 und 23 f.
(43) Franz W. Seidler, a. a. O., S. 88.
(44) Ludwig Wolff, Die Geschichte des Luftgaus XI (Manuskript), Bundesarchiv/Militärarchiv RL 19/427.
(45) Ebenda S. 29 f.
(46) Merkblattreihe Reichsluftverteidigung, Heft 4, Der Flugmeldedienst, September 1944, S. 18 f.
(47) Vgl. Kampfstand Sokrates, Bundesarchiv/Militärarchiv RL 8/173.
(48) Aussage Oberst a. d. F. am 23. 3. 1979.
(49) Erich Hampe, Der zivile Luftschutz im Zweiten Weltkrieg, Frankfurt 1963, S. 313; Walter Grabmann, a. a. O., S. 931 f.; vgl. Bericht Gen. Nafür (1. Abt.) Nr. 11319/45 geh. vom 23. 3. 1945, Bundesarchiv/Militärarchiv Lw 106/36.
(50) Janusz Piekalkiewicz, Luftkrieg 1939–1945, München 1978, S. 323; D. (Luft) 1804, Gradnetzmeldeverfahren.
(51) Bericht Oberst a. D. N. am 27. 4. 1978.

(52) L. Dv. 811, Der Luftwaffenwetterdienst, Januar 1940; Ludwig Wolff, a. a. O., S. 11.
(53) Rudolf Lusar, Die deutschen Waffen und Geheimwaffen des 2. Weltkrieges und ihre Weiterentwicklung, München 1962, S. 176 ff.; Janusz Piekalkiewicz, a. a. O., S. 248.
(54) L. Dv. 400/10, Ausbildungsvorschrift für die Flakartillerie, Teil 1; Merkblattreihe Reichsluftverteidigung, Heft 3, Die Flakwaffe, September 1944.
(55) L. Dv. 440/10, Ausbildungsvorschrift für die Flakartillerie, Teil II, März 1943, S. 55.
(56) Bericht General Grabmann vom 19. 4. 1956, Bundesarchiv/Militärarchiv Lw 107/143; vgl. auch Bundesarchiv/Militärarchiv RL II/127.
(57) L. Dv. 440/5c, Ausbildung am Flakscheinwerfer 150 cm und am Maschinensatz 110 Volt 24 kW, April 1943; Bericht Frau N. am 9. 11. 1978; L. Dv. 400/5e, Ausbildung am Flakscheinwerfer 200 cm und am Maschinensatz 125 Volt 60 kW, S. 200.
(58) Vgl. Rudolf Lusar, a. a. O., S. 182 f.
(59) L. Dv. 400/5c, Ausbildung am Flakscheinwerfer 150 cm und am Maschinensatz 110 Volt 24 kW, April 1943.
(60) Ebenda S. 63 ff.
(61) Ebenda; L. Dv. 400/5 d, Ausbildung am Flakscheinwerfer 150 cm (Schweiz) mit Fernsteuerung.
(62) L. Dv. 602/2, Flakscheinwerfer 150 cm 34 Bauart SSW, S. 20; L. Dv. 400/5c, Ausbildung am Flakscheinwerfer 150 cm und am Maschinensatz 110 Volt 24 kW, April 1943.
(63) L. Dv. 602/2, Flakscheinwerfer 150 cm 34 Bauart SSW, S. 16; L. Dv. 601/2, Flakscheinwerfer 150 cm 37.
(64) L. Dv. 400/5e, Ausbildung am Flakscheinwerfer 200 cm und am Maschinenssatz 125 Volt 60 kW, S. 200.
(65) L. Dv. 400/5c, Ausbildung am Flakscheinwerfer 150 cm und am Maschinensatz 110 Volt 24 kW, S. 66 ff.; L. Dv. 400/6b, Ausbildung am Goerz-Richtungshörer mit Sonderanhänger 104; D. (Luft) T. 1457, Flakzielrohr 10 × 40.
(66) L. Dv. 400/5c, Ausbildung am Flakscheinwerfer 150 cm und am Maschinensatz 110 Volt 24 kW, April 1943, S. 63 ff.; L. Dv. 400/6 Ausbildung am Ringtrichter-Richtungshörer, August 1940, S. 20 ff.
(67) L. Dv. 400/6, Ausbildung am Ringtrichter-Richtungshörer, August 1940, S. 22.
(68) Ebenda S. 20.
(69) L. Dv. T. 1607, Sperrballon 200 m^3 und 77 m^3.
(70) L. Dv. 400/7, Beiheft, Richtlinien für die Ausbildung und den Unterricht am Luftsperrgerät, Dezember 1944.
(71) Ebenda.
(72) L. Dv. 400/7a, Ausbildung am Luftsperrgerät, Dezember 1942.
(73) Ebenda.
(74) L. Dv. 400/7, Ausbildung am Luftsperrgerät, Dezember 1944.
(75) Franz W. Seidler, a. a. O., S. 87; Ludwig Wolff, a. a. O., S. 85 ff.
(76) Franz W. Seidler, a. a. O., S. 77 ff.
(77) H. Dv. 465/1, Heft 1, Allgemeine Grundsätze der Fahrausbildung, Juli 1936, Nachdruck 1941, S. 5.
(78) H. Dv. 12, Reitvorschrift, August 1938, S. 2.
(79) Merkblatt 42/2, Richtlinien und Ausbildungspläne für die Reit- und Fahrausbildung im Ersatzheer, März 1944, S. 3.
(80) Vgl. Franz W. Seidler, a. a. O., S. 78 und S. 137.
(81) L. Dv. 288, Beschreibung, Behandlung und Packvorschrift für Personen-Fallschirme; L. Dv. 288 a, Vorschrift für Rückenfallschirm mit Handauslösung, Baumuster RH 12 B, Ausgabe 1940.
(82) H. Dv. 43a, Vorschrift für die Verwaltung der Truppenküchen (Heer), März 1937, Nachdruck 1942.
(83) L. Dv. 401, H. Dv. 401, M. Dv. Nr. 401, Anweisung für den Luftschutzwarndienst im Reichsgebiet, Februar 1935, S. 14 und 17 ff.
(84) Ebenda S. 24 f.
(85) Merkblattreihe Reichsluftverteidigung, Heft 6, Der Luftschutz, September 1944, S. 10 ff.
(86) Walter Grabmann, a. a. O., S. 930 f.
(87) Erich Hampe, a. a. O., S. 443 ff.
(88) Ebenda S. 316 und 431 f.
(89) Ebenda S. 368 ff.; Reichsführer-SS und Chef der Ordnungspolizei TgbNr. III 377/44 vom 26. 3. 1944, Bundesarchiv NS 7/119.

Literatur

Angolia, John
Insignia of the Third Reich. Cloth Badges and Emblems, London 1974.

Cartellieri, Dieter
Die deutschen Kriegsgefangenen in der Sowjetunion. Die Lagergesellschaft, München 1967.

Grabmann, Walter
Geschichte der deutschen Luftverteidigung 1933–1945 (Manuskript 1954), Militärgeschichtliches Forschungsamt Freiburg Lw 11/1–7

Haenschke, Wilhelm
Die Luftnachrichtentruppe 1944 im Westen, in: Wehrkunde 1955, S. 91 ff. und S. 141 ff.

Hampe, Erich
Der zivile Luftschutz im Zweiten Weltkrieg, Frankfurt 1963.

Hoffmann, Karl Otto
Die Geschichte der Luftnachrichtentruppe, Band II, Der Weltkrieg, Teil 1, Der Flugmelde- und Jägerleitdienst 1939–1945, Neckargemünd 1968.

Knipfer, Kurt – Hampe, Erich
Der zivile Luftschutz, Berlin 1934.

Koch, Horst-Adalbert
Flak – Die Geschichte der deutschen Flakartillerie und der Einsatz der Luftwaffenhelfer, Bad Nauheim 1965.

König, Walter
Deutscher Flugmeldedienst am Kanal 1940–1944, in: Wehrkunde 1954, S. 119 ff.

Lusar, Rudolf
Die deutschen Waffen und Geheimwaffen des 2. Weltkrieges und ihre Weiterentwicklung, München 1971

Piekalkiewicz, Janusz
Luftkrieg 1939–1945, München 1978.

Praun, Albert
Fernmeldeverbindungen der Luftverteidigung, in: Wehrkunde 1954, S. 55 ff.

Renz, Otto Wilhelm von
Deutsche Flug-Abwehr im 20. Jahrhundert, Frankfurt 1960

Rjosk, Hans
Fernämter, München 1951

Roos, Gerhard
Die Mitwirkung des Heeres im zivilen Luftschutz während des 2. Weltkrieges, in: Wehrwissenschaftliche Rundschau 1960, S. 431 ff.

Seidler, Franz W.
Frauen zu den Waffen? Marketenderinnen – Helferinnen – Soldatinnen. Geschichte und Bestandsaufnahme, Bonn 1978.

Völker, Karl-Heinz
Die deutsche Heimatluftverteidigung im Zweiten Weltkrieg, in: Wehrwissenschaftliche Rundschau 1966, S. 87 ff. und S. 158 ff.

Bildnachweis

Bildarchiv des Bundesarchivs, Koblenz: Alle hier nicht einzeln genannten Fotos, einschließlich des Schutzumschlages.

Bildarchiv Preußischer Kulturbesitz, Berlin: Seite 92, Abbildung oben und unten links; Seite 97, Abbildung unten rechts.

Bilderdienst des Süddeutschen Verlags, München: Seite 80.

Filmarchiv des Bundesarchivs, Koblenz: Seite 147, Abbildung oben rechts; Seite 151.

Imperial War Museum London: Seite 100.

Ullstein Bilderdienst, Berlin: Seite 120, Abbildung oben rechts; Seite 136, Abbildung oben links und rechts.

Register

Beispiele aus dem Programm:

Meyer, Peter

Luftschiffe — Die Geschichte der deutschen Zeppeline

1979, Bildband-Groß-Format, rund 180 Seiten, über 150 Fotos,
ISBN 3-8033-0302-8

Schulz-Torge, Ulrich-Joachim

Die sowjetische Kriegsmarine

Band 1, Band 2, Band 3 im Schuber,
ISBN 3-8033-0303-6

Gabler, Ulrich

Unterseebootsbau

2. überarbeitete und ergänzte Auflage, 1978, 148 Seiten, Skizzen, techn. Zeichnungen, Tabellen, Fotos,
ISBN 3-8033-0260-9

Schulz, Siegfried

Das neue Heer

1979, ca. 180 Seiten, Bildteil,
ISBN 3-8033-0264-1

Grove, Eric

II. Weltkrieg — Panzer

1977, 143 Seiten, zahlr. Fotos und Zeichnungen,
ISBN 3-8033-0250-1

Chant, Christopher

II. Weltkrieg — Flugzeuge

1977, 143 Seiten, Fotos und Zeichnungen,
ISBN 3-8033-0249-8

Lyon, D. J. und H. J.

II. Weltkrieg — Kampfschiffe

1977, 127 Seiten, zahlr. Fotos,
ISBN 3-8033-0251-X

Knecht, Raimund

Kampfpanzer Leopard

100 Seiten, viele schwarz/weiß Bilder und Tabellen und techn. Zeichnungen,
ISBN 3-8033-0262-5

Zentner, Rolf

Deutsche Militärhelme

1979, rund 200 Seiten, 150 Fotos und Zeichnungen,
ISBN 3-8033-0294-3

von Pivka, Otto

Napoleons Verbündete in Deutschland

Band 1
Westfalen und Kleve-Berg.
Armeen und Waffen
Band 1
1979, 48 Seiten, zahlr. Illustrationen, Karten und Farbtafeln,
ISBN 3-8033-0284-6

Seaton, Albert

Die österreichisch-ungarische Armee in der Zeit der Napoleonischen Kriege

Armeen und Waffen
Band 3
1979, 48 Seiten, zahlr. Illustrationen, Karten und Farbtafeln,
ISBN 3-8033-0286-2

Miller, Douglas

Die Landsknechte

Armeen und Waffen
Band 5
1979, 48 Seiten, Fotos, Zeichnungen, Skizzen, Farbtafeln,
ISBN 3-8033-0295-1

Seaton, Albert

Die Armee des Deutschen Reiches 1870—1888

Armeen und Waffen
Band 7
1979, 48 Seiten, Fotos, Zeichnungen, Skizzen, Farbtafeln,
ISBN 3-8033-0297-8

von Pivka, Otto

Napoleons Verbündete in Deutschland

Band 2
Nassau und Oldenburg.
Armeen und Waffen
Band 2
1979, 48 Seiten, zahl. Illustrationen, Karten und Farbtafeln,
ISBN 3-8033-0285-4

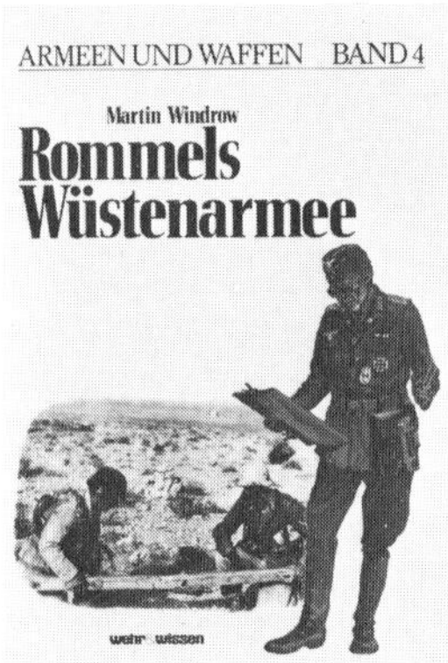

Windrow, Martin

Rommels Wüstenarmee

Armeen und Waffen
Band 4
1978, 40 Seiten, zahlr. Fotos, Zeichnungen, Farbtafeln,
ISBN 3-8033-0283-8

Wise, Terence

Ritter und Rüstungen

Armeen und Waffen
Band 6
1979, 48 Seiten, Fotos, Zeichnungen, Skizzen, Farbtafeln,
ISBN 3-8033-0296-X

Wilkonson-Latham, Robert

Napoleons Artillerie

Armeen und Waffen
Band 8
1979, 48 Seiten, Fotos, Zeichnungen, Skizzen, Farbtafeln,
ISBN 3-8033-0298-6

wehr&wissen

Heilsbachstraße 26 · 5300 Bonn-Duisdorf